# Ukulele lernen – Schritt für Schritt



## Praxisnah und anfängerfreundlich zu deinen ersten Erfolgen

Andreas Bördlein

Lektorat und Korrektorat: Daniel Müller
Umschlaggestaltung: Denise Gahn
Satz und Layout: Andreas Bördlein

ISBN Print: 978-3-910258-15-0
ISBN eBook: 978-3-910258-14-3

www.verlagshaus-stopfer.de

# INHALT

# ÜBER DIESES BUCH

Die ganze Welt ist im Ukulele-Fieber. In den letzten zwei Jahrzehnten hat das kleine Instrument aus Hawaii einen unvergleichlichen Siegeszug angetreten und dabei die Herzen von Millionen musikbegeisterter Menschen erobert. Kein Wunder: Es ist nicht teuer, man kann es überall mithinnehmen, es verbreitet im Handumdrehen gute Laune – und es ist leicht zu lernen. Natürlich nur, wenn man einen guten Lehrer hat. Wenn man keinen findet, kann man es auch auf eigene Faust mit einem Lehrbuch zum Einstieg versuchen. Allerdings weisen fast alle der im Moment auf dem Markt erhältlichen Lehrwerke große Schwächen auf:

- Sie sind oft lieblos von Gitarristen geschrieben, die die Spielerfordernisse der Ukulele nur vom Hörensagen kennen.
- Sie vermitteln viel zu viel theoretisches Wissen, das für den Einstieg gar nicht notwendig ist. Meistens auf eine für musikalisch nicht vorgebildete Menschen kaum verständliche Art und Weise.
- Sie präsentieren viel zu viele Griffe und Schlagtechniken auf einmal.
- Es fehlen gezielte Übungen, um das Gelernte erst einmal zu festigen, bevor es mit der nächsten Einheit weitergeht.
- Sie bringen den Lernwilligen viel zu wenige Lieder bei, bei denen sie ihre neu gewonnenen Kenntnisse auch praktisch anwenden können.

So haben es mir viele frustrierte Schülerinnen und Schüler immer wieder berichtet, wenn sie nach einer langen Odyssee schließlich bei mir gelandet sind. Ich habe ihre Probleme ernst genommen und lange darüber gegrübelt, wie man es besser machen kann. Herausgekommen ist dabei dieses Buch hier. Es will all die Fehler aus der Liste oben vermeiden, indem es dich sachte an die Hand nimmt und dich ***Schritt für Schritt*** mit deiner Ukulele bekannt macht.

Das Buch hat nicht das Ziel, möglichst schnell möglichst viel Stoff zu vermitteln. Im Gegenteil: Es will dir in aller Ruhe viele kleine Erfolgserlebnisse bescheren. Und dadurch, dass wir uns gerade für den Anfang ganz viel Zeit nehmen, verhindern wir, dass du hektisch und unsauber arbeitest und dir falsche Dinge angewöhnst. Wie stellen wir das an?

- Es gibt nur so viel Theorie wie unbedingt nötig, um erste Lieder auf der Ukulele zu spielen. Und die packe ich nicht wie so oft gleich erstmal komplett in Kapitel 1. Ich erkläre dir theoretische Inhalte erst dort, wo du sie auch wirklich brauchst.
- Am Anfang werden nur Melodien aus Einzeltönen gespielt. Griffe mit mehreren Fingern kommen erst, wenn du mit jedem einzelnen Finger sauber greifen kannst.
- Für die ersten Akkorde brauchst du nur *einen* „Greif-Finger". Wenn du damit Lieder spielen kannst, kommen schrittweise immer mehr Finger dazu.
- Am Anfang schlägst du die Saiten nur mit dem Daumen an. Erst wenn du das im Schlaf beherrschst, werden die Anschlagtechniken raffinierter.

Wenn du das Buch von vorne nach hinten sorgfältig durcharbeitest, wirst du am Ende über eine solide Technik verfügen, die es dir erlaubt, dich selbständig auf anspruchsvollere Spielweisen zu stürzen.

## Für wen ist dieses Buch gedacht?

Dieses Buch richtet sich an alle, die die Ukulele auf praktische Weise lernen wollen und dazu auch gerne singen möchten. Es sind keinerlei musikalische Vorkenntnisse nötig. Wir fangen bei null an und erarbeiten uns die Grundlagen des Ukulele-Spiels langsam und geduldig. Wer gewinnbringend mit dem Buch arbeiten will, muss bereit sein, dem Lehrgang des Buches aufmerksam, regelmäßig und in der vorgegebenen Reihenfolge zu folgen.

## Wie arbeitet man am besten mit diesem Buch?

- Kaufe dir ein Metronom oder lade dir eine kostenlose Metronom-App aufs Handy. Du wirst es zum effektiven Üben brauchen.
- Es ist unbedingt nötig, das Buch von vorne nach hinten durchzuarbeiten. Die einzelnen Schritte bauen sehr stark aufeinander auf.
- Am Anfang jeder Lektion siehst du in der grauen Box („Das kannst du schon"), welche Vorkenntnisse nötig sind, um den neuen Lernstoff erarbeiten zu können. Wenn du dir nicht sicher bist, ob du diese Inhalte wirklich beherrschst, gehe lieber nochmal zurück und fülle deine Lücken.
- Am Anfang jeder Lektion findet sich ein QR-Code, der dich zum entsprechenden Video auf YouTube führt. Schau dir diese Videos unbedingt an. Ich erkläre darin die Inhalte der Schritte langsam und anschaulich. Du wirst das Buch viel schneller durcharbeiten können, wenn du dir die Zeit nimmst, auch die Videos anzuschauen – es lohnt sich!
- Du wirst an einigen Stellen „Übe-Tipps für den schnellen Fortschritt" finden. Lies dir diese genau durch und halte dich daran.
- Hab Spaß an der Ukulele, spiele sie so oft du kannst, egal wo du bist.
- Du wirst während der Arbeit mit dem Buch immer mal wieder auf „Ukulele-Splitter" stoßen, in denen du allerlei Wissenswertes rund um unser kleines Instrument findest. Hierbei kannst du dich einfach entspannen.

Wenn du all das beherzigst, steht deinem Traum, Ukulele spielen zu können, nichts mehr im Weg. Du kannst schon mal beim örtlichen Ukulele-Club anrufen: Sie sollen dir ein Plätzchen freihalten, denn spätestens in einem halben Jahr bist du am Start!

Andreas Bördlein
(Ukulele am Limit)

## SCHRITT 1
## BEVOR ES LOSGEHT[1]

**In dieser Lektion lernst du ...**

..., was es mit den verschiedenen Ukulele-Größen auf sich hat.
..., wie die einzelnen Bestandteile der Ukulele heißen.
..., wie man die Ukulele hält.
..., wie die Ukulele gestimmt wird.

Video 1

### Sopran, Konzert, Tenor, Bariton – welche Ukulele ist die richtige?

Im Reich der Ukulelen gibt es vier gängige Größen: Sopran, Konzert, Tenor, Bariton. Die Bariton-Ukulele wird von den anderen drei Familienmitgliedern allerdings etwas misstrauisch beäugt: Sie ist sehr groß, klingt verdächtig nach Gitarre und wird auch noch anders gestimmt als die ersten drei. Ich schlage vor, wir beschränken uns in diesem Buch auf Sopran-, Konzert- und Tenor-Ukulelen.

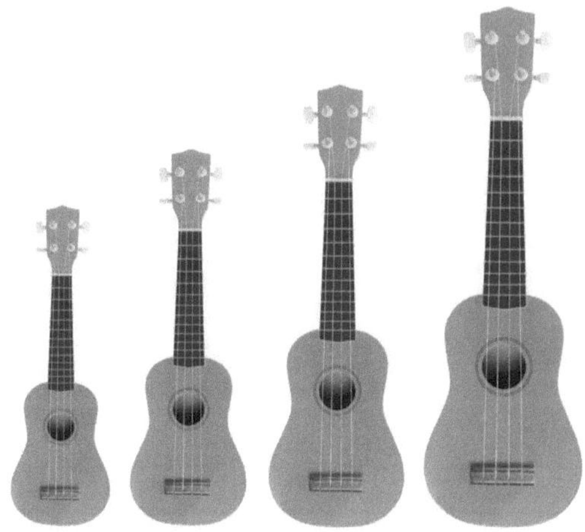

Abb. 1: Sopran, Konzert, Tenor und Bariton

| | Sopran-Ukulele | Konzert-Ukulele | Tenor-Ukulele | Bariton-Ukulele |
|---|---|---|---|---|
| Mensur: | ca. 35cm | ca. 38cm | ca. 43cm | ca. 50cm |

Die Ukulelen unterscheiden sich zunächst durch die unterschiedliche Länge der Saiten (Fachbegriff: *Mensur*). Auch der Klang weist Unterschiede auf. Eine Sopran-Ukulele hat den typisch hawaiianischen hellen Ton, während eine Konzert-Ukulele schon deutlich wärmer, voller und lauter daherkommt. Eine Tenor-Ukulele schließlich erinnert vom Sound her ein wenig an eine Gitarre. Alle drei Größen sind aber dennoch gleich gestimmt, was sehr praktisch ist: Wenn sich Ukulele-Begeisterte mit verschiedenen Ukulelengrößen (außer Bariton!) treffen, können sie problemlos zusammenspielen.

Welche Größe du nun bevorzugst, ist Geschmackssache. Ich persönlich habe die Erfahrung gemacht, dass die Leute am Anfang mit der Konzert-Größe am besten klarkommen. Man hat mehr Platz auf dem Griffbrett als bei einer Sopran-Ukulele. Bei der Tenor-Mensur dagegen muss man seine Finger doch manchmal ganz schön strecken. Aber letztendlich musst du diese Entscheidung selbst treffen.

---

[1] Ein Video zu Schritt 1 kannst du dir hier anschauen: http://www.tinyurl.com/ukelimit-buch1-lektion1

## Die Bestandteile einer Ukulele

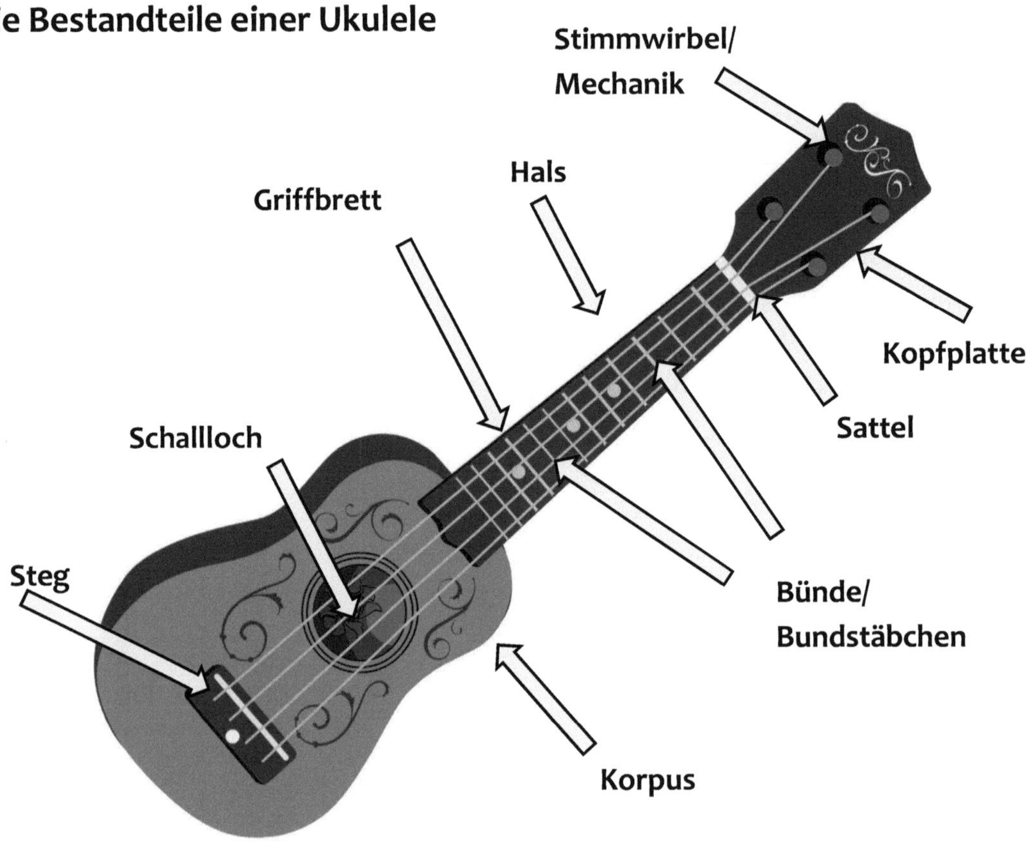


## Die richtige Haltung

Um es gleich vorwegzunehmen: Die EINE RICHTIGE Haltung gibt es nicht. Sie hängt ab von deiner Anatomie und der Größe deiner Ukulele. Aber eine wichtige Entscheidung muss man treffen, bevor man loslegt: Will man ohne oder doch lieber mit Gurt (engl. *strap*) spielen?

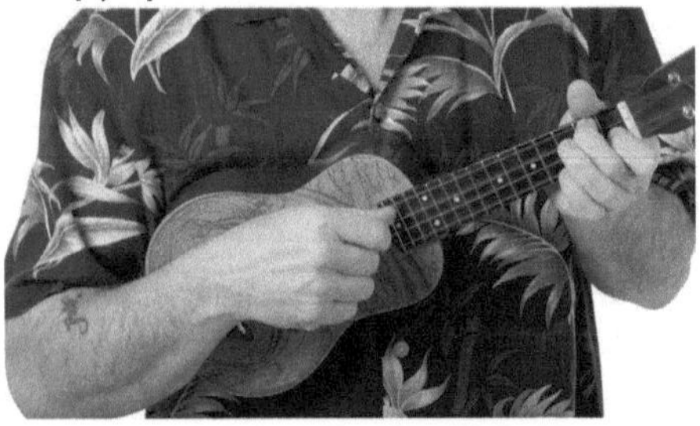

Abb. 2: Haltung ohne Gurt

### Ohne Gurt

Drücke den Korpus der Ukulele mit dem rechten[2] Unterarm gegen deinen Oberkörper, irgendwo zwischen Bauch und Brust, wo es sich für dich gut anfühlt. Etwa so wie in Abbildung 2.

---

[2] Wenn du Linkshänderin oder Linkshänder bist, könnte es sein, dass du die Ukulele lieber andersherum hältst. Probiere es aus und lass dich im Fachhandel beraten. Man kann die Ukulele nicht einfach so umdrehen! Wenn du dich dafür entscheidest, musst du bei der Arbeit mit diesem Buch umdenken, sobald ich die Begriffe „links" und „rechts" verwende.

Den Hals der Ukulele musst du mit der linken Hand halten. Um ein Gefühl dafür zu bekommen, strecke doch einfach die Finger der linken Hand aus und spreize den Daumen im rechten Winkel nach oben ab. Auf dem Bild siehst du, wo der Hals der Ukulele liegen könnte.

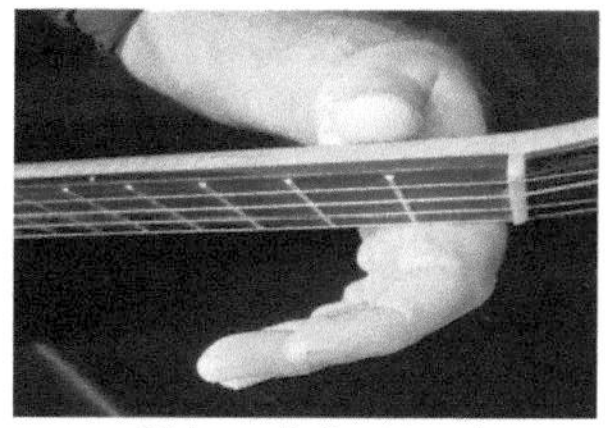

Abb. 3: linke Hand ohne Gurt

Hawaiianische Ukulele-Legenden und Traditionalisten schwören oft auf diese Haltung. Aber ich will ehrlich zu dir sein: Ich persönlich komme mit dieser Spielweise nicht gut klar. Sie schränkt die Bewegungsfreiheit meiner Hände enorm ein und nimmt eine Menge der Energie in Anspruch, die ich lieber in die Erzeugung der Töne stecken würde.

Deswegen lautet meine Empfehlung: Spiele lieber ...

**... mit Gurt!**

Um einen Gurt verwenden zu können, braucht deine Ukulele zwei Gurt-Pins. An denen wird der Gurt befestigt. Auf Abb. 4 siehst du, wo diese angebracht werden.

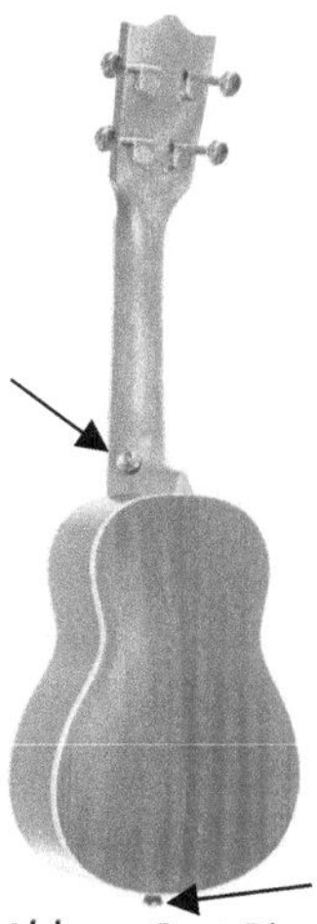

Abb. 4: Gurt-Pins

Wenn du eine Ukulele kaufst, bringen dir viele Händler auf Wunsch Gurt-Pins an. Das kostet nicht viel. Du kannst das aber auch leicht selbst erledigen, indem du dir zwei Gurt-Pins kaufst und diese eigenhändig reinschraubst. Bei YouTube gibt es diesbezüglich viele gute Videos.

Wenn der Gurt dann dran ist, hängst du dir die Ukulele um den Hals und steckst den rechten Arm von hinten durch. Lege den rechten Unterarm entspannt auf dem oberen Rand der Ukulele ab und du kannst sofort loslegen. Achte darauf, dass der Hals ungefähr in einem Winkel von 45° nach oben zeigt. Die linke Hand muss nichts halten. Sie kann einfach nur greifen. Was für eine Erleichterung!

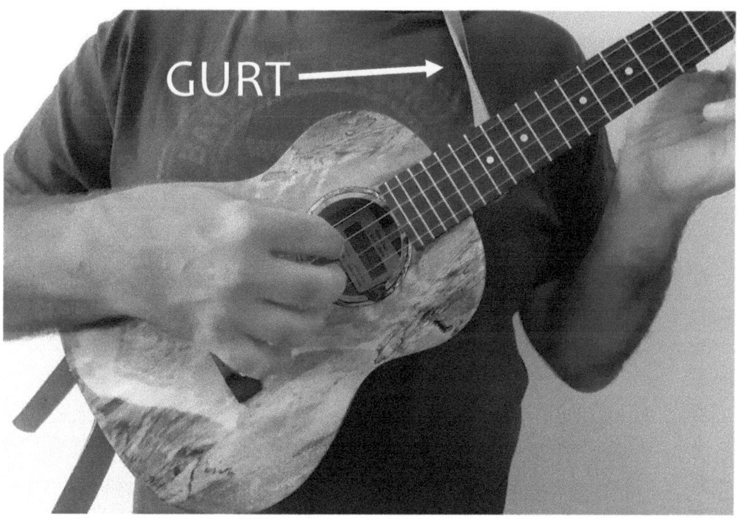


Abb. 5: Haltung mit Gurt

## Wie stimmt man eine Ukulele?

Es gibt viele verschiedene Stimmungen für Ukulelen. Wir beschäftigen uns in diesem Buch mit der gängigsten, der $C^6$-Stimmung. Bei dieser Stimmung sind den Saiten folgende Töne zugeordnet:

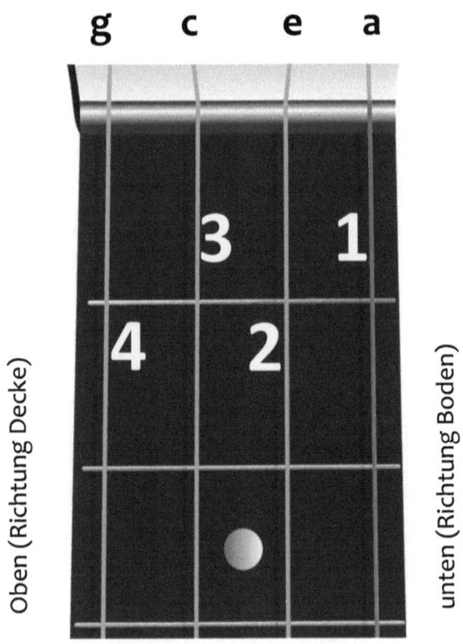


Man nummeriert die Saiten durch: Die Saite ganz unten (also dem Boden am nächsten) ist die erste Saite. Diejenige, die ganz oben ist (also der Decke am nächsten), ist die vierte Saite. Die Saiten dazwischen bekommen die Nummern 2 und 3. Bei der $C^6$-Stimmung sieht die Sache also folgendermaßen aus:

**Saite 4 → g**
**Saite 3 → c**
**Saite 2 → e**
**Saite 1 → a**

Deswegen nennt man diese Stimmung auch die **GCEA**-Stimmung. Wer will, kann sie sich mit diesem uralten Merkspruch einprägen:

**G**roße **C**lowns **E**ssen **A**lles

Aber wie wird die Ukulele denn nun ganz praktisch gestimmt, so dass sie auch gut klingt? Es gibt viele Möglichkeiten, eine Ukulele zu stimmen. Ich empfehle dir die einfachste und sicherste: Benutze ein Stimmgerät zum Anklemmen. Die gibt es günstig zu kaufen und sie sind sehr praktisch: anklemmen, einschalten, Saite zupfen, solange am Stimmwirbel der Saite drehen, bis das Stimmgerät den richtigen Ton anzeigt. Alternativ kannst du auch einfach eine kostenlose Stimmgerät-App auf dein Handy laden. Funktioniert genauso, nur ohne Anklemmen.

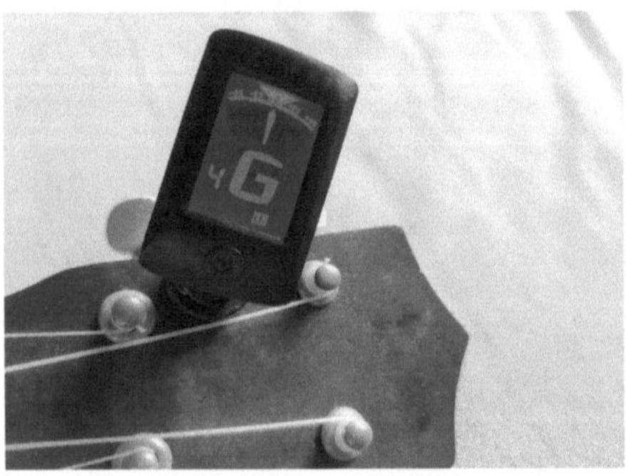


Abb. 6: Stimmgerät zum Anklippen

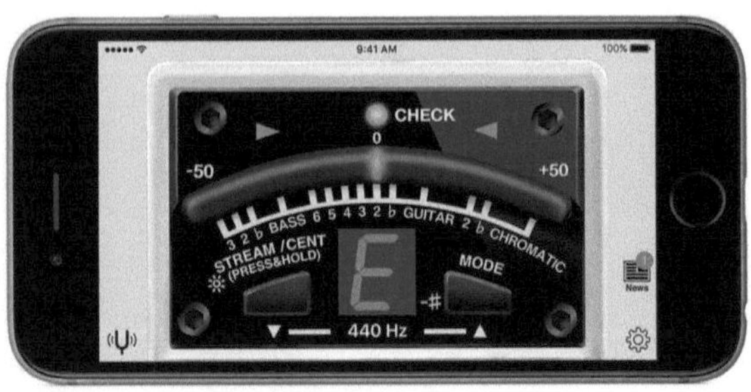


Abb. 7: Beispiel für eine Stimmgerät-App

## "high g" oder "low g"?

Man kann die 4. Saite (= g) auf zwei verschiedene Töne stimmen:

**„high g"**

Hier zieht man eine dünne G-Saite (= 4. Saite) auf, die höher klingt als die 3. Saite (= c). Das ist die häufigste Variante und macht eigentlich den typischen Ukulele-Sound aus. Der Fachbegriff dafür ist „rückläufige Stimmung" (engl. *re-entrant*).

**„low g"**

Manchen Leuten gefällt es besser, eine etwas dickere, oft mit Metall umsponnene G-Saite zu verwenden, die tiefer klingt als die C-Saite. Geschmackssache.

Alle Übungen in diesem Buch funktionieren mit beiden Varianten, auch wenn ich bei den Notenbeispielen stets die hohe G-Saite notiere. Kann dir aber egal sein!

### Hier nochmal das Wichtigste in Kürze:

- ✓ Egal ob du eine Sopran-, Konzert- oder Tenor-Ukulele hast – du kannst problemlos mit diesem Buch arbeiten.
- ✓ Spiele lieber mit Gurt. Es erspart dir gerade am Anfang eine Menge Ärger – und wenn du willst, kannst du ihn später ja einfach weglassen.
- ✓ Für die Arbeit mit diesem Buch stimme die Ukulele so: G-C-E-A
- ✓ Dieses Buch funktioniert sowohl für high g als auch für low g.

UKULELE-SPLITTER — Geschichte

### Die Geburt der Ukulele

Über die Geburt der Ukulele gibt es mehrere Theorien. Die griffigste davon: Im Jahre 1879 startete ein portugiesisches Schiff – die Ravenscrag – in Madeira und erreichte im August Honolulu, Hawaii. An Bord befand sich auch ein Musiker, der mit seiner portugiesischen Machête (auch Cavaquinho oder Braguinha) und dem Geschick, mit dem er seine Finger über die Saiten gleiten ließ, die Hawaiianer nachhaltig beeindruckt haben muss.

Jedenfalls begannen diese recht bald, aus heimischem Koa-Holz ihre eigenen Instrumente zu bauen und ihren eigenen Stil zu entwickeln. Die Fingerfertigkeit des portugiesischen Musikers wurde indes im Namen des Instrumentes – „hüpfender Floh" (hawaiianisch: *Ukulele*) – verewigt.

# SCHRITT 2
# UND JETZT GEHT'S LOS![3]

**In dieser Lektion lernst du, …**

… wie man mit der rechten Hand die Töne anschlägt.
… wie man Tabulatur liest.
… wie man mit der linken Hand die Töne greift.

Video 2

## Wie spielt man mit der rechten Hand einen schönen, satten Ton?

Ganz einfach: mit dem Daumen! Wir spielen erstmal einzelne Töne, bevor wir uns auf das Anschlagen ganzer Akkorde stürzen. Oder wie der kanadische Ukulele-Papst James Hill zu sagen pflegt: „Walk before you run, pluck before you strum!"[4]

### Schritt 1: WO zupfen wir?

Nimm deine linke Hand vom Griffbrett. Lege sie auf deinem Oberschenkel ab (Haltung mit Gurt) oder halte den Hals fest, ohne die Saiten zu berühren (ohne Gurt). Lege Zeige-, Mittel-, Ring- und kleinen Finger der rechten Hand sanft auf die Korpus-Kante, und zwar unterhalb der Stelle, wo der Hals auf den Korpus trifft (Abb. 8). Dann lege den Daumen auf die vierte Saite, sodass er gegenüber vom Zeigefinger auf der Saite ruht (Abb. 9). Wenn du es richtig machst, verläuft der Daumen in dieser Position parallel zu den Saiten, wenn man von vorne drauf schaut. Wenn du von oben drauf schaust, bildet er zur G-Saite einen Winkel zwischen 20° und 45° (Abb. 10).

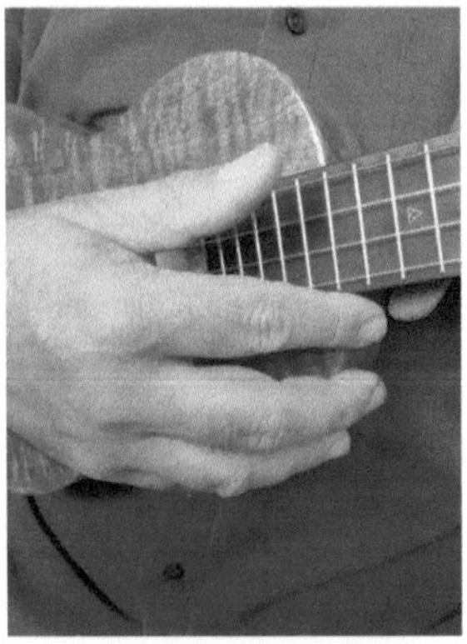

Abb. 8: der Zeigefinger auf der Korpuskante

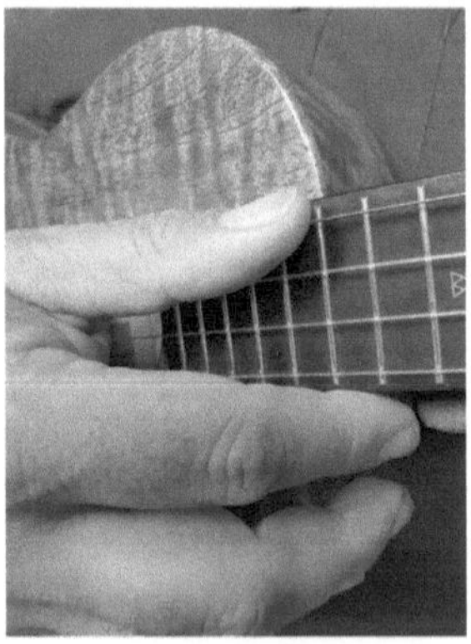

Abb. 9: Der Daumen liegt auf der Saite.

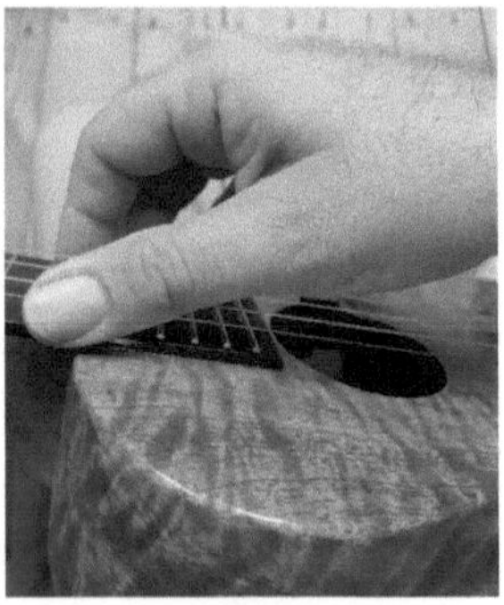

Abb. 10: das Ganze aus deiner Sicht

[3] Ein Video zu Schritt 2 kannst du dir hier anschauen: http://www.tinyurl.com/ukelimit-buch1-lektion2
[4] dt. *Gehe, bevor du rennst, zupfe, bevor du schlägst!*

**Schritt 2: WIE zupfen wir?**

Dein Daumen liegt ja schon auf der 4. Saite. Lasse ihn jetzt einfach nach unten (Richtung Boden) fallen, indem du ein wenig Druck ausübst. Nun erklingt ein g. Nach dem Anschlag landet der Daumen auf der C-Saite (= 3. Saite), wodurch sein Schwung gebremst wird. Da bleibt er erstmal liegen. Jetzt legst du den Daumen wieder auf die G-Saite (= 4. Saite) und machst das Ganze nochmal. Und nochmal. Und nochmal. So lange, bis ein schöner, runder, satter, lauter Ton erklingt. Es soll nichts klappern oder schnarren, der Ton soll aber auch nicht zu leise sein. Experimentiere mit der Anschlagskraft, bis du zufrieden bist.

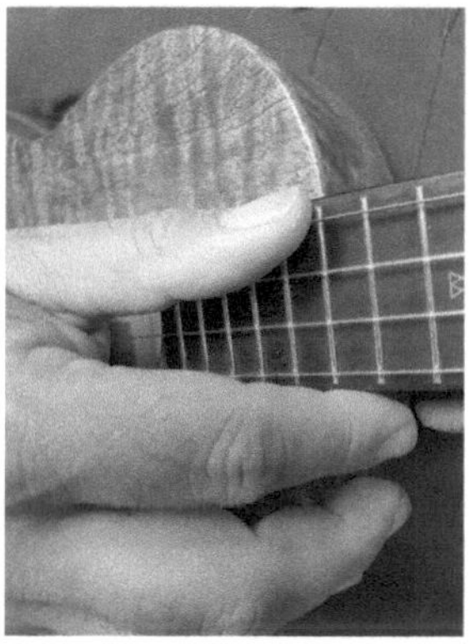

Abb. 11: vor dem Anschlag

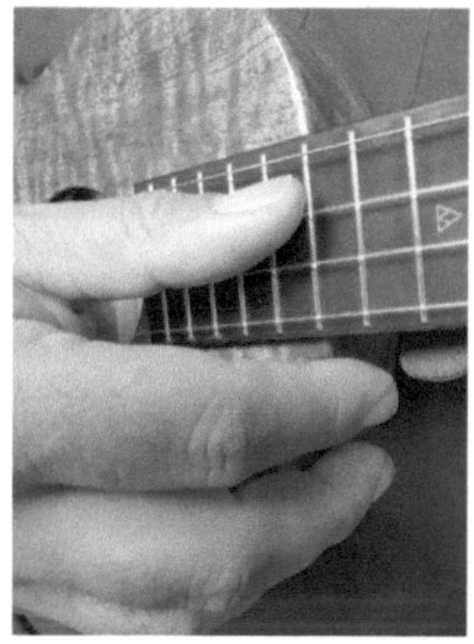

Abb. 12: nach dem Anschlag

Übrigens: Der Daumennagel hat mit der Tonerzeugung nichts zu tun. Du spielst die Saite mit dem fleischigen Teil der Daumenkuppe.

Wenn du mit der G-Saite klarkommst, widmest du dich der C-Saite (= 3. Saite) und der E-Saite (= 2. Saite). Bei der A-Saite (= 1. Saite) funktioniert alles im Prinzip genauso. Mit einer Ausnahme: Es gibt ja keine Saite mehr, auf die der Daumen fallen könnte. Macht aber gar nix, denn der Zeigefinger ist ja da. Auf den lässt du deinen Daumen fallen und die Anschlagbewegung fühlt sich fast genauso an wie bei den Saiten 2-4.

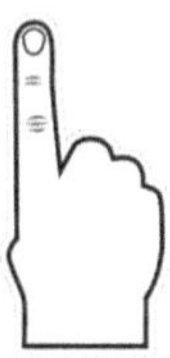

Es ist ganz wichtig, dass der Daumen nach dem Anschlag auch wirklich auf der Saite darunter (oder im Falle der A-Saite auf dem Zeigefinger) landet. Nur so stellst du sicher, dass wirklich eine vollständige, sichere Bewegung ausgeführt wird, die für einen runden Ton unerlässlich ist.

| UKULELE-SPLITTER | Zitate |
|---|---|

„Ich hatte 1,50 Dollars verdient, nachdem ich die Ukulele sieben Minuten besessen hatte. Ich dachte: ‚Hmmm, das hat Potential.'"

*Eddie Vedder*

## Ein kleines bisschen Theorie: Wie liest man TABULATUR?

Ich werde in diesem Buch viele Übungen in Notenschrift UND Tabulatur notieren. Es ist nicht unbedingt nötig, Ukulele nach Noten spielen zu können. Aber ohne Tabulatur (kurz: TABs) geht gar nix. Deswegen hier eine kurze Einführung:

Leg doch mal deine Ukulele vor dich auf deinen Schoß und schau sie von oben an. Dann siehst du deine Saiten genauso, wie sie in der Tabulatur dargestellt werden:

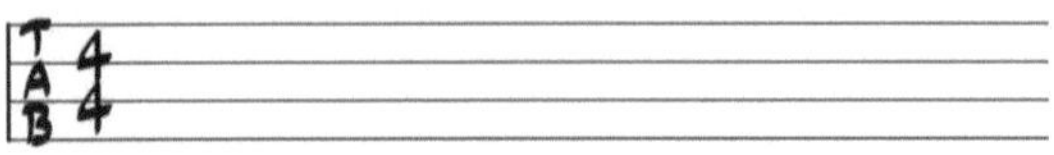


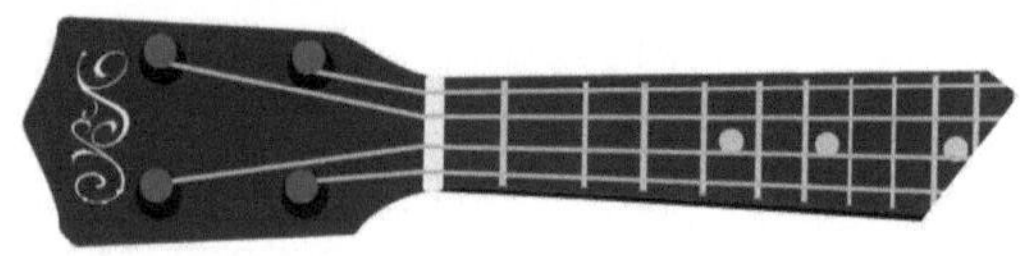

Den vier Linien der Tabulatur sind also die vier Saiten der Ukulele zugeordnet:

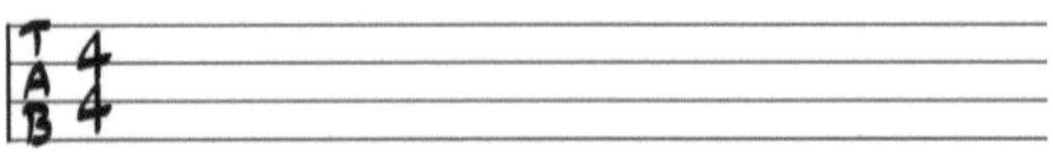


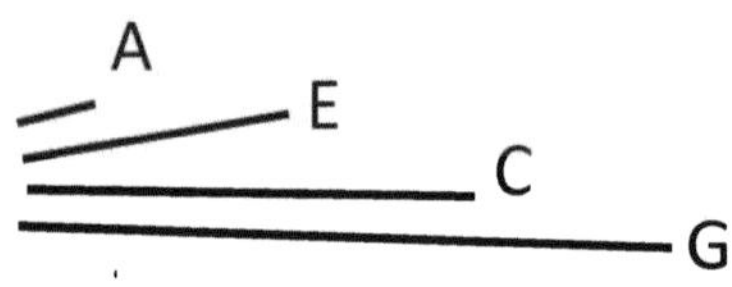


Wenn du eine der vier Saiten anschlagen sollst, wird auf die entsprechende Linie in der Tabulatur eine Zahl geschrieben.

**Übung 1:**[5]

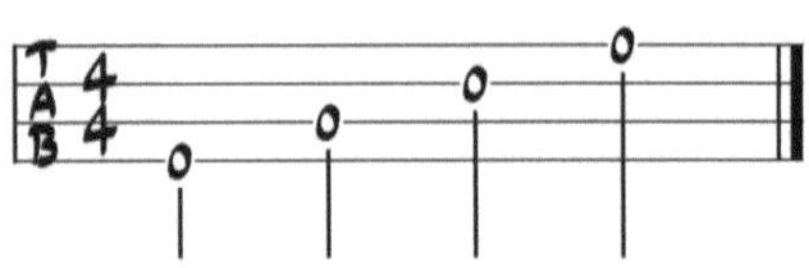


Die Zahl „0" zeigt an, dass du die Saite „leer" (= ohne sie zu greifen) anschlagen sollst. In diesem Beispiel sollst du also einfach jede Saite einmal leer anschlagen, beginnend mit der G-Saite (= 4. Saite), endend mit der A-Saite (= 1. Saite). Dazu musst du deine Ukulele natürlich wieder vom Schoß wegnehmen und richtig halten. Diese Übung ist besonders angenehm zu spielen, da du nicht für jeden Ton neu mit dem Daumen ansetzen musst. Wenn du den ersten Ton (die leere G-Saite) gespielt hast, liegt dein Daumen ja schon auf der C-Saite. Und die soll ja als Nächstes gespielt werden. Du musst also nur den Daumen weiter nach unten fallen lassen. Ganz einfach, oder?

Lass uns doch einfach mal ein paar Übungen spielen. Der Einfachheit halber spielen wir erst mal nur leere Saiten (= Saiten, die nicht gegriffen werden).

[5] Am Ende dieser Lektion findest du wertvolle Übe-Tipps, die dir mit den Übungen hier helfen.

**Übung 2:**

Ich will dir zunächst mal einige der hier zu sehenden Zeichen erklären:

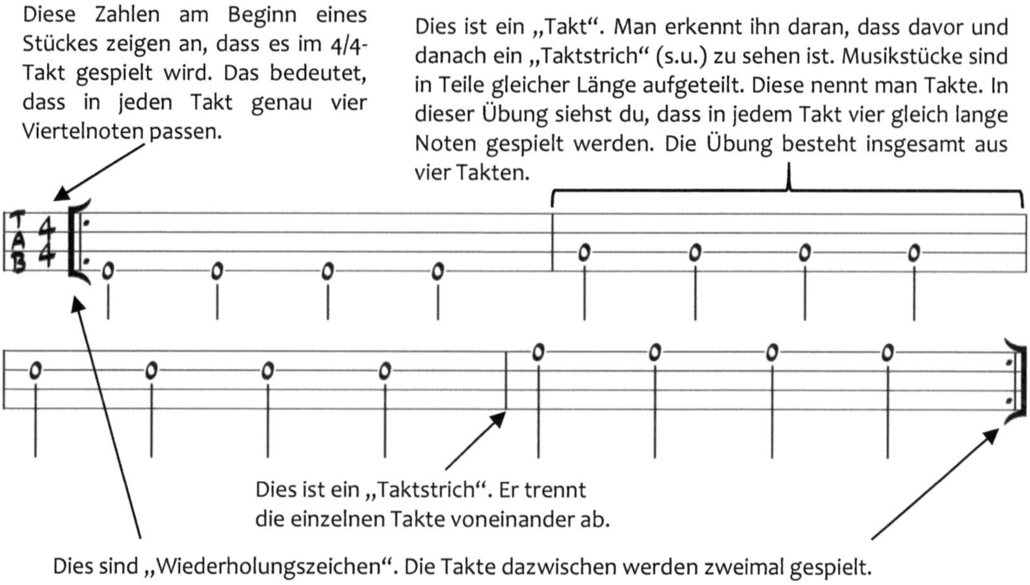


Und jetzt spielen wir die Übung: viermal die G-Saite, viermal die C-Saite, viermal die E-Saite, viermal die A-Saite. Und dann geht es wieder von vorne los. Um die Orientierung zu behalten, kannst du bei jeder Viertelnote laut mitzählen: „eins, zwei, drei, vier / eins, zwei, drei, vier …“ Auf jede Zahl musst du einen Ton spielen. Nach jeder „Vier“ musst du aufpassen, denn mit der neuen „Eins“ musst du auf den nächsten Ton wechseln. Alles klar? Schau dir einfach das Video an, dann wird dir alles einleuchten, versprochen!

**Übung 3:**

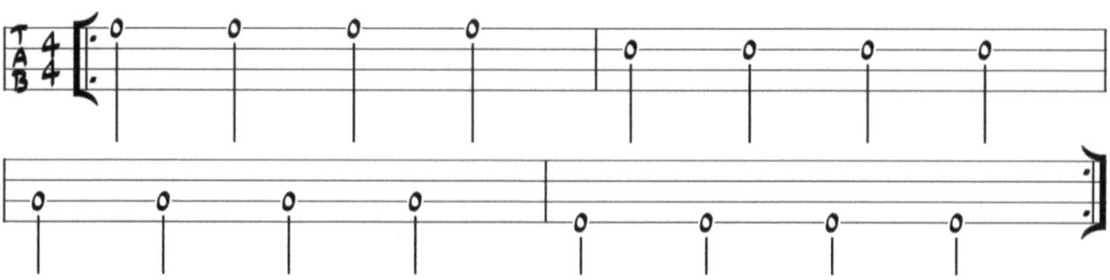


Die Übung funktioniert genauso wie Übung 2. Nur fängst du diesmal mit der A-Saite (= 1. Saite) an und arbeitest dich nach oben durch. Kein Problem, oder?

**Übung 4:**

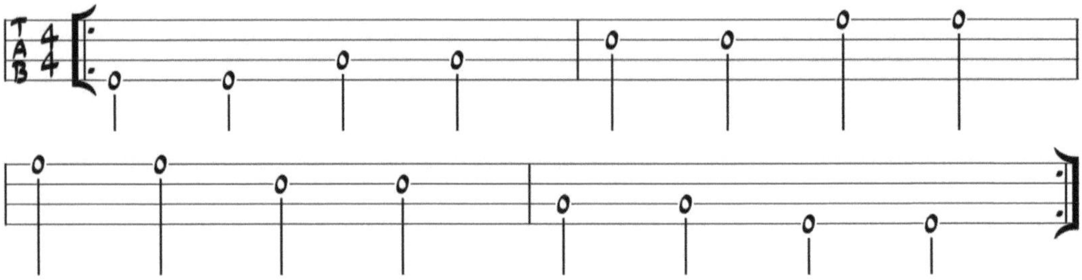

Hier musst du die Saiten schneller wechseln:

„eins, zwei" → zweimal die G-Saite
„drei, vier" → zweimal die C-Saite
„eins, zwei" → zweimal die E-Saite
„drei, vier" → zweimal die A-Saite

„eins, zwei" → zweimal die A-Saite
„drei, vier" → zweimal die E-Saite
„eins, zwei" → zweimal die C-Saite
„drei, vier" → zweimal die G-Saite

**Übung 5:**

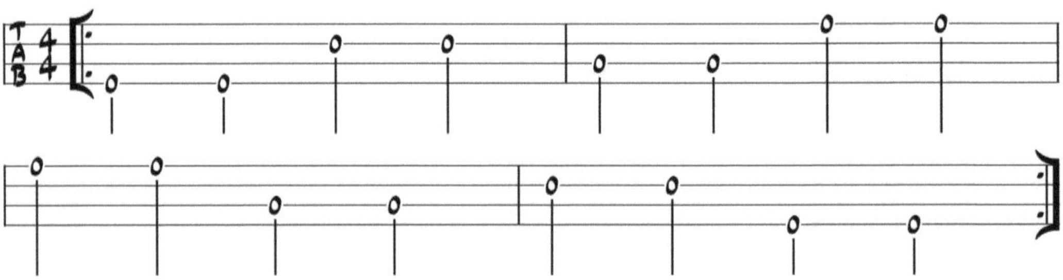

Jetzt muten wir dem Daumen mal einen etwas größeren Sprung zu. Er muss im ersten Takt die G-Saite zweimal anschlagen, dann überspringt er die C-Saite und schlägt zweimal die E-Saite an. Dann zurück auf die C-Saite und nach einem kleinen Sprung rauf auf die A-Saite. Und in Zeile 2 das Ganze dann in umgekehrter Richtung. Probier's aus, es sieht schwerer aus, als es ist!

UKULELE-SPLITTER — Künstler

## James Hill (*03.09.1980)

Der Kanadier ist einer der umtriebigsten und vielseitigsten zeitgenössischen Ukulele-Virtuosen. Sein Schwerpunkt liegt aber neben dem Performen eindeutig auf dem Vermitteln der Spielkunst. Seine Lehrwerke, allen voran *Ukulele in the classroom,* sowie zahlreiche Workshops und online lessons auf www.uketropolis.com haben unzähligen Anfängern den Weg ins Ukulele-Spiel geebnet.

**Übung 6:**

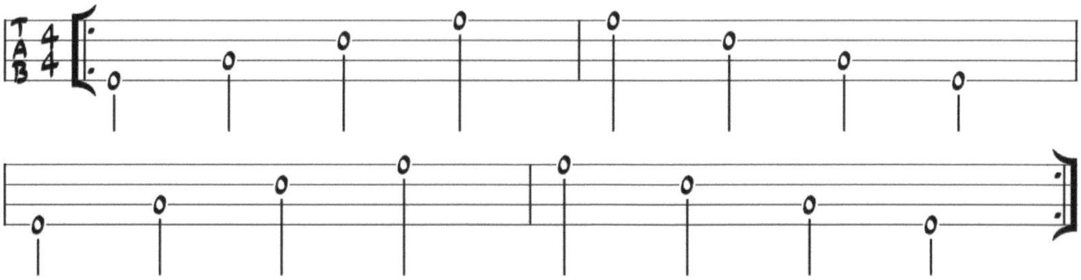

Und jetzt ziehen wir das Tempo mal ordentlich an: Jede Saite wird nur noch einmal angeschlagen: G-C-E-A → A-E-C-G usw. Denke bitte daran, in den Takten 1 und 3 nicht jedes Mal den Daumen hochzuheben, bevor er die Saite anschlägt. Er liegt ja schon richtig und muss nur „fallen“! (vgl. Übung 1)

**Übung 7:**

Daumen nicht hochheben,
nur fallen lassen!

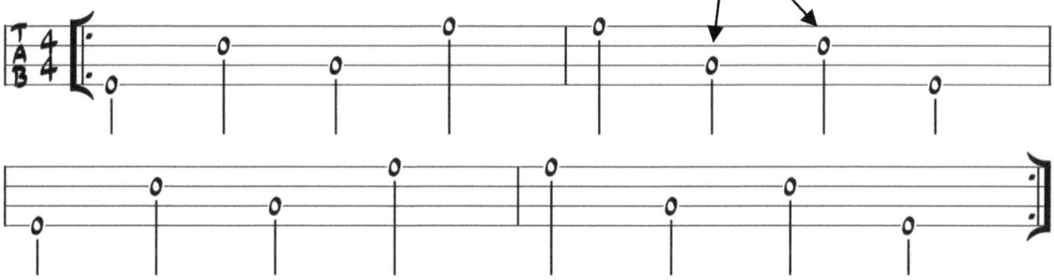

Kommst du mit den vielen Sprüngen klar? Schau dir am besten das Video an!

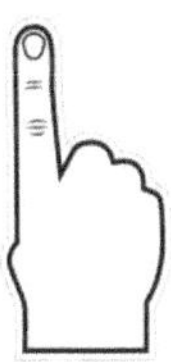

Bei dieser Übung hat der Daumen schon ganz schön Stress, was? Du kannst dir aber an zwei Stellen ein bisschen Arbeit sparen. In den Takten 2 und 4 wird direkt nach der C-Saite die E-Saite gespielt. Nach dem Anschlag der C-Saite liegt der Daumen ja automatisch schon auf der E-Saite. Du musst ihn also nicht erst wieder hochheben und die Saite neu anvisieren. Du kannst ihn einfach fallen lassen. Praktisch, was?

**Übung 8:**

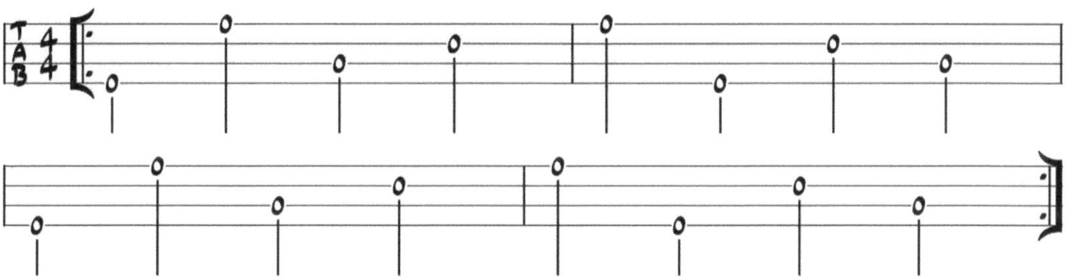

Diese Übung kannst du jetzt schon ganz alleine erarbeiten, ich sage da mal nichts dazu!

## Wie greift man Töne mit der linken Hand?

### Schritt 1: die Orangen-Haltung

Dies ist eine Vorübung. Drehe die Hand so, dass die Finger nach oben zeigen. Lasse die Finger ganz locker. Vielleicht hilft es dir, wenn du dir vorstellst, dass du mit minimalem Kraftaufwand eine kleine Orange oder eine Tomate in der Hand hältst.

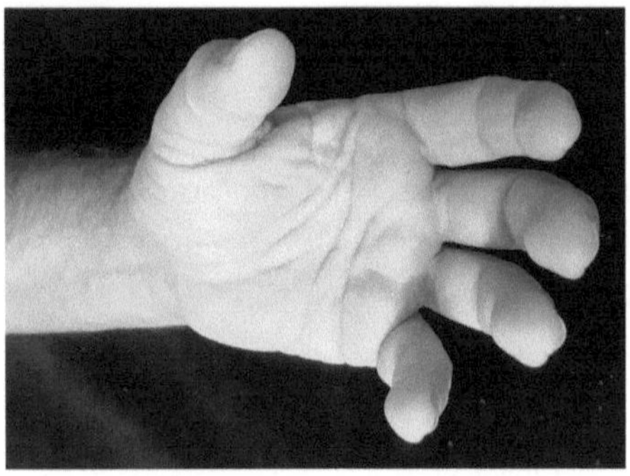

Abb. 13: entspannte Grundhaltung

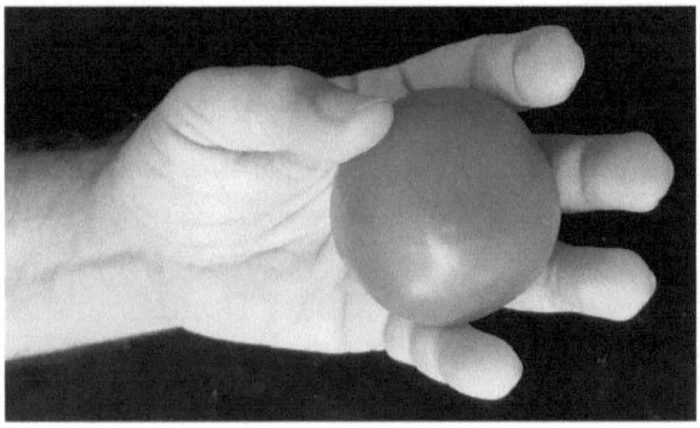

Abb. 14: Hilfestellung mit Tomate

### Schritt 2: Ran ans Griffbrett – Daumen hinten, Finger vorne

Behalte die Orangen-Haltung bei und bringe jetzt den Hals der Ukulele zwischen den Daumen und die restlichen Finger. Der Daumen legt sich hinten flach an den Hals, etwa in dessen Mitte. Nicht im Gelenk abknicken! Die anderen Finger drücken von vorne auf die Saiten. Der Daumen hat die richtige Position, wenn er ungefähr gegenüber von Zeige- oder Mittelfinger zum Liegen kommt. Schau dir die Bilder an, damit du besser verstehst, was ich meine.

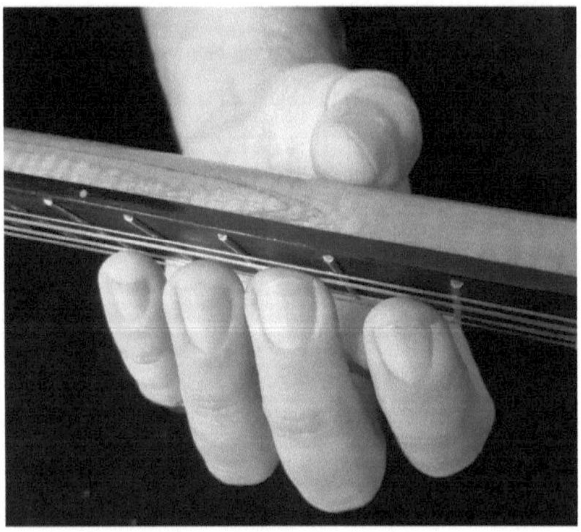

Abb. 15: So ist's richtig!

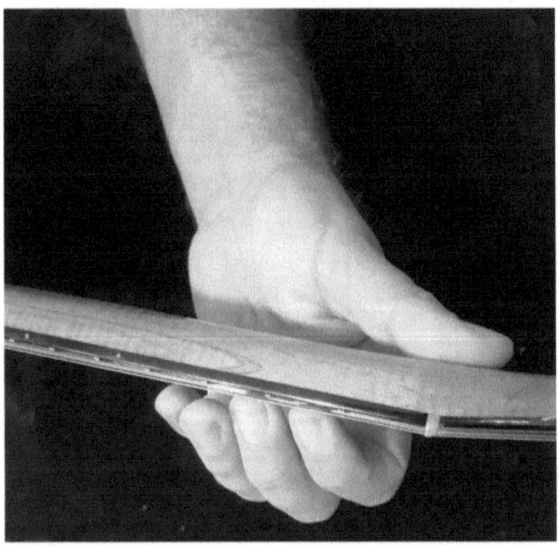

Abb. 16: So nicht!!!

**Schritt 3: Der Daumen bleibt unsichtbar, verflixt nochmal!**

Viele Anfänger machen den gravierenden Fehler, den Hals regelrecht zu erwürgen, indem sie ihn komplett mit der Hand umschließen. Tu das bitte nicht! Lass die Hand locker und halte den Daumen immer so, dass er von vorne nicht oder nur ganz wenig zu sehen ist. Weder Handfläche noch Handballen sollen den Hals berühren. Vielleicht hilft dir die Vorstellung, dass du auf dem Griffbrett Flöte spielst. Du musst dazu in die Kopfplatte blasen.

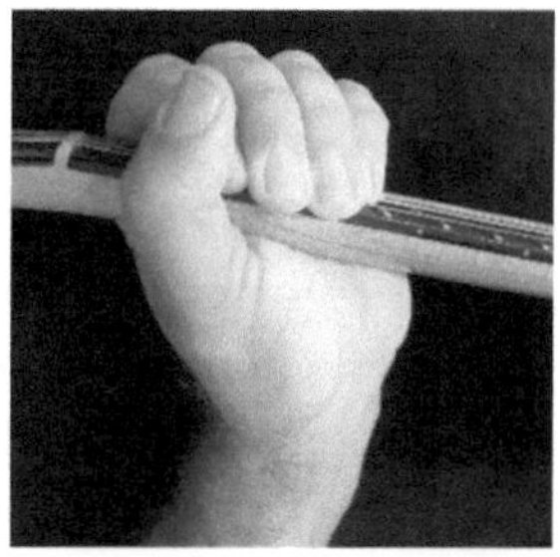

Abb. 17: Nicht würgen!!!

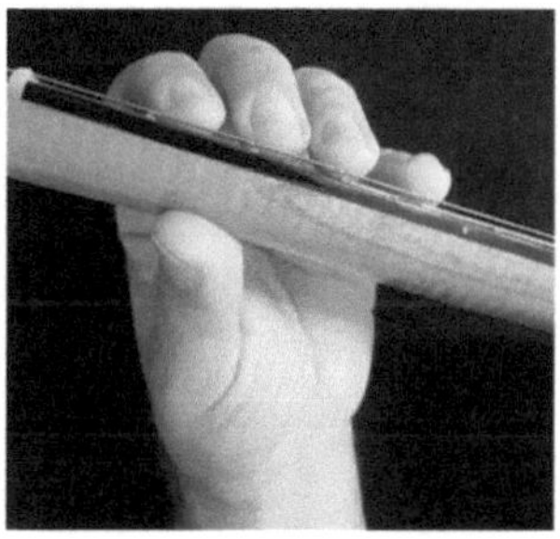

Abb. 18: braver Daumen

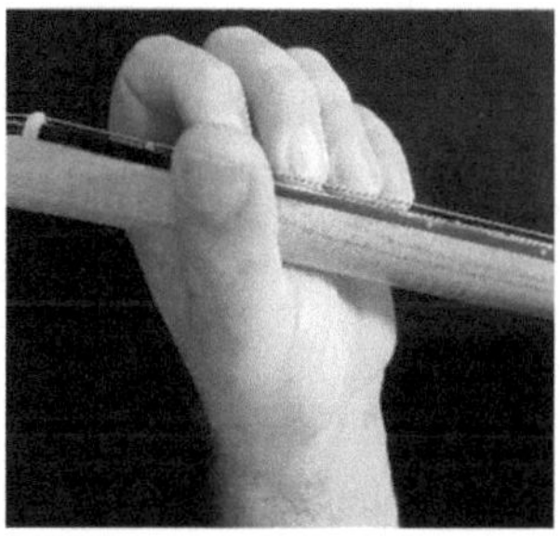

Abb. 19: böser Daumen

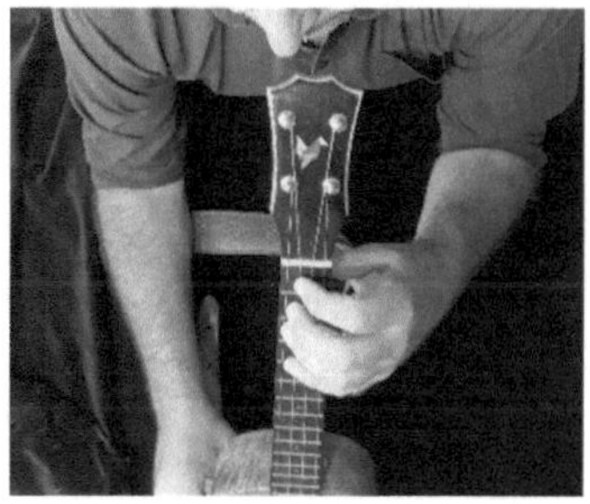

Abb. 20: Hilfestellung Flöte

**Schritt 4: Drücke die Saite runter – aber an der richtigen Stelle!**

Greife doch jetzt einmal eine Saite. Ich schlage vor, du drückst die E-Saite (= 2. Saite) im 2. Bund mit dem Mittelfinger. Mit dem Daumen der rechten Hand kannst du sie anschlagen. Es ist wichtig, dass du die Saite an der richtigen Stelle niederdrückst, nämlich direkt hinter (von oben gesehen direkt links neben) dem Bundstäbchen, um das es geht. Wenn dein Finger zu weit entfernt vom Bundstäbchen ist, wirst du Probleme haben, einen sauberen Ton zu erzeugen.

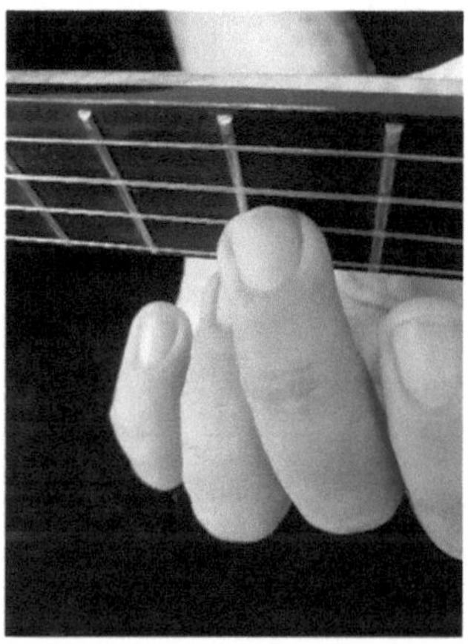

Abb. 21: Finger direkt hinter dem Bundstäbchen: richtig!

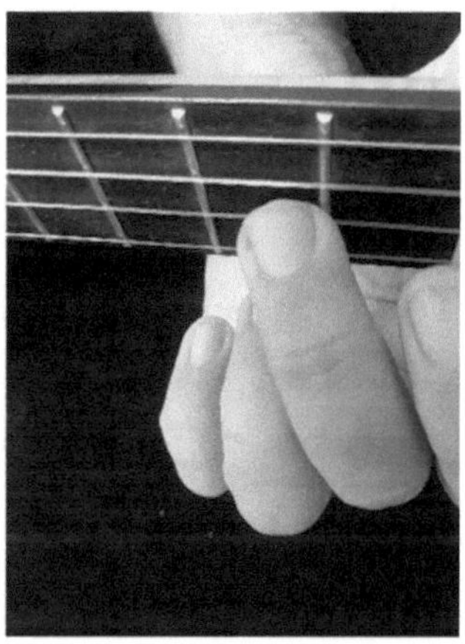

Abb. 22: Finger zu weit weg vom Bundstäbchen: falsch!

### Schritt 5: Die Finger sind wie Hämmerchen

Die vier Greiffinger müssen die Saiten im rechten Winkel mit der Fingerkuppe berühren. Wenn du sie flach auf die Saiten legst, wirst du NIE sauber greifen können. Du darfst jeweils nur eine Saite treffen und die senkrecht von oben. Ähnlich wie beim Tippen auf einer Computertastatur. Oder du versetzt dich in einen Hammer hinein – der muss den Nagel ja auch immer senkrecht von oben treffen.

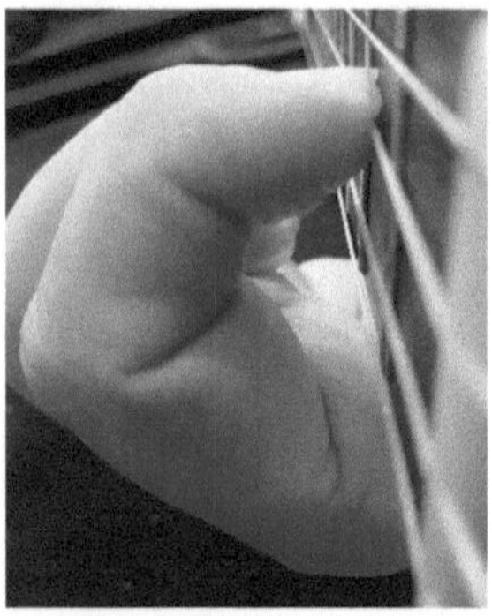

Abb. 23: Finger drückt Saite im rechten Winkel

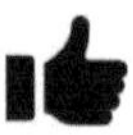

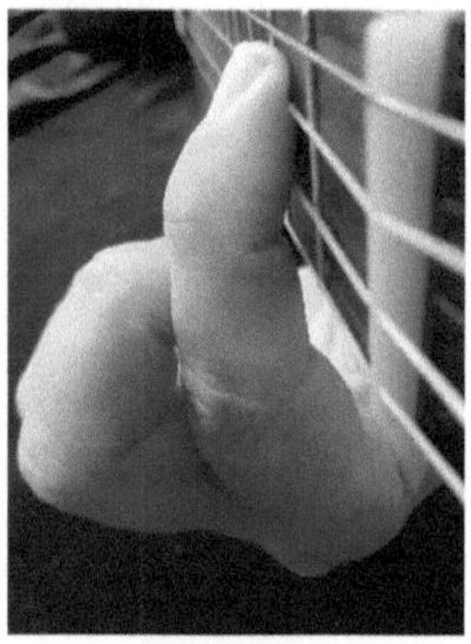

Abb. 24: Finger drückt Saite viel zu flach

**Übrigens:**

Wenn du mit der linken Hand sauber greifen willst, musst du deine Fingernägel möglichst kurzhalten. Das ist leider unerlässlich. Du musst dich also entscheiden: Lange, modische Fingernägel oder die Ukulele. Beides geht nicht.

### Übung 9:

In den ersten 8 Übungen stand auf den Linien der Tabulatur ausschließlich die Ziffer 0. Wir haben ja auch nur mit leeren Saiten gearbeitet. Das ändert sich jetzt. Die Zahl „1" in der Tabulatur zeigt an, dass du die Saite mit der linken Hand im 1. Bund greifen und dann mit der rechten Hand anschlagen sollst. In diesem Beispiel sollst du also einfach die A-Saite (= 1. Saite) mit dem Zeigefinger im 1. Bund greifen und anschließend anschlagen.

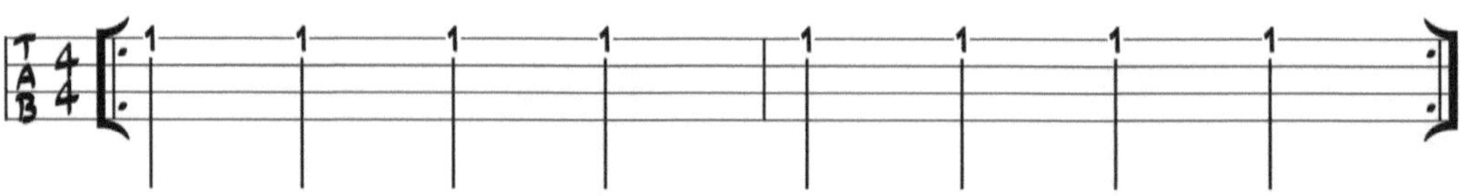


| UKULELE-SPLITTER | Kurioses |
|---|---|

### 2. Februar: der „Spiel-Deine-Ukulele-Tag"

Der „World Play Your Ukulele Day" wurde am 02. Februar 2011 von dem als Ukulele Mike bekannt gewordenen US-amerikanischen Lehrer Mike Lynch ins Leben gerufen.

Wie wird gefeiert? Ganz einfach: Nimm Deine Ukulele einfach überall hin mit und spiele sie: am Arbeitsplatz, im Einkaufszentrum, in der Schule, auf der Straße. Und freue dich an der Reaktion deiner Zuhörer: „The ukulele never fails to put smiles on people's faces."

**Übung 10:**

Widmen wir uns nun den anderen drei Saiten. Nimm deinen Zeigefinger und drücke die E-Saite (= 2. Saite) im 1. Bund nieder. Möglichst dicht am Bundstäbchen, du erinnerst dich! Sei selbstkritisch mit dir: Der Ton muss ganz sauber klingen, ganz ohne störende Nebengeräusche. Dann spielst du achtmal diesen Ton. Anschließend verfährst du genauso mit der Saite 3 (C-Saite) und der Saite 4 (G-Saite).

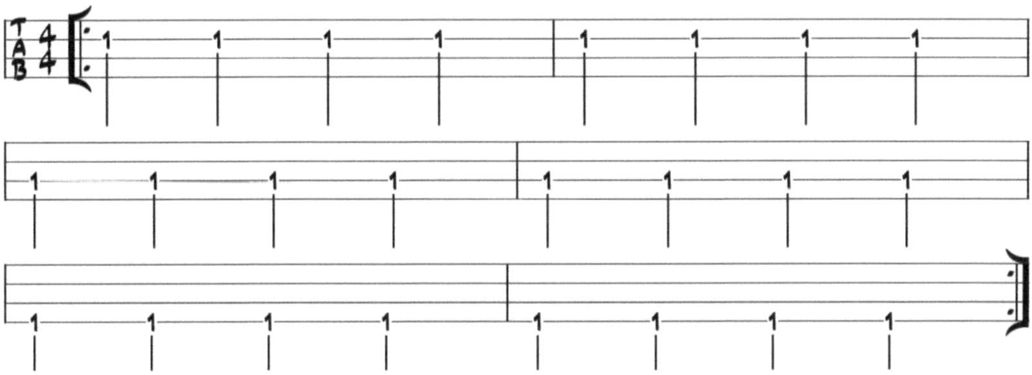

Wenn dir die Greifhand wehtut, mache eine kurze Pause, schüttle die Hand aus und fange dann nochmal von vorne an. Versuche nicht in den Schmerz hineinzuspielen! Überprüfe lieber nochmals genau, ob du auch alle meine Anweisungen zum Greifen mit der linken Hand umgesetzt hast. Viele Anfängerinnen und Anfänger drücken auch einfach zu fest auf die Saiten, weil sie unsicher sind. Versuche zu erspüren, wieviel Kraft man benötigt, um einen sauberen Ton zu erzeugen, und setze dann genau diese Kraft ein – nicht weniger, aber auch nicht mehr!

UKULELE-SPLITTER — Geschichte

## Die erste Welle (1920 – 1940)

Nach ihrer Etablierung in Hawaii gelangte die Ukulele recht schnell nach Nordamerika und erreichte in den 20er und 30er Jahren des 20. Jahrhunderts (der sogenannten „Tin Pan Alley"-Ära) ihre größte Popularität.

Vor allem beliebte Vaudeville-Künstler und Comedians – allen voran George Formby jr. – machten sich das liebenswerte Instrument in ihren Shows zu eigen und bezauberten mit seiner Hilfe ihr Publikum. Unterstützt wurde die Beliebtheit der Ukulele durch die Verbreitung des Radios und einiger zur damaligen Zeit sehr populärer Stummfilm-Stars wie Buster Keaton (siehe Ukulele-Splitter „Ukulele goes film"), die das Ausdruckspotenzial dieses kleinen Instrumentes erkannten und nutzten, auch wenn man es im Film tatsächlich nicht immer zu hören bekam.

## Übung 11:

Wir versuchen jetzt, die Saiten abwechselnd leer und dann gegriffen im 1. Bund zu spielen. Wir fangen in Zeile 1 mit der A-Saite an und arbeiten uns dann bis zur G-Saite in Zeile 4 durch. Achte auf saubere Töne!

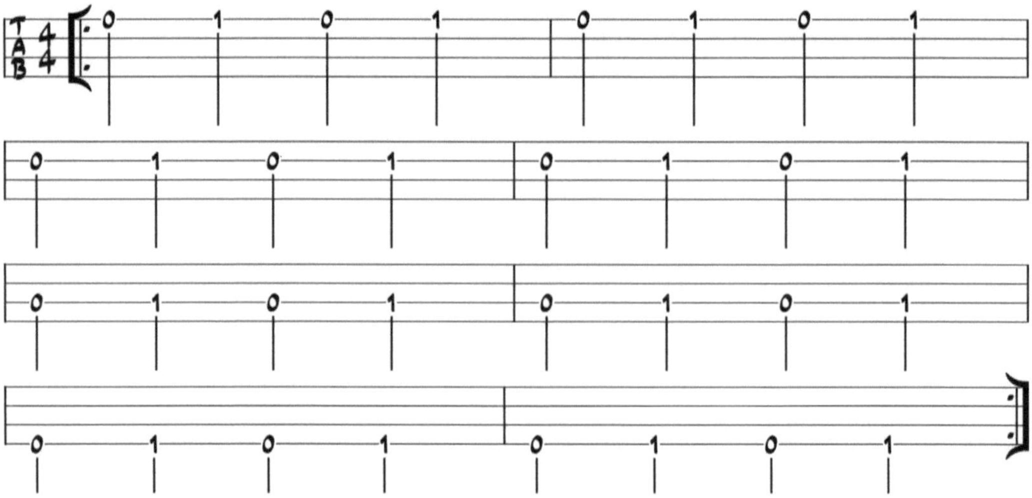


## Übung 12:

Wir schreiten voran auf unserer Reise über das Griffbrett: Diesmal ist der 2. Bund an der Reihe. Und den greifen wir mit dem Mittelfinger. Dahinter steckt folgendes System, das sich für Anfängerinnen und Anfänger sehr gut bewährt hat:

Jeder Finger der linken Hand ist für genau einen Bund zuständig: Der Zeigefinger greift den ersten Bund, der Mittelfinger den zweiten, der Ringfinger den dritten, und der kleine Finger kümmert sich um den vierten Bund.

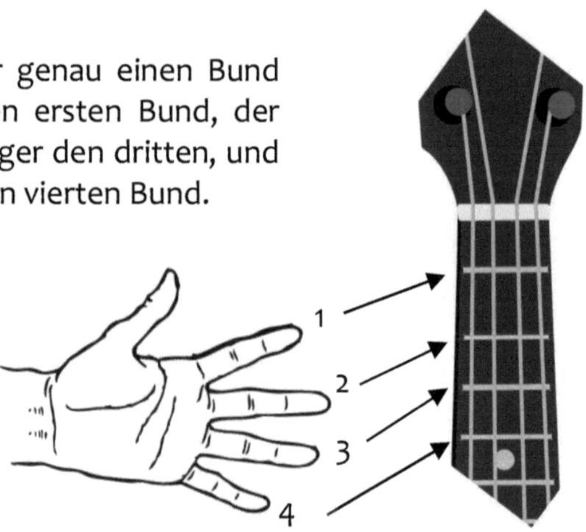


In dieser Übung bewegst du dich über alle Saiten und schlägst diese abwechselnd leer und mit dem Mittelfinger im 2. Bund gegriffen an. Viel Erfolg!

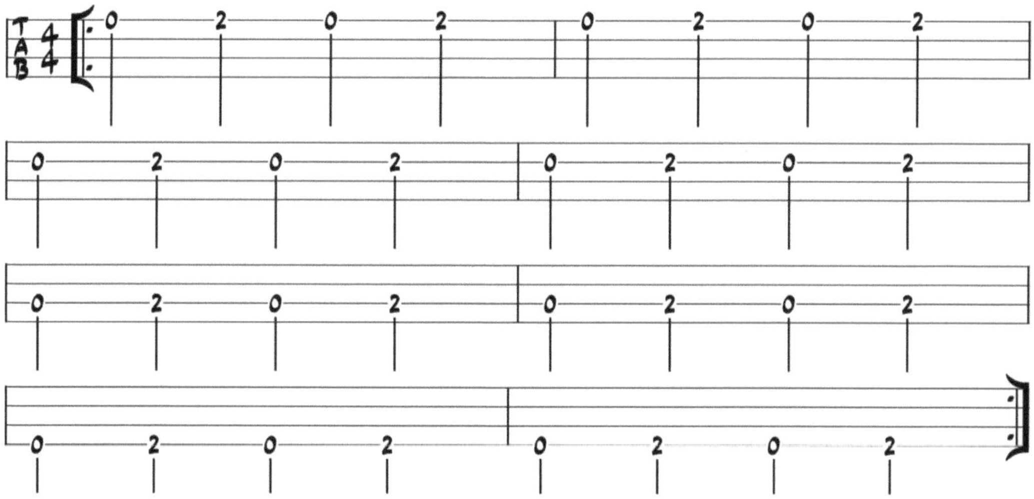

**Übung 13:**

Du ahnst es schon: Wir bringen jetzt den 3. Bund und damit den Ringfinger ins Spiel. Sicher fällt es dir leicht, diese Übung hier zu spielen. Du brauchst dafür nur leere Saiten und den Ringfinger, der die Saiten im 3. Bund greift.

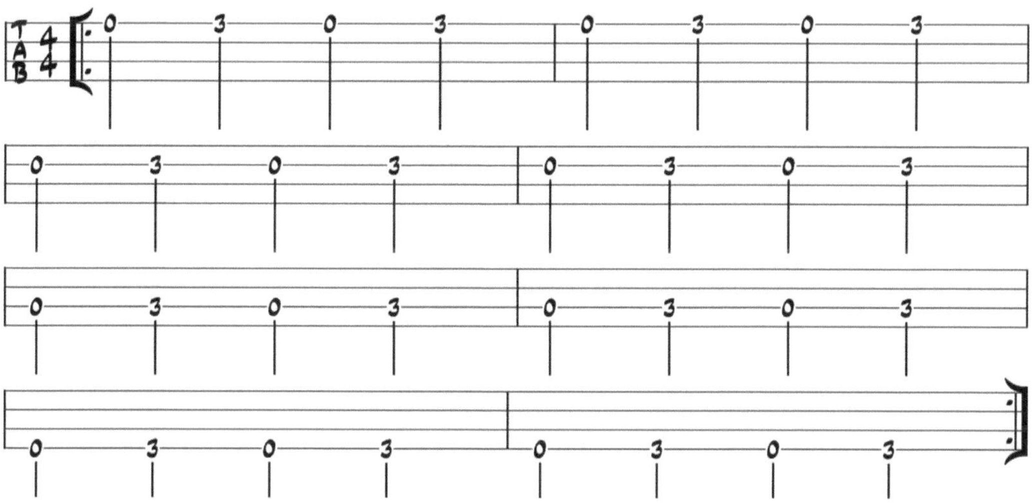

UKULELE-SPLITTER — Künstler

## George Formby jr. (1904-1961)

Der Nordbrite wollte nie Performer werden, wurde aber nach dem Tod des Vaters – ebenfalls ein Unterhaltungskünstler – von der Mutter auf die Bühne gedrängt und eroberte fortan als Musiker und Comedian ein großes Publikum. Mit weit über 200 Aufnahmen – allen voran seine Erkennungsmelodie „When I'm cleaning windos" – erlebte er einen kometenhaften Aufstieg. Vor allem mit seiner Banjolele bezauberte er seine zahlreichen Fans, unter ihnen angeblich auch Queen Elizabeth II.

**Übung 14:**

Und jetzt machen wir etwas komplett Unerhörtes: Wir lassen die leeren Saiten komplett weg. Wir wechseln ab zwischen dem Zeigefinger (1. Bund) und dem Mittelfinger (2 Bund). Du musst dabei aber unbedingt Folgendes beachten:

Schritt 1: Greife die Saite im 1. Bund mit dem Zeigefinger und schlage sie an!

Schritt 2: Lasse den Zeigefinger liegen, wo er ist, und lege den Mittelfinger im 2. Bund einfach dazu. Schlage die Saite dann an. Es liegen jetzt Zeige- und Mittelfinger friedlich vereint nebeneinander auf der Saite.

Schritt 3: Nimm den Mittelfinger weg. Lasse den Zeigefinger aber liegen. Schlage die Saite an.

Schritt 4: Mache weiter mit Schritt zwei.

Der Zeigefinger bleibt also so lange liegen, bis du die Saite wechselst. Dieses Vorgehen hat einen Riesenvorteil: Du sparst dir aufwändige, verkrampfte Bewegungen in der linken Hand:

*Zeigefinger drauf → Zeigefinger weg → Mittelfinger drauf →*
*Mittelfinger weg → Zeigefinger wieder drauf usw.*

Da der Zeigefinger mit unserer Technik hier die ganze Zeit auf dem 1. Bund liegenbleibt, musst du dich nur um die Bewegung des Mittelfingers kümmern:

*Mittelfinger drauf → Mittelfinger weg usw.*

Zwei Bewegungen statt fünf. Klasse, oder? Zudem sparen wir Kraft, wenn wir zwei Finger benutzen, um die Saite herunterzudrücken. Ein nicht zu vernachlässigender Faktor!

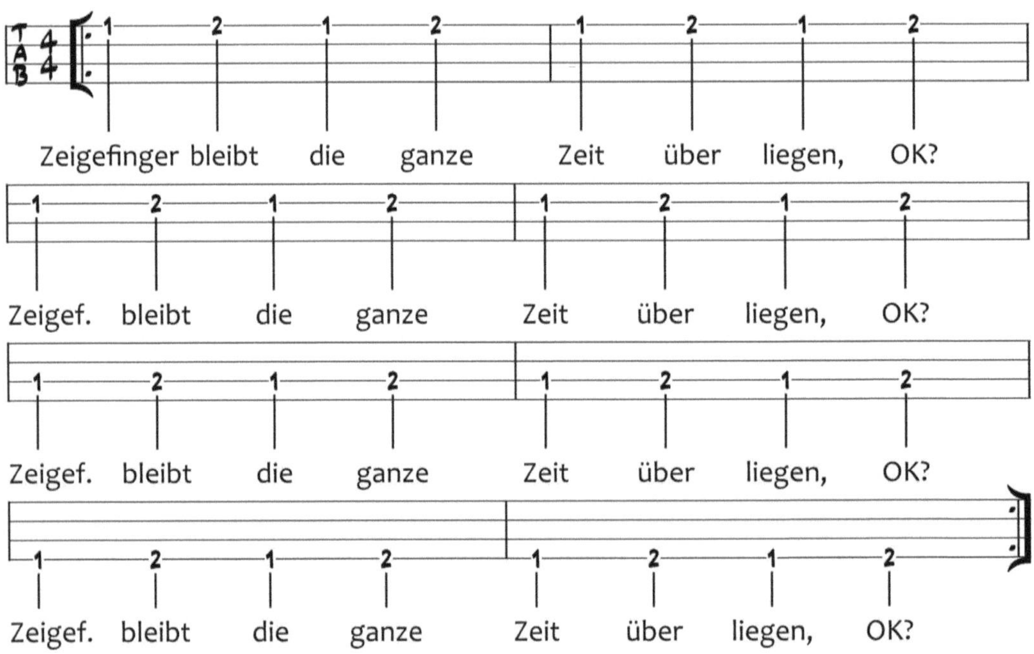

**Übung 15:**

In dieser Übung bringen wir noch den Ringfinger ins Spiel. Wir wollen zwischen dem 2. und dem 3. Bund wechseln:

Schritt 1: Bevor du beginnst, legst du den Zeigefinger auf den 1. Bund und den Mittelfinger auf den 2. Bund der A-Saite. Schlage die Saite an.

Schritt 2: Lasse Zeige- und Mittelfinger liegen, wo sie sind, und lege den Ringfinger im 3. Bund einfach dazu. Schlage die Saite an. Es liegen jetzt Zeige-, Mittel- und Ringfinger friedlich vereint nebeneinander auf der Saite.

Schritt 3: Nimm den Ringfinger weg. Lasse die beiden anderen Finger aber liegen. Schlage die Saite an.

Schritt 4: Mache weiter mit Schritt zwei.

Zeige- und Mittelfinger blieben also so lange liegen, bis du die Saite wechselst. Den Vorteil dieser Technik kennst du bereits aus Übung 14: Wir reduzieren den Bewegungsaufwand unheimlich und wir sparen Kraft.

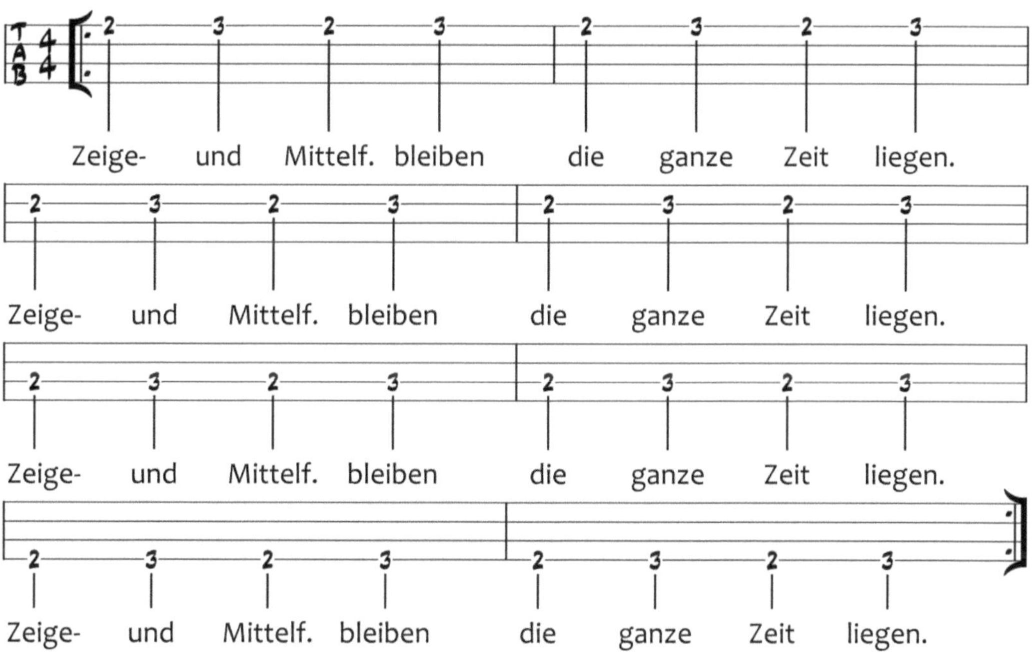

**Übung 16:**

In der letzten Übung dieser Lektion bringen wir alle bisher benutzten Greiffinger in Bewegung. Wenn du diese Übung kannst, schnupperst du schon an der Meisterklasse.

Schritt 1: Schlage die leere A-Saite (= 1. Saite) an.

Schritt 2: Lege den Zeigefinger hinter das 1. Bundstäbchen und schlage an.

Schritt 3: Lasse den Zeigefinger liegen, wo er ist, und lege den Mittelfinger im 2. Bund einfach dazu. Schlage die Saite dann an. Es liegen jetzt Zeige- und Mittelfinger nebeneinander auf der Saite.

Schritt 4: Lasse Zeigefinger und Mittelfinger liegen, wo sie sind, und lege den Ringfinger im 3. Bund einfach dazu. Schlage die Saite zweimal an. Es liegen jetzt Zeige-, Mittel- und Ringfinger nebeneinander auf der Saite.

Schritt 5: Nimm den Ringfinger weg. Lasse die beiden anderen Finger aber liegen. Schlage die Saite an.

Schritt 6: Nimm den Mittelfinger weg. Lasse den Zeigefinger aber liegen. Schlage die Saite an.

Schritt 7: Nimm den Zeigefinger weg. Schlage die leere Saite an

Und dann das Ganze wieder von vorne, nur auf Saite 2.

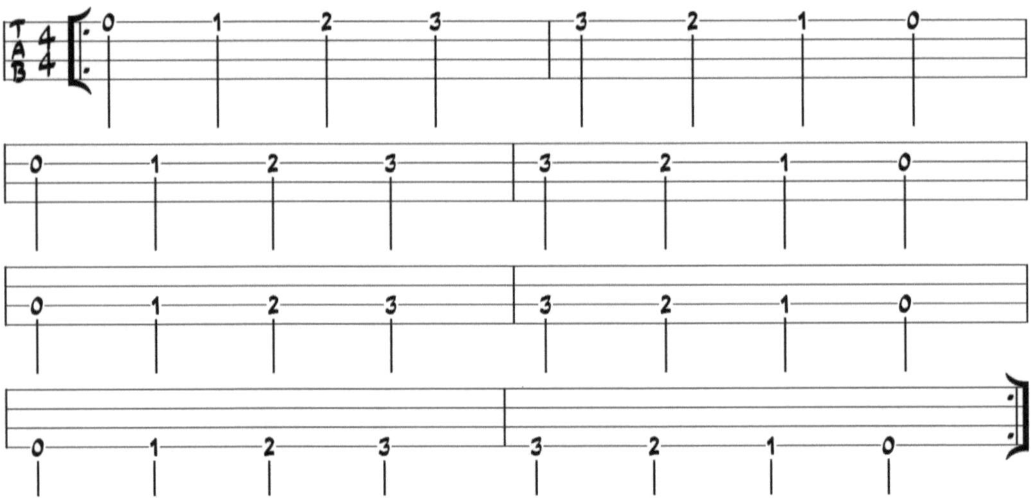


**UKULELE-SPLITTER** — Zitate

„Jeder sollte eine Ukulele besitzen und sie spielen. Sie lässt sich so einfach überall mit hinnehmen und ist ein Instrument, das man nicht spielen kann, ohne zu lächeln! Sie ist so süß und gleichzeitig so alt. Ich habe noch nie einen Ukulele-Spieler kennengelernt, den ich nicht auf Anhieb mochte."

*George Harrison*

Bei allen Übungen solltest du auch auf die Finger achten, die gerade keine Saite greifen. Viele Anfängerinnen und Anfänger neigen dazu, sich nur auf den Finger zu konzentrieren, der gerade die Saite herunterdrückt. Die anderen Finger werden weit vom Griffbrett weg gespreizt. Tu das nicht! Lasse die Finger, die gerade nicht benötigt werden, locker in der Nähe des Griffbretts schweben. So sind sie gleich da, wenn sie mal gebraucht werden. Außerdem bedeutet das Abspreizen zusätzlichen Kraftaufwand.

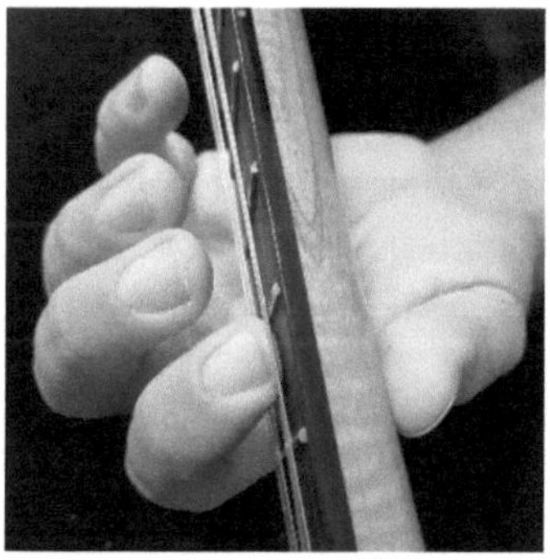

Abb. 25: alle Finger nah am Griffbrett

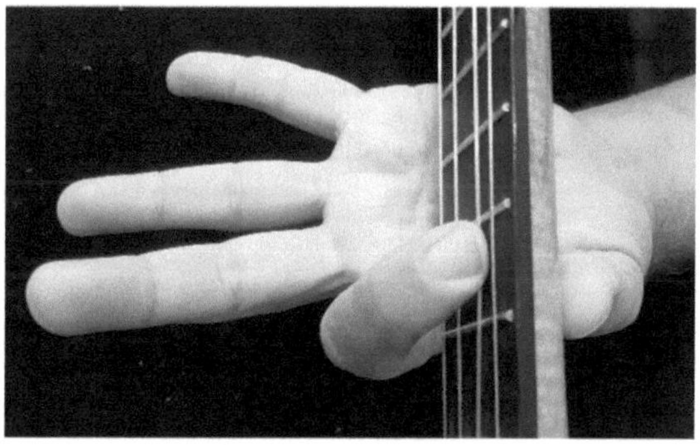

Abb. 26: Die Finger, die gerade nicht gebraucht werden, sind viel zu weit weg!!!

**Hier nochmal das Wichtigste in Kürze:**

- ✓ Der Daumen schlägt die Saite da an, wo der Hals der Ukulele in den Korpus übergeht.
- ✓ Nach dem Anschlag kommt der Daumen auf der Saite darunter (oder im Falle der A-Saite auf dem Zeigefinger) zum Liegen.
- ✓ Die linke Hand hält beim Greifen eine Orange: Daumen unsichtbar, viel Luft zwischen Handfläche, Handballen und Hals!
- ✓ Die Finger greifen die Saiten senkrecht von oben, im 90°-Winkel!
- ✓ Die Töne werden möglichst nahe am Bundstäbchen gegriffen!
- ✓ Mache dich mit der Tabulatur-Schreibweise vertraut. Das wird dir die Arbeit mit diesem Buch sehr erleichtern!
- ✓ Übe regelmäßig! Es ist sinnvoller, jeden Tag ein wenig zu üben, als an einem Tag sehr lang und dann wieder für einige Tage gar nicht.

## ÜBE-TIPPS FÜR DEN SCHNELLEN FORTSCHRITT

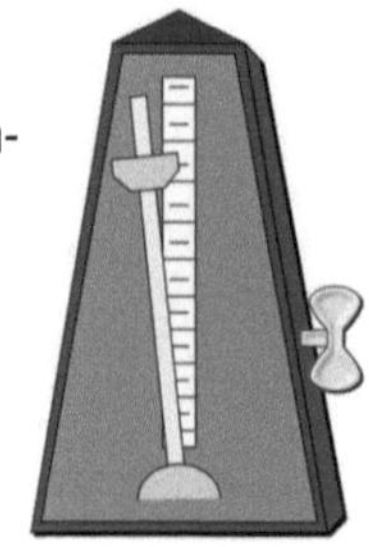

- Besorge dir ein Metronom oder lade dir eine kostenlose Metronom-App aufs Handy.
- Beginne jede Übung in dieser Lektion bei Tempo 50 bpm (= beats per minute/Schläge pro Minute). Sobald du die Übung bei diesem Tempo sicher spielen kannst, erhöhe das Tempo um 5 bpm.
- Führe ein Übe-Tagebuch. Die einfachste Variante: Notiere dir hier ins Buch mit Bleistift, bei welchem Tempo du das Stück sicher spielen kannst. So weißt du am nächsten Tag gleich, bei welchem Tempo du einsteigen kannst.
- Übe vor dem Spiegel oder bitte jemanden, während des Übens deine Hände zu fotografieren/filmen. Vergleiche dich mit den Fotos in diesem Buch und den dazugehörigen Videos. Sei selbstkritisch und korrigiere ggf. deine Haltung.
- Erst wenn du alle Übungen dieser Lektion bei 100 bpm spielen kannst, solltest du mit Schritt 3 weitermachen.

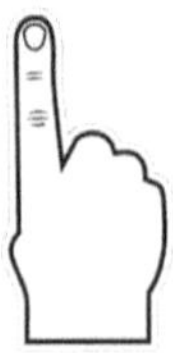

Übe jeden Tag, und wenn es nur 10 Minuten sind. Übertreibe es aber nicht! Taste dich langsam an deine Ansprüche und Grenzen heran. Das sorgt für schnellen Lernfortschritt und vermeidet Überlastung der Sehnen und Gelenke. Das Schlimmste, was du machen kannst: An einem Tag vier Stunden lang üben, dafür die nächsten vier Tage gar nicht. Da ist es viel effektiver, jeden Tag eine halbe Stunde zu üben.

UKULELE-SPLITTER — Geschichte

### Die zweite Welle (1950 – 1970)

Die zweite große Popularitätswelle erreichte die Ukulele in den 50er und 60er Jahren des 20. Jahrhunderts. Befeuert wurde die Beliebtheit des Instrumentes zu jener Zeit neben dem Skiffle-Boom hauptsächlich durch ikonenhafte Künstler, die sich bei ihrer Arbeit der Ukulele bedienten. Legendär ist zum Beispiel Marilyn Monroes Interpretation von „Running Wild" in Billy Wilders Komödie „Manche mögen's heiß" aus dem Jahr 1959. Elvis Presley, ein bekennender Ukulele-Fan, der etliche seiner Songs auf der Ukulele begleitete und diese auch in mehreren seiner Filme spielte, machte das Instrument schließlich Rock'n'roll-tauglich und verlieh ihm so eine gewisse ‚street-credibility'. Weitergeführt wurde diese Tradition von den Beatles (v.a. George Harrison), während Neil Young durch das Geschenk einer der damals neuartigen Plastik-Ukulelen überhaupt erst zum Musiker wurde.

# SCHRITT 3
# WIR SPIELEN EINFACHE MELODIEN[6]

**Das kannst du schon:**

✓ sauber greifen mit der linken Hand (Schritt 1)
✓ einzelne Töne mit dem Daumen anschlagen (Schritt 1)
✓ Tabulatur lesen (Schritt 1)

Video 3

**In dieser Lektion lernst du ...**

..., wie man die C-Dur Tonleiter spielt.
... drei einfache Melodien auf der Ukulele.
... drei Melodien, die man mit einem Partner zusammen zweistimmig spielen kann.

## Die C-Dur Tonleiter

**Übung 17:**
Das Griffbrett der Ukulele hält sehr viele Töne bereit. Jedes Bundstäbchen stellt dabei einen Halbtonschritt dar. Wenn man sinnvolle Musik spielen will, muss man aus diesen vielen Halbtönen einige auswählen, die gut zueinander passen. Eine auf der Ukulele sehr häufige Auswahl stellt die C-Dur Tonleiter dar. Schau sie dir einmal an:

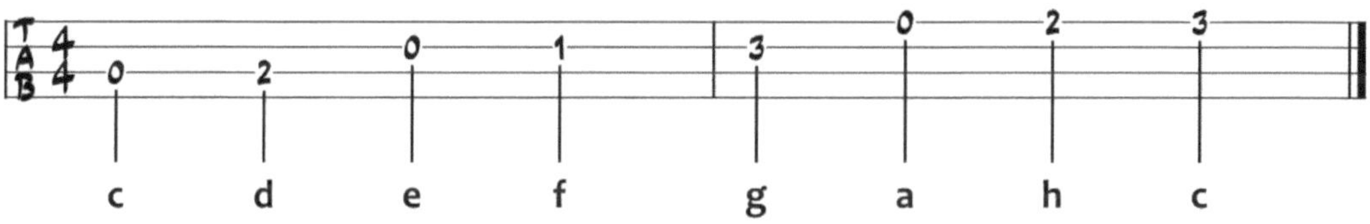


Der erste Ton ist die leere C-Saite. Für das „d", den zweiten Ton, greifst du die C-Saite mit dem Mittelfinger im 2. Bund. Du weißt ja, dass jeder Finger für einen Bund zuständig ist. Der dritte Ton ist ein „e". Dafür schlägst du die leere E-Saite an. Danach folgt das „f", welches du mit dem Zeigefinger im 1. Bund der E-Saite greifst. Danach legst du deinen Ringfinger auf den 3. Bund der E-Saite und erzeugst dadurch ein „g". Das „a" ist leicht – einfach die leere A-Saite anschlagen. Jetzt haben wir es gleich geschafft: Für das „h" musst du den Mittelfinger auf den 2. Bund der A-Saite (= 1. Saite) legen. Und jetzt sind wir am Gipfel der Tonleiter angekommen: Wir spielen ein „c", indem wir den Ringfinger auf den 3. Bund der 1. Saite legen.

Du wirst diese Töne in diesem Buch, aber auch in der rauen Ukulele-Wirklichkeit da draußen sehr oft brauchen. Spiele die C-Dur Tonleiter täglich mehrmals und präge dir die Töne gut ein. Am besten auch mit den entsprechenden Buchstaben: **c d e f g a h c**

Wenn du das Gefühl hast, du kennst die Töne der C-Dur Tonleiter, gehe zur nächsten Übung.

[6] Ein Video zu Schritt 3 kannst du dir hier anschauen: http://www.tinyurl.com/ukelimit-buch1-lektion3

**Übung 18:**

In dieser Übung spielst du die C-Dur Tonleiter nicht nur von unten nach oben, sondern auch von oben nach unten.

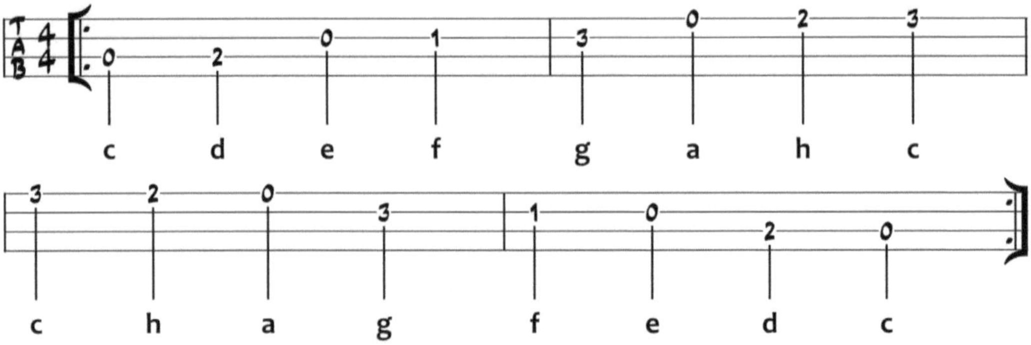


Wenn du die Töne spielen kannst, achte einmal besonders auf die DAUER der Töne. Jeder Ton soll möglichst lange klingen. Eigentlich sollte er erst dann verstummen, wenn der nächste Ton gespielt wird. Er soll nicht vorher abgestoppt werden, da das zu „abgehackt" klingt. Schaue dir zur Verdeutlichung einmal die ersten beiden Töne der Übung an:

Es ist kein Problem, die leere C-Saite anzuschlagen. Für den zweiten Ton, das „d", müssen wir aber den Mittelfinger im 2. Bund auf die 3. Saite legen. Viele Anfängerinnen und Anfänger legen diesen Mittelfinger zu schnell auf die Saite. Dadurch wird die Saite gedämpft und das „c" (der erste Ton) klingt zu kurz, eben „abgehackt".

Bei den beiden Tönen am Anfang von Zeile 2 der Übung stellt sich das Problem etwas anders dar. Ich empfehle dir, nicht nur den Ringfinger hinzulegen, sondern gleich auch den Mittelfinger im 2. Bund. Dann schlägst du das „c" an und lässt den Ringfinger so lange wie möglich liegen. Hebe ihn erst ganz kurz vor dem Anschlag des zweiten Tones hoch. Dadurch klingt das „c" ganz lang und wird direkt vom „h" abgelöst.

Achte bei jedem einzelnen Ton darauf, ihn möglichst lange klingen zu lassen, indem du die Greiffinger immer erst im allerletzten Moment vor dem Daumenanschlag hinlegst/hochhebst. Idealerweise geschieht das praktisch gleichzeitig. Man nennt diese Spielweise „**legato**". Sie ist das Gegenteil von „staccato", wo alle Töne möglichst kurz gespielt werden sollen. Es ist ganz wichtig, dass du das „legato"-Spiel beherrschst. Nur so wird dein Spiel wirklich harmonisch und fließend sein.

In den folgenden Übungen sollst du mit der C-Dur Tonleiter vertraut werden. Deswegen lasse ich dich deren Töne in einigen Variationen spielen. Ziel ist, dass deine Finger irgendwann automatisch die richtigen Töne finden, ohne dass du lange nachdenken musst – Stichwort „Muskelgedächtnis".

**Übung 19:**

In dieser Übung habe ich über die Tabulatur noch die traditionelle Notenschrift gesetzt. Da ich finde, dass man sich mit beidem ein wenig auskennen sollte, werde ich das ab jetzt immer machen. Außerdem hat die Notenschrift einen großen Vorteil gegenüber der Tabulatur: Man kann die Dauer der Noten besser darstellen.

Bis jetzt haben wir nur Viertelnoten gespielt. Wir haben 1-2-3-4 gezählt, und auf jeden dieser vier Schläge kam ein Ton. In dieser Übung siehst du halbe Noten. Es ist jeweils die dritte Note in jedem Takt. Sie dauert zwei Schläge lang. Auf den Schlag 4 kommt kein neuer Ton, du musst bis zur nächsten 1 warten.

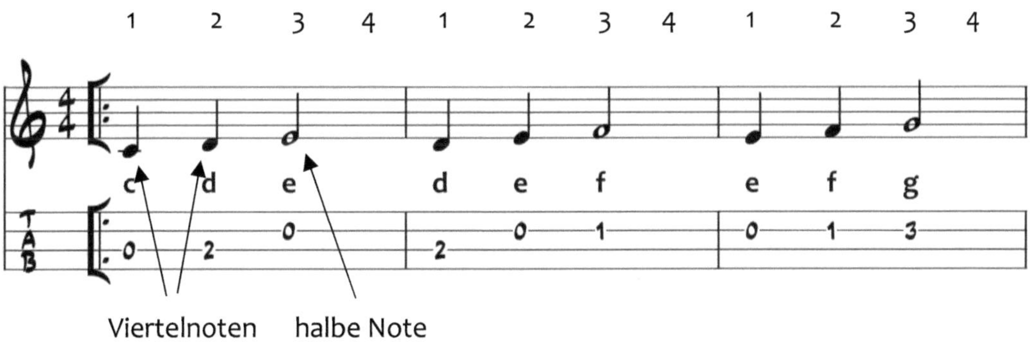


Du erkennst halbe Noten am nicht schwarz ausgefüllten Notenkopf. Und jetzt kannst du die ganze Übung spielen:

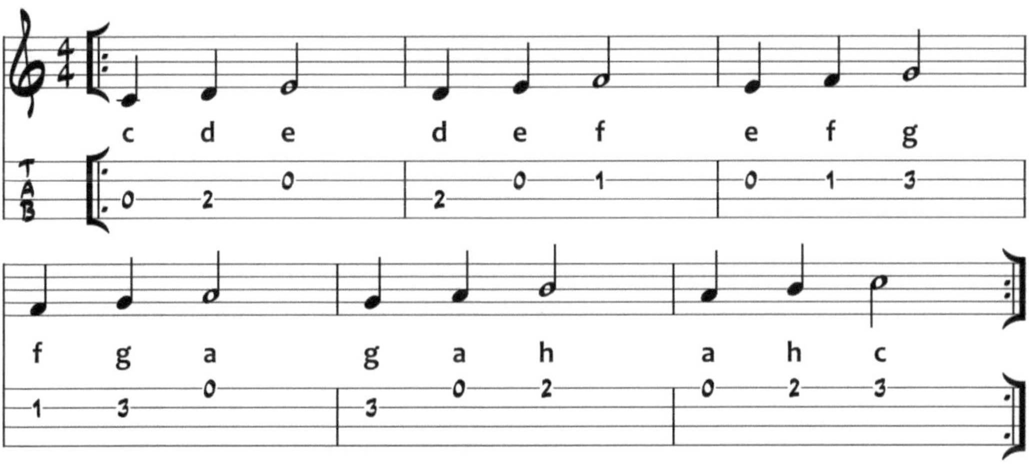


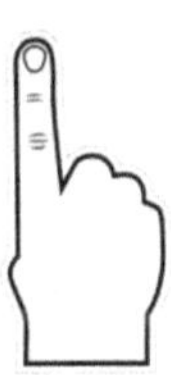

Denkst du bei dieser und allen anderen Übungen aus Schritt 3 daran, das System „ein Finger ←→ ein Bund“ anzuwenden? Was, du hast es vergessen? Ja sowas!

Zeigefinger → Bund 1
Mittelfinger → Bund 2
Ringfinger → Bund 3

Es wäre ziemlich gut, wenn du das konsequent machen würdest!

**Übung 20:**

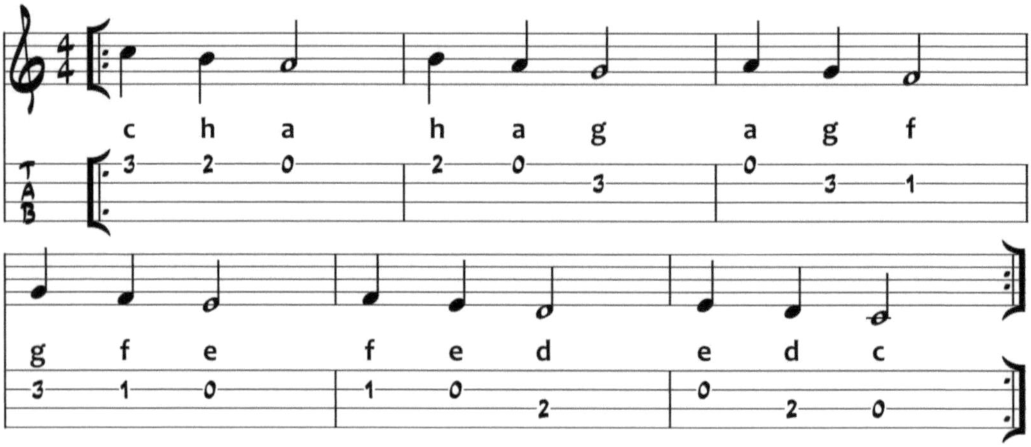


**Übung 21**

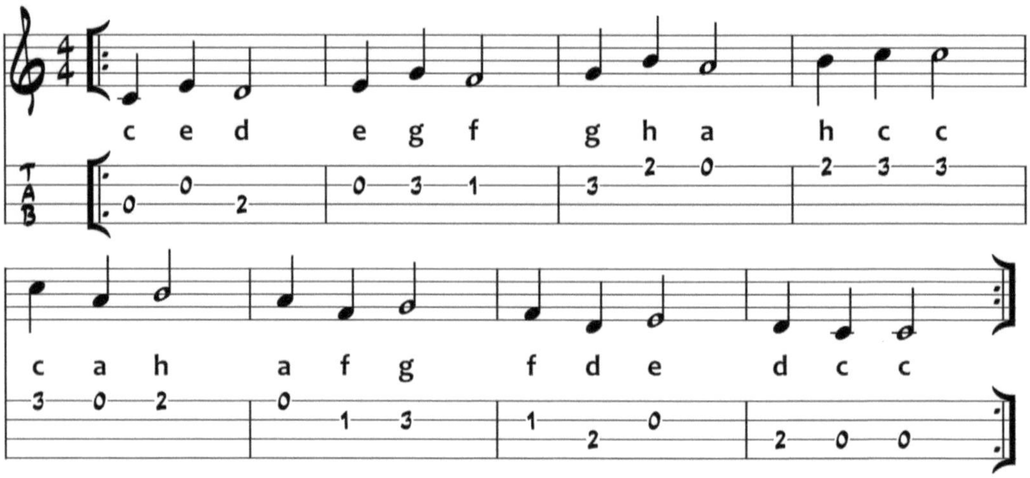


| UKULELE-SPLITTER | Künstler |
|---|---|

## Jake Shimabukuro (*03.11.1976)

Der hawaiianisch-japanische Künstler gilt spätestens seit seiner Version von George Harrisons „While my guitar gently weeps“ als unangefochtener Superstar der Szene. Mit schier unfassbarer Virtuosität ringt Shimabukuro dem kleinen Instrument ein nahezu endloses Repertoire an Klängen und Rhythmen ab und erzeugt bei seinen Performances eine Faszination, der man sich unmöglich entziehen kann.

**Übung 22:**

In dieser Übung lernst du einen weiteren Notenwert kennen: die ganze Note. Eine ganze Note dauert vier Schläge lang. Ihr Kopf ist nicht schwarz ausgefüllt und sie hat keinen Hals. In dieser Übung ist die allerletzte Note eine ganze Note.

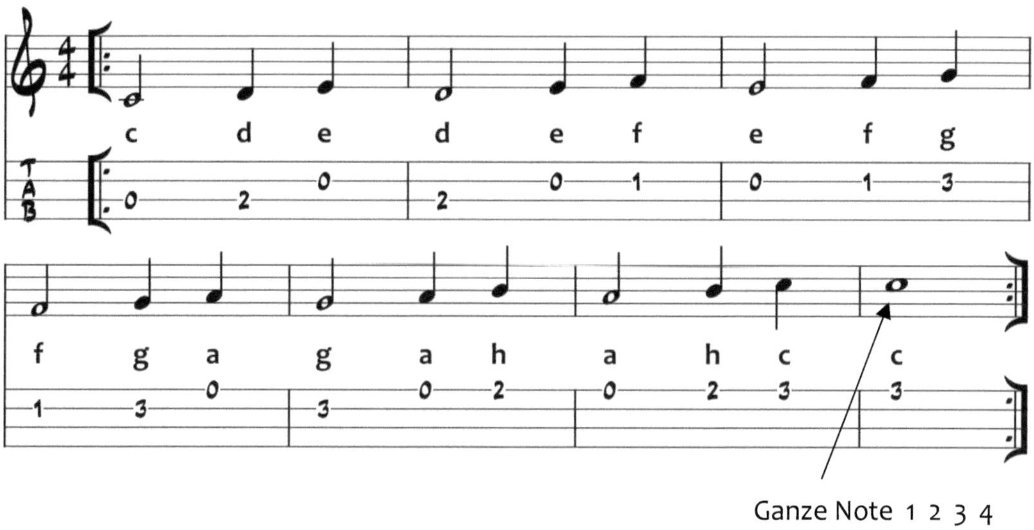


**Übung 23:**

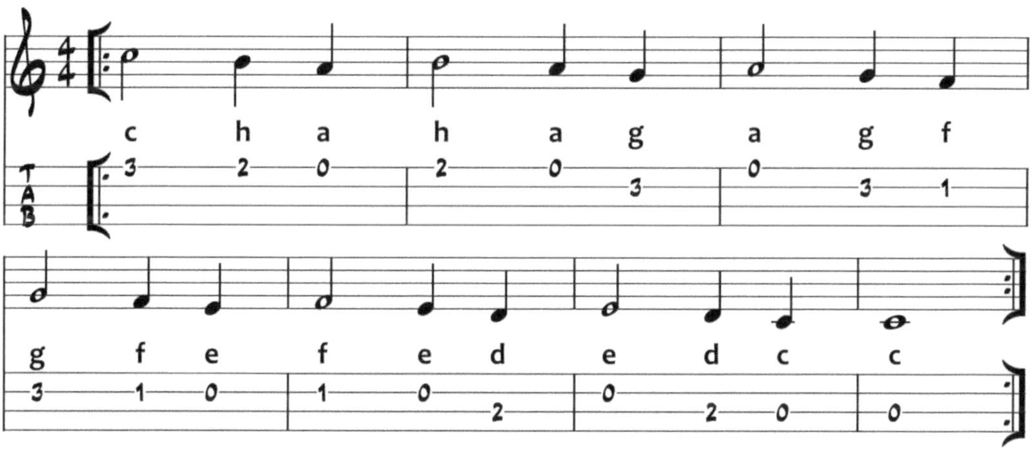


## ÜBE-TIPPS FÜR DEN SCHNELLEN FORTSCHRITT

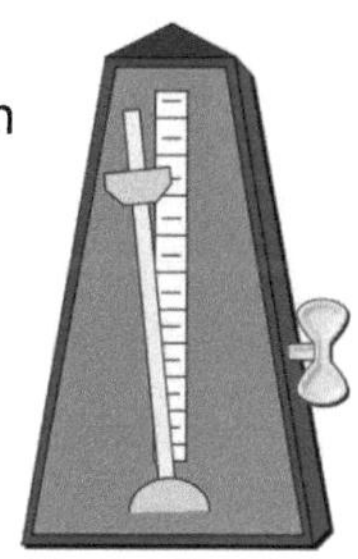

- Übe die C-Dur Tonleiter so lange, bis du sie auswendig spielen kannst.
- Fange die Übungen 17-23 bei 50 bpm an und steigere langsam das Tempo. Es wäre gut, wenn du sie bei 100 spielen kannst.
- Wenn du die Übungen 17-23 gut kannst, lerne sie auswendig.
- Wenn du die Übungen 17-23 auswendig kannst, spiele sie, ohne auf deine Greifhand zu schauen.

## „Erkennen Sie die Melodie!“

So hieß eine bekannte Fernseh-Show in den 70er Jahren. Und genau das sollst du jetzt machen. Hier siehst du drei sehr bekannte Melodien. Den jeweiligen Titel verrate ich dir allerdings nicht. Du kämpfst dich durch und versuchst herauszufinden, wie sie heißen. Glaub mir: Du kennst sie alle drei!

**Übung 24: Wie heißt dieses Lied? (Stichwort: „Federvieh“)**

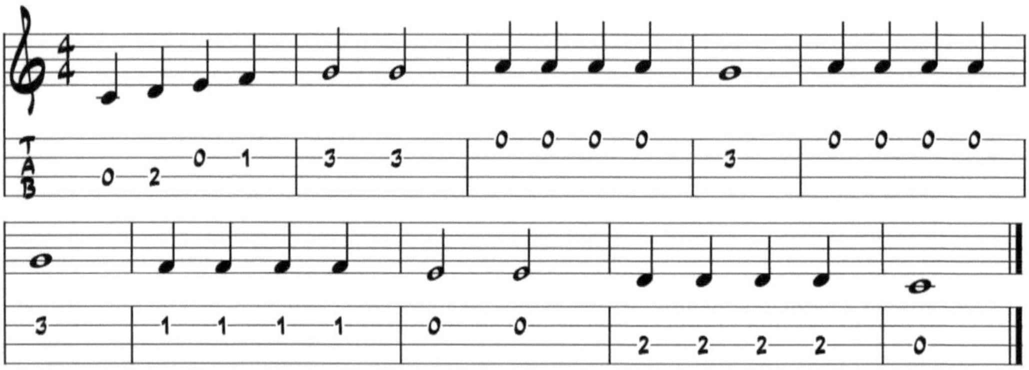

Lösung (in Spiegelschrift): „Alle meine Entchen“

**Übung 25: Wie heißt dieses Lied? (Stichwort: „Familienbande“)**

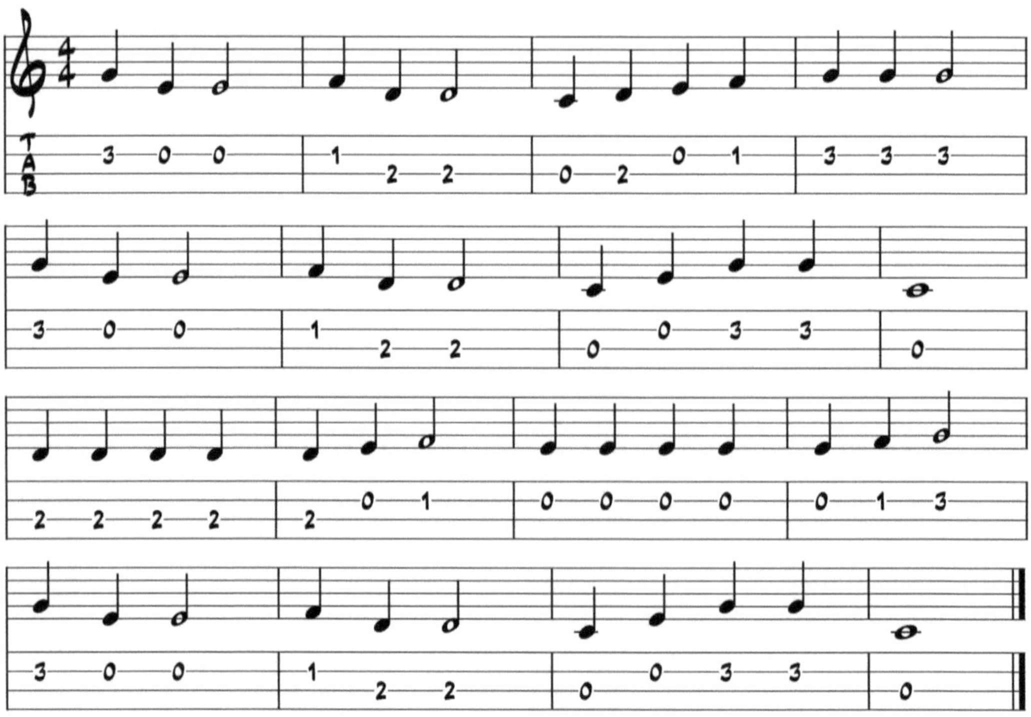

„Hänschen klein“

**Übung 26: Wie heißt dieses Lied? (Stichwort „Hurra!“)**

In dieser Übung lernst du einen weiteren Notenwert kennen: die Achtelnote! Es ist der letzte Notenwert, den wir in diesem Buch brauchen. Die Achtelnote ist halb so lang wie die Viertelnote. In eine Viertelnote passen zwei Achtelnoten. Hier ein kleines Beispiel:

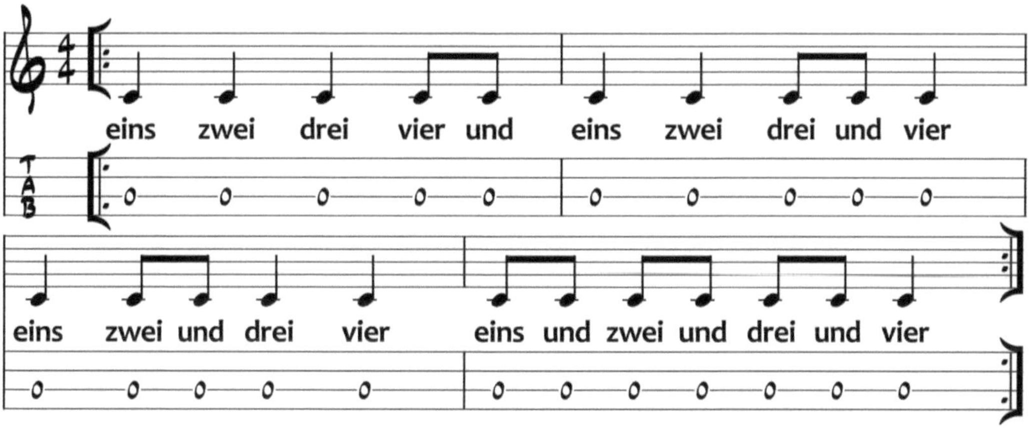


Du erkennst die Achtelnoten daran, dass ihre Hälse miteinander verbunden sind. Da du zwei Achtelnoten in eine Viertelnote „hineinquetschen“ musst, hat sich folgende Zählweise bewährt: Du zählst 1-2-3-4, mogelst aber da, wo eine Achtelnote steht, noch ein „und“ hinein, ohne das Tempo des Zählens zu verringern. In diesem Notenbeispiel hieße das: „1-2-3-4und“. Du verstehst das ganz leicht, wenn du dir das Video anschaust. Aber jetzt auf zur letzten Runde „Erkennen Sie die Melodie“!

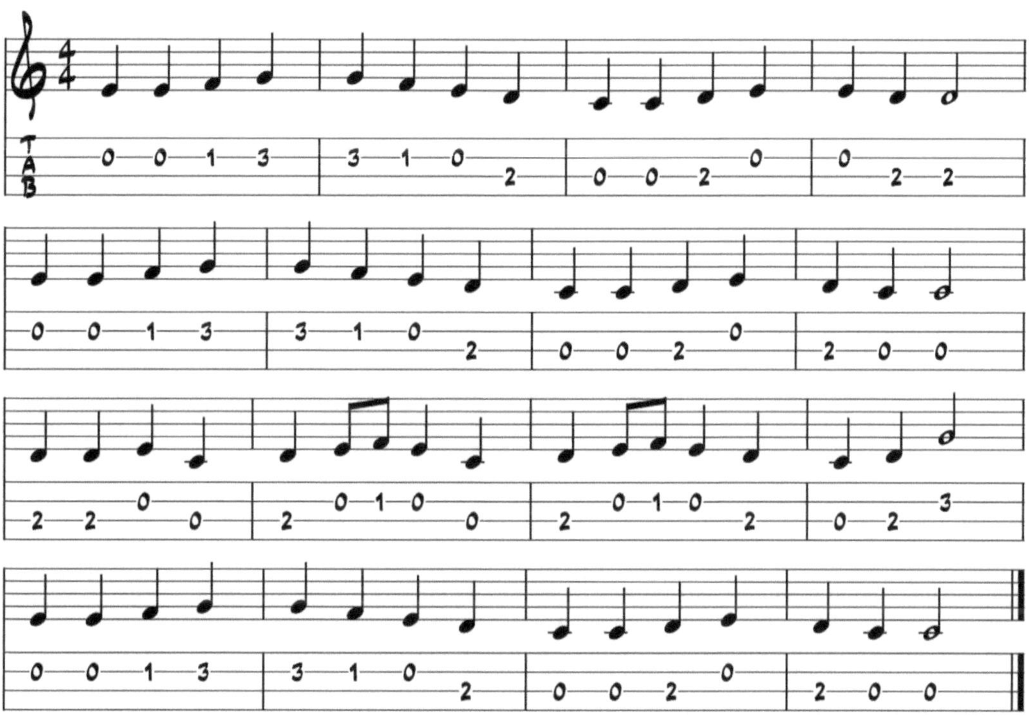

„Freude schöner Götterfunken“

Na, hast du alle Melodien erkannt? Bestimmt!

## Stücke für zwei Ukulelen

Ukulele-Spielerinnen und -Spieler sind oft sehr gesellige Wesen. Deswegen möchte ich dir noch einige Stücke präsentieren, die man zweistimmig zu zweit spielen kann. Wenn du gerade keinen Partner/keine Partnerin zur Hand hast, macht das gar nichts: Schau dir das Video zu dieser Lektion an und spiel einfach mit MIR zusammen.

In den beiden folgenden Übungen siehst du immer vier Zeilen, die zusammengehören: Ukulele1 (Tabulatur und Noten) und Ukulele 2 (Tabulatur und Noten). Nicht durcheinanderkommen!

Damit ihr beide gleichzeitig anfangt, sollte einer vorzählen: 1-2-3-4 und los geht's!

**Übung 27:**

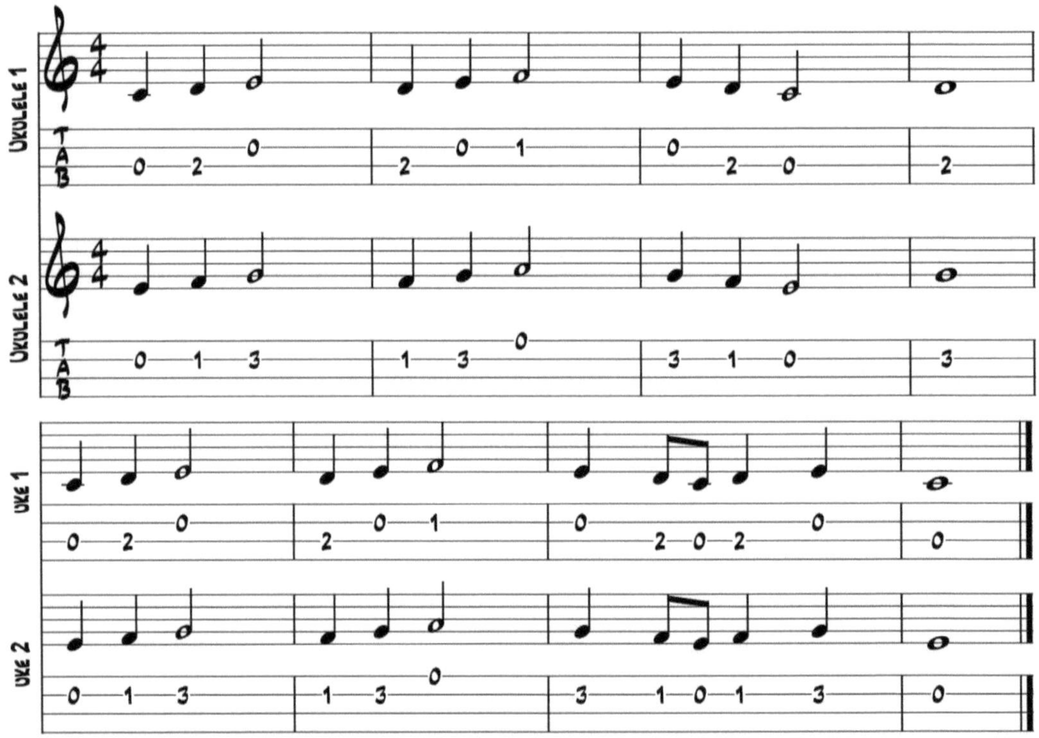


**UKULELE-SPLITTER** — Künstler

### Roy Smeck (1900-1994)

‚The wizard of the strings': Roy Smeck war schon ein vielseitiger Musiker und Performer, bevor er die Ukulele für sich entdeckte. Einmal vom Ukulele-Virus infiziert, tat er sein Bestes, zu ihrer Verbreitung beizutragen, performte jahrzehntelang weltweit, schrieb Lehrbücher und widmete sich später zunehmend dem Unterrichten. Der ihm eigene temperamentvolle Stil und über 500 Aufnahmen sicherten ihm einen festen Platz in der Geschichte einflussreicher Ukulele-Spieler.

**Übung 28:**

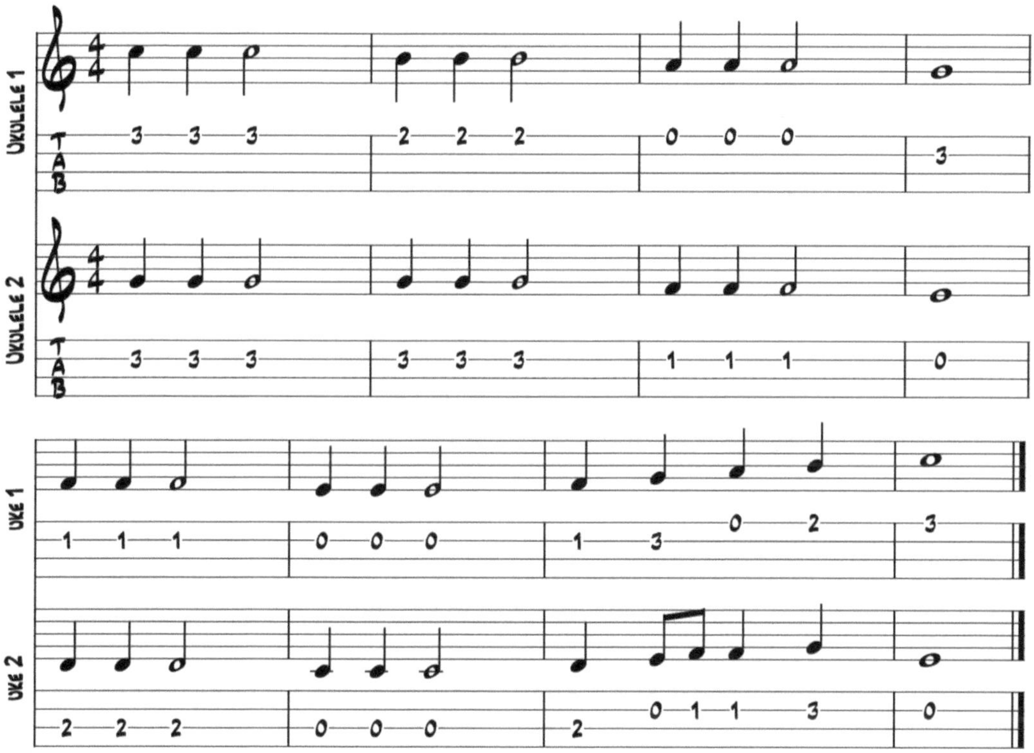


UKULELE-SPLITTER — Geschichte

## Die dritte Welle

Mit dem Ausklang der 60er erlahmte das Interesse an der Ukulele zusehends und verlor sich im Laufe der kommenden 2 Jahrzehnte fast komplett. Erneut ins öffentliche Bewusstsein gelangte die Ukulele zweifelsohne auch durch das im Jahr 1980 gegründete Ukulele Orchestra of Great Britain. Die aus Leeds stammenden Musiker verbanden Können, Show und musikalische Vielseitigkeit zu einer unwiderstehlichen Mischung und haben sich seitdem zu Recht in der Musikwelt etabliert.

Ein weiterer unüberhörbarer Weckruf war die ABC Beatles-Dokumentation „Anthology“ im Jahre 1995, in welcher Harrison und McCartney im Grünen auf der Ukulele jammen und sie somit als ernstzunehmendes Instrument adeln, woraufhin die Verkaufszahlen an Ukulelen in Amerika sprunghaft anstiegen.

Fünfzehn Jahre später schließlich interpretierte der chrismatische hawaiianische Künstler Israel Kamakawiwoʻole den „Wizard of Oz“-Klassiker „Somewhere over the rainbow“ neu und löste einen Ukulele-Hype aus, der im Grunde bis heute andauert.

### Übung 29: Bruder Jakob

Eine besonders schöne Form des mehrstimmigen Spiels ist der Kanon. Übe zusammen mit deinem Partner/deiner Partnerin die folgende Melodie:

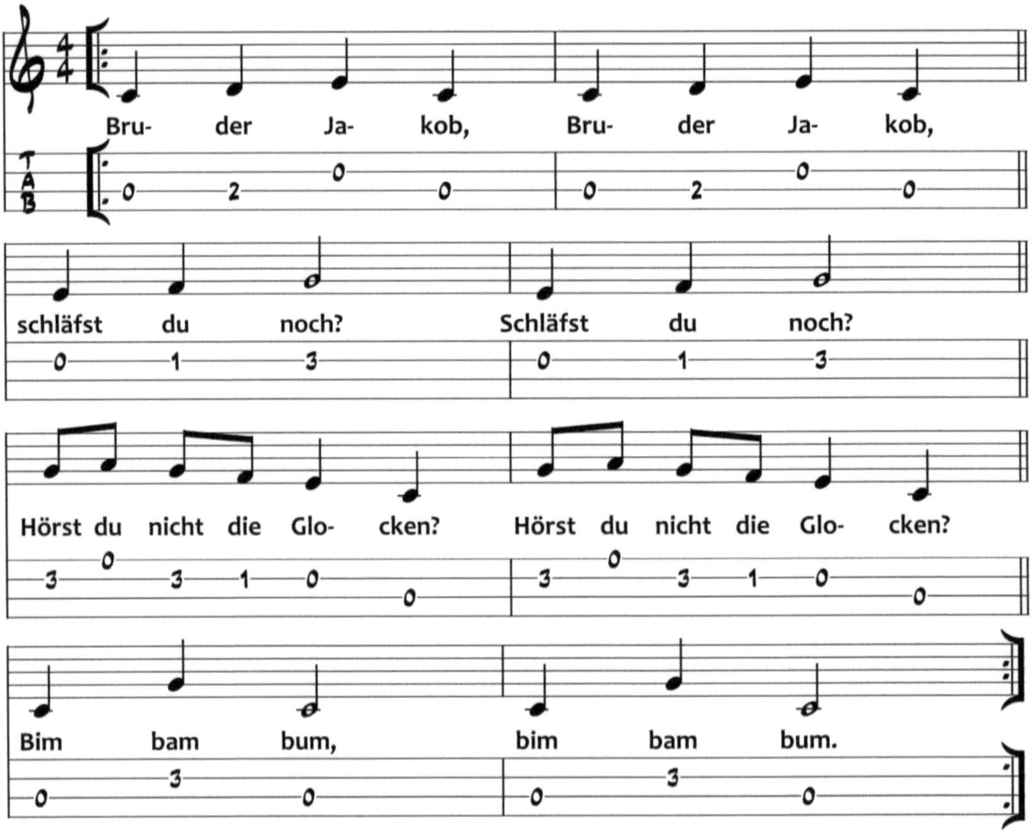


Wenn ihr sie beide spielen könnt, beginnt der Kanon-Spaß. Spieler 1 spielt die ersten beiden Takte. Dann setzt Spielerin 2 ein, indem sie das Stück von vorne spielt. Spieler 1 spielt natürlich stur weiter. Wenn ihr zu viert seid, wird es richtig wild: Alle zwei Takte setzt ein neuer Spieler ein und es gibt ein harmonisches Durcheinander. Kanon halt!

## Hier nochmal das Wichtigste in Kürze:

- ✓ Die C-Dur-Tonleiter wird dir in deiner Ukulele-Laufbahn immer wieder begegnen. Ich möchte, dass du sie wirklich traumwandlerisch sicher beherrschst.
- ✓ Die verschiedenen Notenwerte musst du kennen. Mache dir immer wieder klar, was Achtelnoten, Viertelnoten, halbe Noten und ganze Noten sind, und wie man sie zählt.
- ✓ Wenn du deine Melodien „legato“ spielst, entfalten sie erst ihren richtigen Zauber. Wenn du Probleme damit hast, schaue dir Übung 18 und das zugehörige Video noch einmal an.

# SCHRITT 4
# UND JETZT WIRD GESUNGEN![7]

**Das kannst du schon:**

- ✓ sauber greifen mit der linken Hand (Schritt 1)
- ✓ einzelne Töne mit dem Daumen anschlagen (Schritt 1)

Video 4

**In dieser Lektion lernst du ...**

..., wie man Griffbilder liest.

... zwei Griffe, für die man nur den Zeigefinger braucht: $F^{add9}$ und $C^7$

..., Lieder zu begleiten und dazu selbst zu singen.

## Wie liest man „Griffbilder"?

Wenn du jemandem erklären willst, wie er einen Akkord (also mehrere Töne auf einmal) spielen soll, zeigst du ihm das mit Hilfe eines „Griffbildes". Das funktioniert so:

Halte dir die Ukulele vor dein Gesicht und schaue auf die Saiten. Links siehst du eine echte Ukulele, daneben eine schematische Darstellung. Und ganz rechts siehst du das Griffbild. Für den Griff $C^7$ muss man den Zeigefinger (= 1. Finger) auf den 1. Bund der 1. Saite legen. Um klarzumachen, welcher Finger das ist, werden diese einfach durchnummeriert (vgl. Zeichnung). Ziemlich einfach, oder?[8]

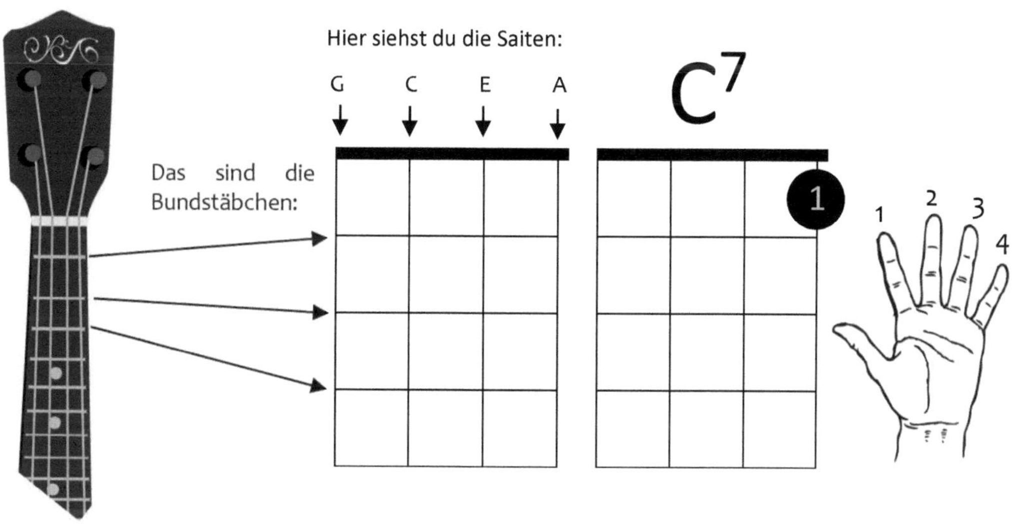


[7] Ein Video zu Schritt 4 kannst du dir hier anschauen: http://www.tinyurl.com/ukelimit-buch1-lektion4

[8] Oft sieht man bei Griffbildern über den Saiten Kreise (= *leere Saite klingt*) oder Kreuze (= *leere Saite klingt nicht*). Dazu kommen wir später noch ausführlicher. Hier zur Erklärung der Griffe lasse ich sie erstmal weg.

## Ein Finger - zwei Griffe: $C^7$ und $F^{add9}$

$C^7$

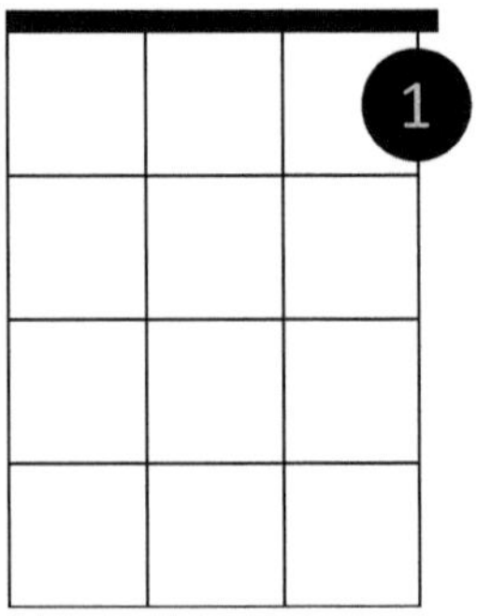

$F^{add9}$

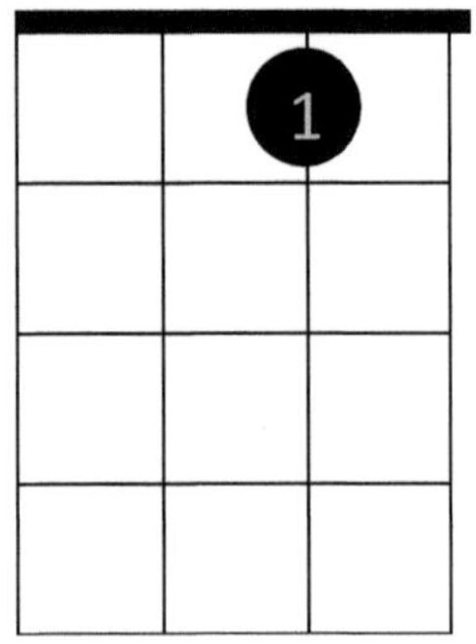

Mache dich mit diesen Akkorden vertraut, indem du sie ein paarmal hintereinander greifst und anschlägst. Angeschlagen werden diese Akkorde, indem du deinen Daumen einmal von oben nach unten (von der Decke Richtung Boden) über alle Saiten streichst. Stelle sicher, dass du auch wirklich alle Saiten, auch die A-Saite (= 1. Saite) erwischst. Stoppe die Bewegung nicht zu früh ab. Ich habe mir deshalb angewöhnt, die Hand soweit nach unten zu führen, dass sie nach dem Anschlag mit dem Daumen kurz die Decke berührt.

Der „sweet spot“ für diese Bewegung ist (so wie beim Anschlag einzelner Saiten) die Stelle, an der der Hals den Korpus trifft (vgl. Abb. 10 in Schritt 2).

Nach dem Abschlag (so nennt man diese Abwärtsbewegung) führst du die rechte Hand wieder nach oben in die Ausgangsposition, ohne dabei die Saiten zu treffen. Achte darauf, dass daraus ein gleichmäßiger Wechsel entsteht: runter-rauf-runter-rauf-runter-rauf-... Bei der Aufwärtsbewegung darfst du die Saiten natürlich nicht berühren.

Hier einige Übungen dazu. Achtung: Der Wechsel zwischen den Akkorden soll geschmeidig ablaufen, ohne dass dabei eine hörbare Pause entsteht.

UKULELE-SPLITTER — Künstler

### Israel Bruddah Iz Kamakawiwo’ole (1959-1997)

Eigentlich dem traditionellen hawaiianischen Spiel verpflichtet, katapultierte „Iz“ die Ukulele mit seiner Version von „Somewhere Over the Rainbow“ in die Moderne. Der charismatische Hawaiianer veröffentlichte im Anschluss an seinen Welterfolg das kommerziell erfolgreichste hawaiianische Album „Facing Future“ und zementierte seinen Weltruhm tragischerweise durch einen frühen Tod.

**Übung 30:**

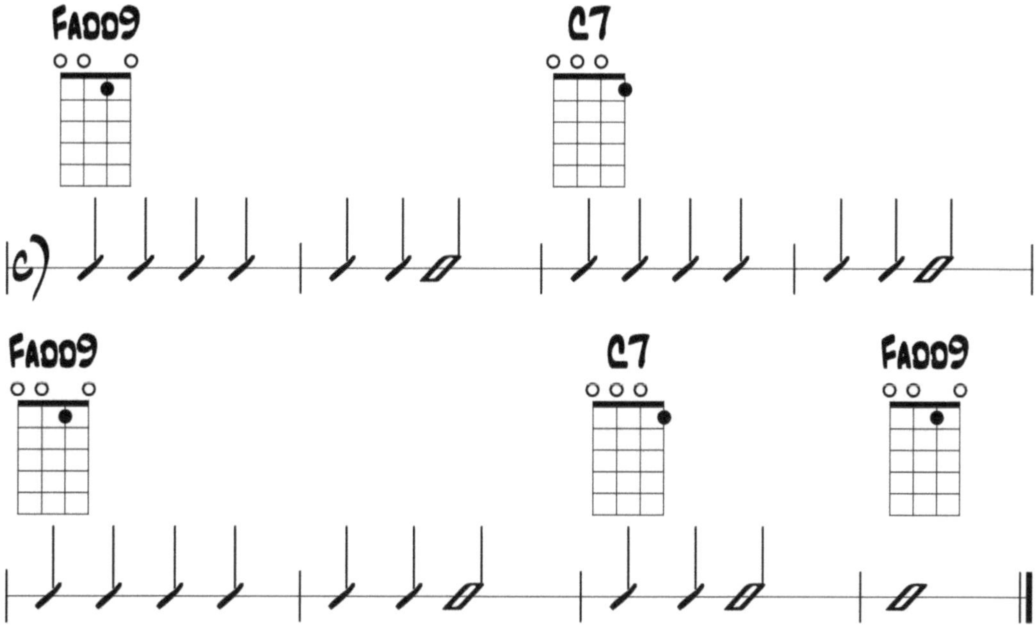


Die Notenwerte in dieser Übung kennst du von der Tabulatur:

- am Anfang sechs Viertelnoten (schwarzer Notenkopf)
- danach eine halbe Note (leerer Notenkopf)
- ganz am Schluss eine ganze Note (leerer Notenkopf ohne Notenhals)

Zähle in dieser und den folgenden Übungen immer schön stur mit. 1-2-3-4 1-2-3-4 usw. Dabei kommen auf die halben Noten zwei Schläge und auf die ganze vier. Der gleichmäßige Rhythmus macht den Groove aus! Stur durchzählen!

Du siehst in den Notationen der Schlagmuster nochmals zur Sicherheit die Griffbilder. Die Kreise über dem Griffbrett bedeuten, dass die jeweils darunter liegende Saite leer angeschlagen wird. Sie sollen dich daran erinnern, auch wirklich alle Saiten zu treffen!

**Übung 31:**

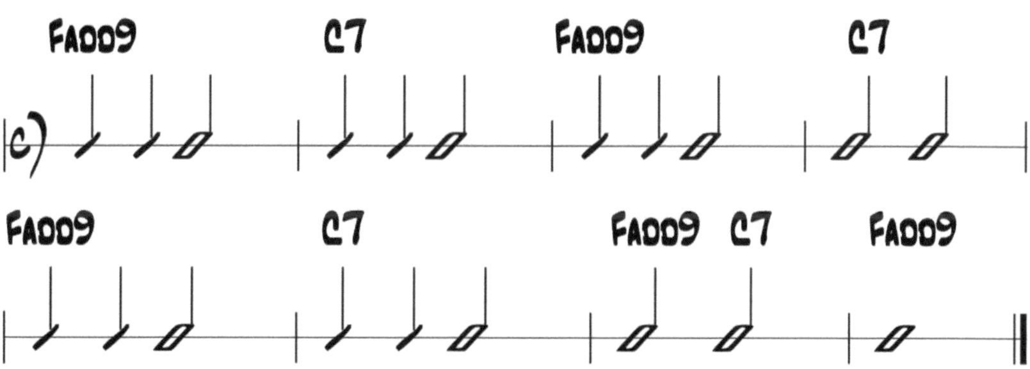

**Übung 32:**

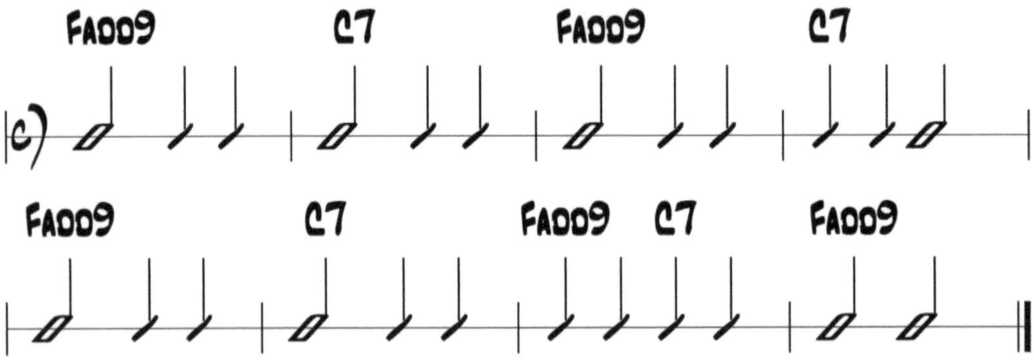


In dieser Übung hast du an einigen Stellen wenig Zeit für den Griffwechsel von $F^{add9}$ nach $C^{7}$ und umgekehrt. Spiele die Übung also entsprechend langsam, so dass du den Griffwechsel auch geschmeidig hinbekommst, ohne dass eine störende Pause entsteht. Du musst während der ganzen Übung stur 1-2-3-4 durchzählen können.

UKULELE-SPLITTER — Geschichte

## Ukulele goes film

Seit den Anfängen der bewegten Bilder hat die Ukulele es immer wieder auf die Leinwand geschafft, angefangen bei Stummfilmen, in denen beispielsweise Buster Keaton das Instrument virtuos in Szene setzt, über Tanzfilme mit Frank Sinatra, legendäre Komödien wie „Manche mögen's heiß" mit der unvergesslichen Marilyn Monroe, Animationsfilme wie „Lilo und Stitch" und sogar Horrorstreifen, wobei die Ukulele in der Filmwelt ihrem friedlichen Wesen gemäß bevorzugt als romantisches oder komisches Element zum Einsatz kommt.

Eine schöne komprimierte Uke-Filmographie hat das *Ukulele Magazine* im Frühjahr 2020 veröffentlicht, momentan unter folgendem Link einsehbar:

https://ukulelemagazine.com/stories/ukes-on-screen-from-buster-keaton-to-marilyn-monroe-to-adam-sandler-the-little-uke-played-a-big-role-in-movie-and-tv-history

## Ein Song – ein Griff: „Bruder Jakob“ und $F^{add9}$

Und jetzt ist es endlich soweit: Wir singen unserer erstes selbst mit der Ukulele begleitetes Lied! Viel Spaß!

### Bruder Jakob

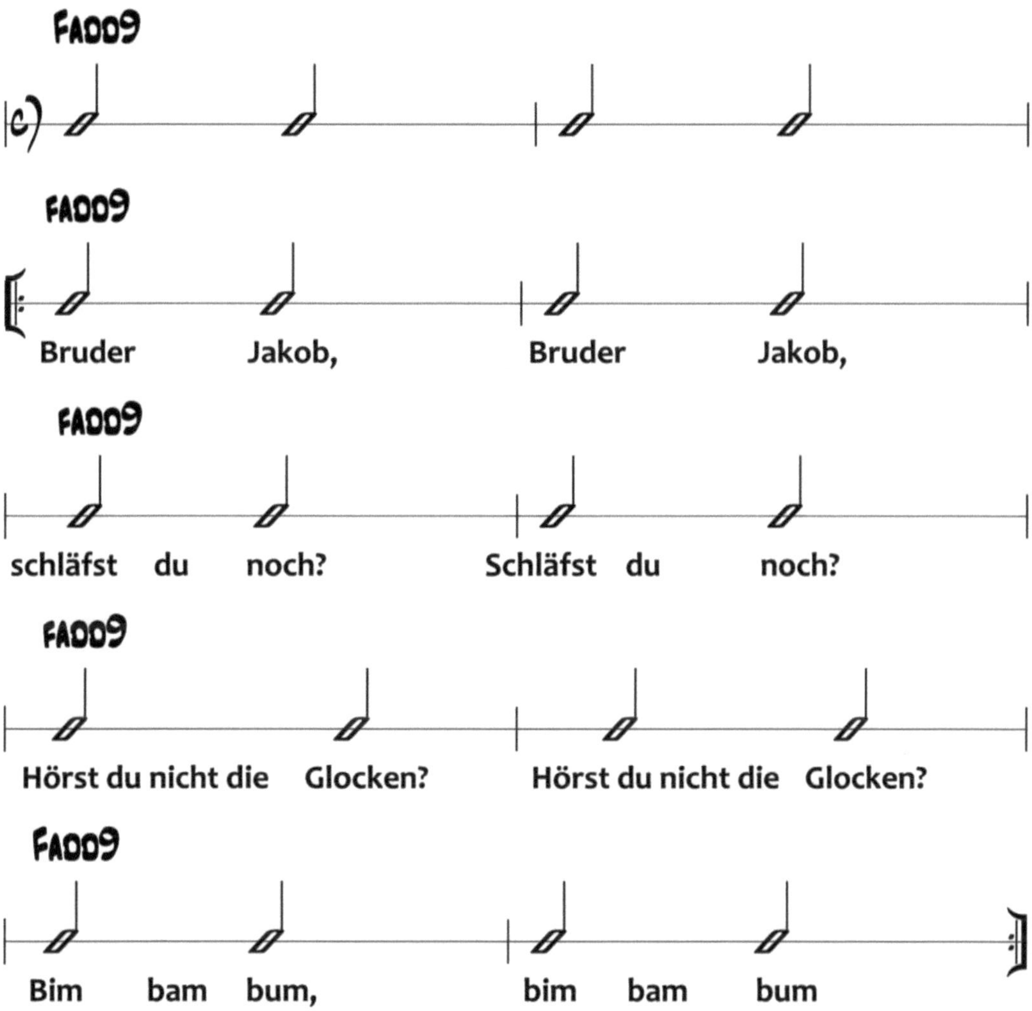


**Anmerkungen zum Stück:**

- Die ersten beiden Takte sind eine Art „Intro“. Der Gesang beginnt erst in Takt 3.
- Am Beginn von Takt 3 siehst du ein Wiederholungszeichen.
- Am Ende von Takt 10 siehst du wieder ein Wiederholungszeichen. Von dort aus musst du in Takt 3 hochspringen und vom dortigen Wiederholungszeichen aus mit dem Gesang wieder von vorne anfangen.

## Drei Lieder mit $C^7$ und $F^{add9}$

# London Bridge Is Falling Down

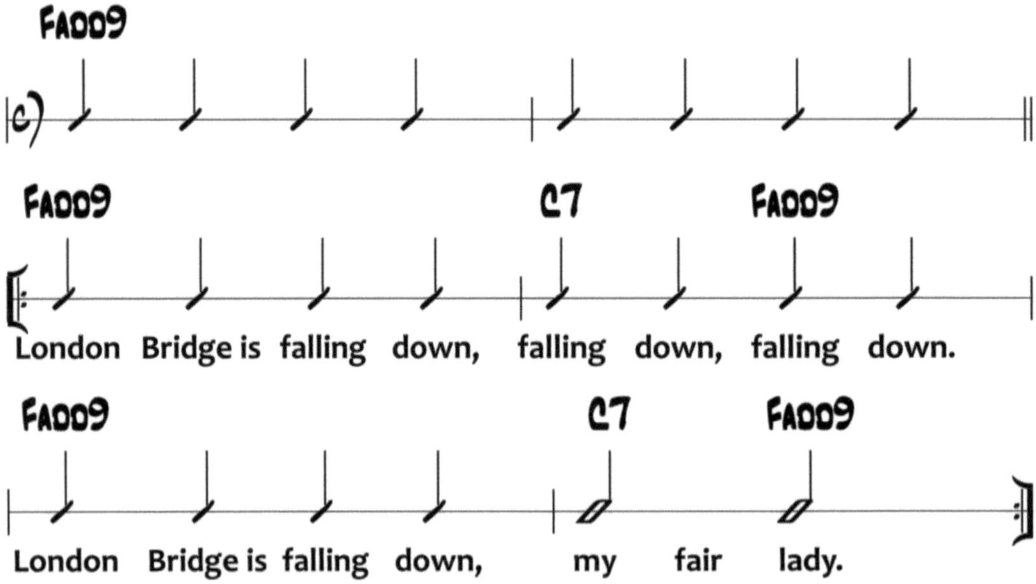


*Build it up with iron bars, iron bars, iron bars.*
*Build it up with iron bars, my fair lady.*

*Iron bars will bend and break, bend and break, bend and break.*
*Iron bars will bend and break, my fair lady.*

*Build it up with gold and silver, gold and silver, gold and silver.*
*Build it up with gold and silver, my fair lady.*

*Gold and silver we've not got, we've not got, we've not got.*
*Gold and silver we've not got, my fair lady.*

*London Bridge is falling down, falling down, falling down.*
*London Bridge is falling down, my fair lady.*

**Anmerkungen zum Stück "He's Got the Whole World In His Hands"** (nächste Seite)

- Am Anfang jeder Zeile siehst du eine kleine Zahl. Sie zeigt dir die Nummer des Taktes an. Das erleichtert dir die Orientierung im Stück.
- Die Takte 1 und 2 sind eine Art Intro. Nach dem dritten Anschlag in Takt 2 beginnt der Gesang. So richtig los geht es dann mit dem Wiederholungszeichen in Takt 3.
- Wenn man mit dem Gesang schon mal anfängt, bevor der erste Schlag der eigentlichen Liedbegleitung erfolgt, spricht man von einem *Auftakt*.

# He's Got the Whole World In His Hands

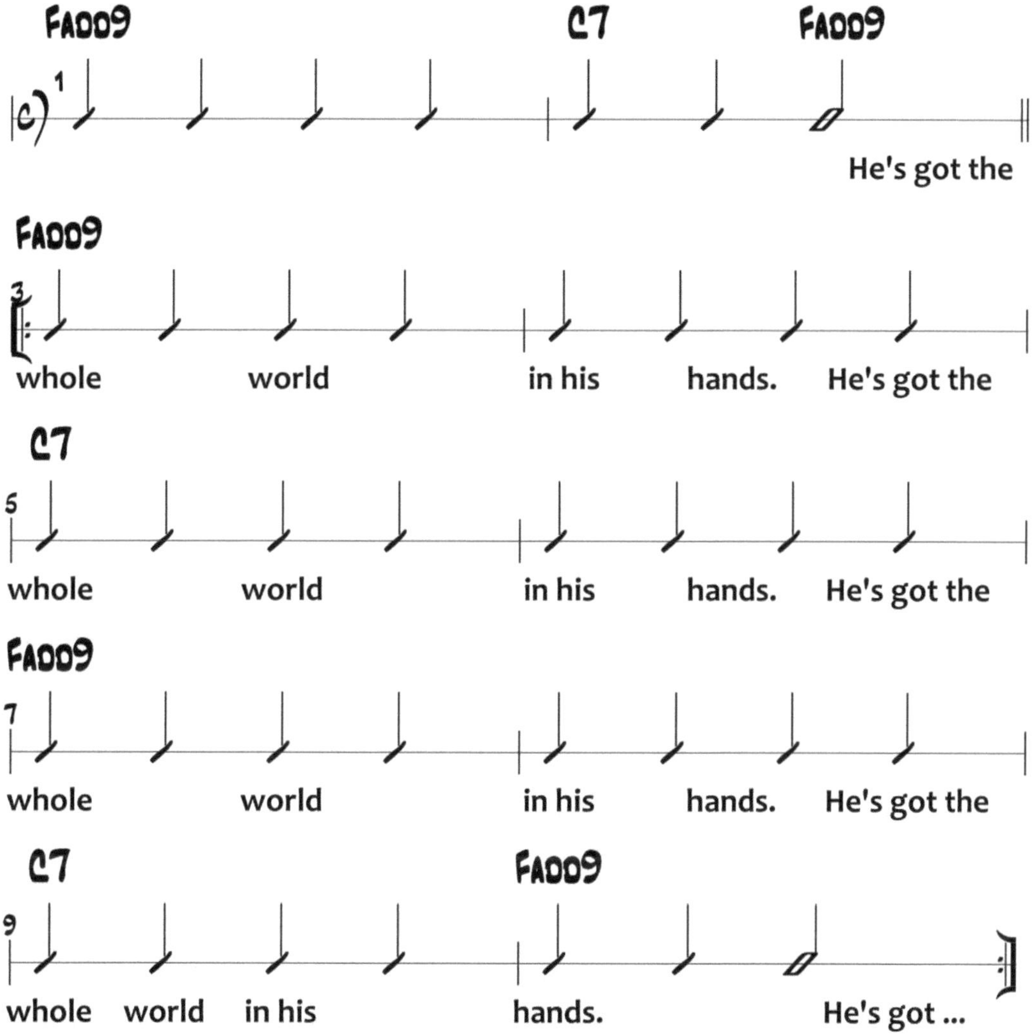


*He's got the little bitty baby in his hands, he's got the little bitty baby in his hands.*
*He's got the little bitty baby in his hands, he's got the whole world in his hands*

*He's got you and me brother in his hands, he's got you and me sister in his hands.*
*He's got you and me brother in his hands, he's got the whole world in his hands*

*He's got everybody here in his hands, he's got everybody here in his hands.*
*He's got everybody here in his hands, he's got the whole world in his hands*

# Tom Dooley

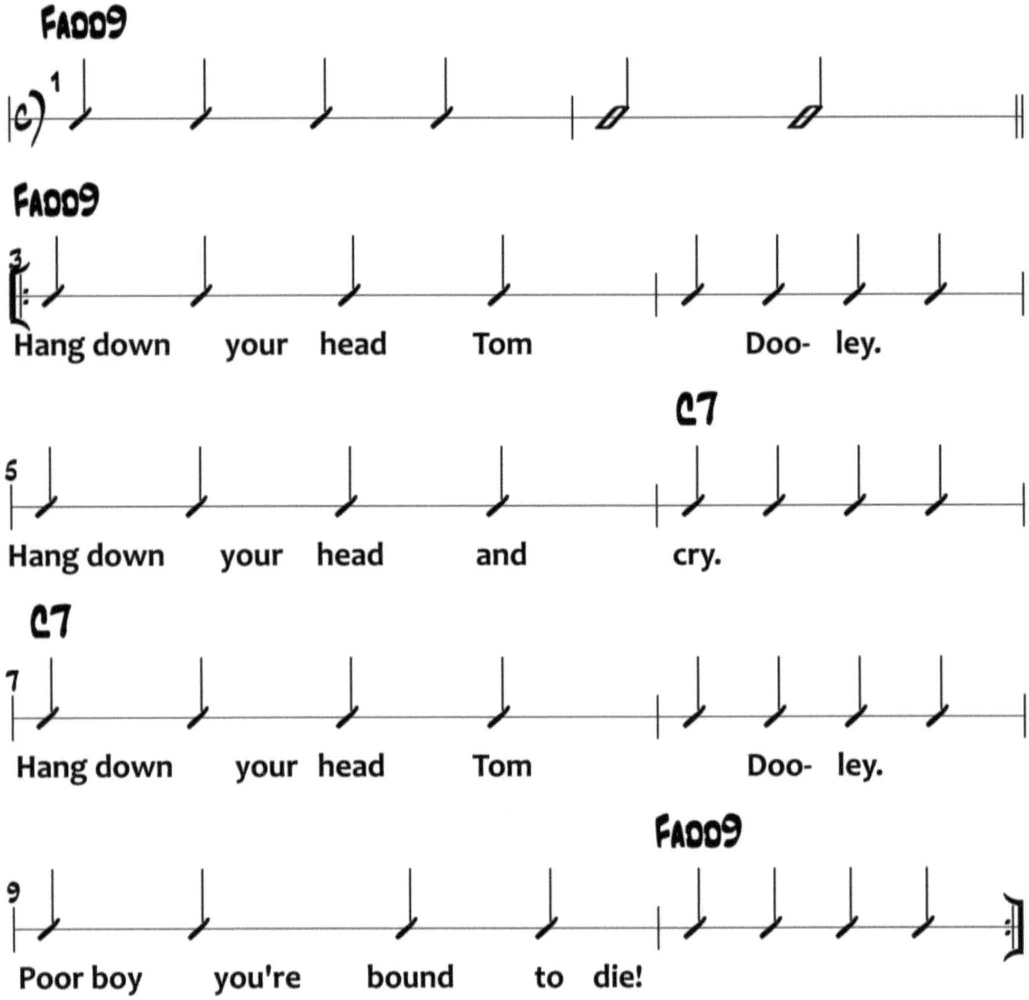


*I met her on the mountain, there I took her life.*
*Met her on the mountain, stabbed her with my knife. Hang down your …*

*This time tomorrow, reckon where I'll be.*
*Hadn't been for Greyson, I'd been in Tennessee. Hang down your …*

*This time tomorrow, reckon where I'll be*
*Down in some lost valley, hanging from a white oak tree. Hang down your …*

**Anmerkungen zum Stück:**

- Die Takte 1 und 2 sind ein Intro.
- Am Ende des Stückes siehst du ein Wiederholungszeichen. Von hier aus springst du zurück nach Takt 3 und legst mit der ersten Strophe los. Die Begleitung für Refrain und Strophe ist dieselbe. Viel Spaß!

# SCHRITT 5
# ZWEI FINGER – EIN GRIFF → F-DUR[9]

**Das kannst du schon:**

- ✓ Griffbilder lesen (Schritt 4)
- ✓ die Griffe $F^{add9}$ und $C^7$ sauber greifen (Schritt 4)
- ✓ geschmeidig zwischen $F^{add9}$ und $C^7$ wechseln (Schritt 4)
- ✓ singen und dich dazu selbst auf der Ukulele begleiten (Schritt 4)

Video 5

**In dieser Lektion lernst du ...**

... einen Griff, für den man den Zeige- und Mittelfinger braucht: F-Dur

..., Lieder mit F-Dur und $C^7$ zu begleiten und dazu selbst zu singen.

F

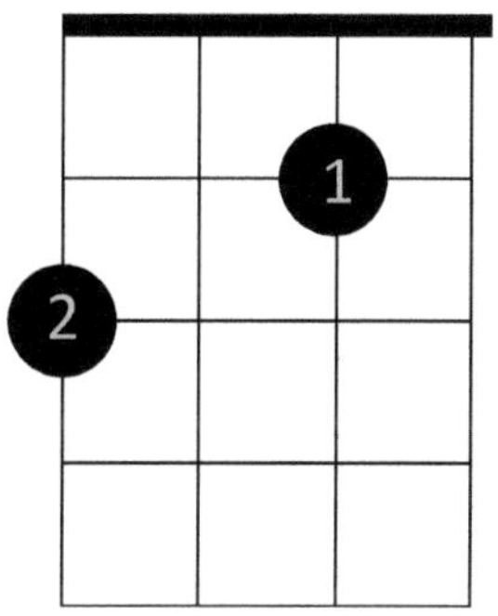


F-Dur ist für dich nicht schwer zu greifen, da du ja schon $F^{add9}$ greifen kannst. Und genau das machst du jetzt bitte auch. Lege deinen Zeigefinger knapp hinter dem 1. Bund auf die E-Saite. Achte darauf, dass der Zeigefinger das Griffbrett im rechten Winkel trifft. Alle vier Saiten müssen frei klingen können. Schlage sie zur Kontrolle einzeln an. Und jetzt lass den Zeigefinger da, wo er ist, und lege gleichzeitig den Mittelfinger knapp hinter den 2. Bund der 4. Saite. Im rechten Winkel, bitte! Es ist sehr wichtig, dass der Mittelfinger nicht die C-Saite berührt, da diese frei schwingen muss. Schlage also bitte jede Saite einzeln an, um kritisch zu prüfen, ob das auch der Fall ist. Kriegst du es hin? Na dann lass uns den Griff mal in Songs einbauen. Aber vorher schauen wir uns an, wie man günstig zwischen $C^7$ und F-Dur hin und her wechselt.

UKULELE-SPLITTER — Kurioses

## Eintrag ins Guinness-Buch:

Am 13. April 2015 wurde in Papeete Tahiti mit 4792 simultan die Ukulele zupfenden Musikerinnen und Musikern ein Eintrag ins Guinness-Buch der Rekorde erspielt.

Zwar wurden die erforderlichen fünf Minuten erst im zweiten Anlauf geknackt, dann jedoch gab die bunt geschmückte Menge auf dem Konzertplatz eine überzeugende und ausreichend lange Version des Stücks „Bora Bora“ von Eddy Lund zum Besten und wurde mit dem Eintrag belohnt, der die im Jahr zuvor in Southampton aufgestellte Bestmarke von 2370 Spielern deutlich übertraf.

[9] Ein Video zu Schritt 5 kannst du dir hier anschauen: http://www.tinyurl.com/ukelimit-buch1-lektion5

**Übung 33:**

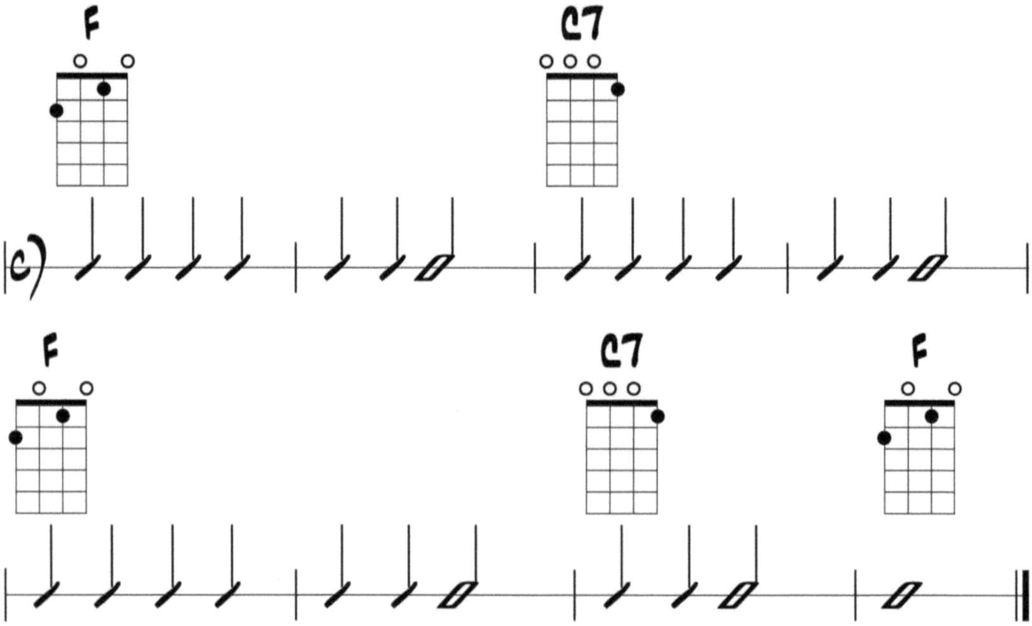


Das ist eigentlich Übung 28, nur wird statt F$^{add9}$ ein F-Dur Akkord gespielt. Achte aber nun besonders auf einen geschmeidigen Übergang zwischen den Griffen:

- Die ersten beiden Takte lang greifst du schön sicher den F-Dur Akkord: Zeigefinger auf der 2. Saite, Mittelfinger auf der 4. Saite.
- In Takt 3 kommt der Wechsel nach $C^7$. Lege dazu einfach den Zeigefinger auf den 1. Bund der 1. Saite.
- Aber Achtung: Da du ja in Takt 5 wieder ein F-Dur greifen musst, lässt du bitte den Mittelfinger in der Nähe des Griffbretts schweben. Und zwar da, wo du ihn für den F-Dur Akkord wieder brauchst: 4. Saite, 2. Bund, 2mm entfernt, in der Luft.
- Wenn es nun wieder zurück nach F-Dur geht, hast du mit dem Mittelfinger keinen Ärger, der ist ja schon fast da, wo er hinmuss. Nur der Zeigefinger muss hüpfen. Achte bitte darauf, dass Zeige- und Mittelfinger gleichzeitig zugreifen!

**Übung 34:**

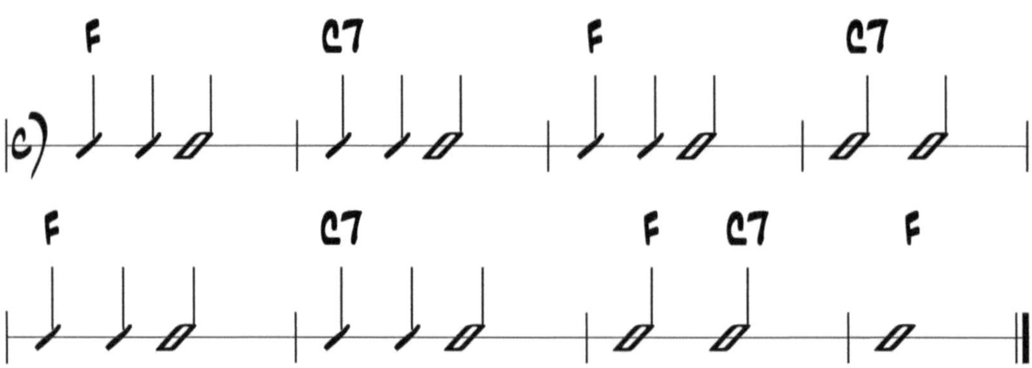

**Übung 35:**

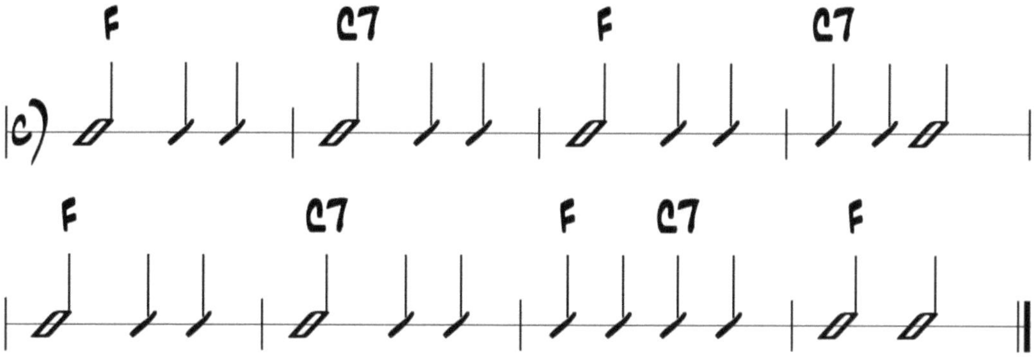


**Moment mal: Diese vier Songs können wir doch schon! (fast)**

Hast du den F-Dur Griff im Griff? Wenn ja, schaust du dir bitte nochmal die Songs in Schritt 4 an. Spiele sie erneut. Diesmal aber „richtig“: Du spielst einfach diesmal statt $F^{add9}$ jeweils den „echten“ F-Dur Griff. Und jetzt klingen sie original!

## Und jetzt drei neue „tierische“ Songs mit F-Dur und $C^7$:

# ABC – Die Katze lief im Schnee

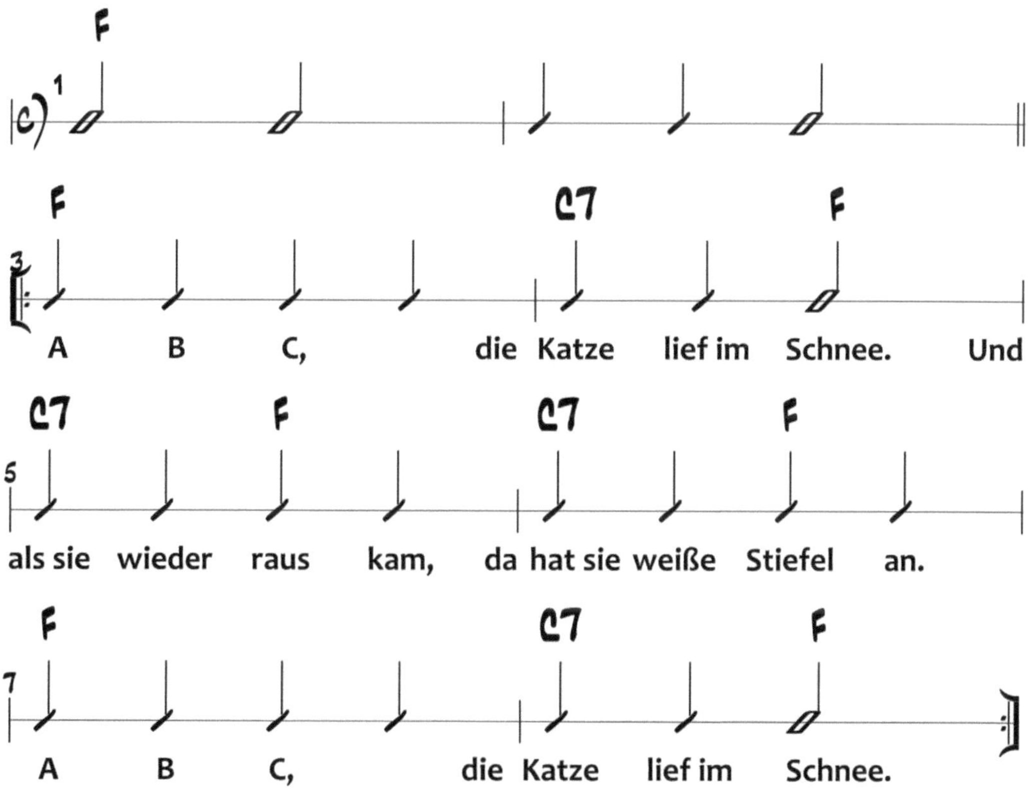

# Der Kuckuck und der Esel

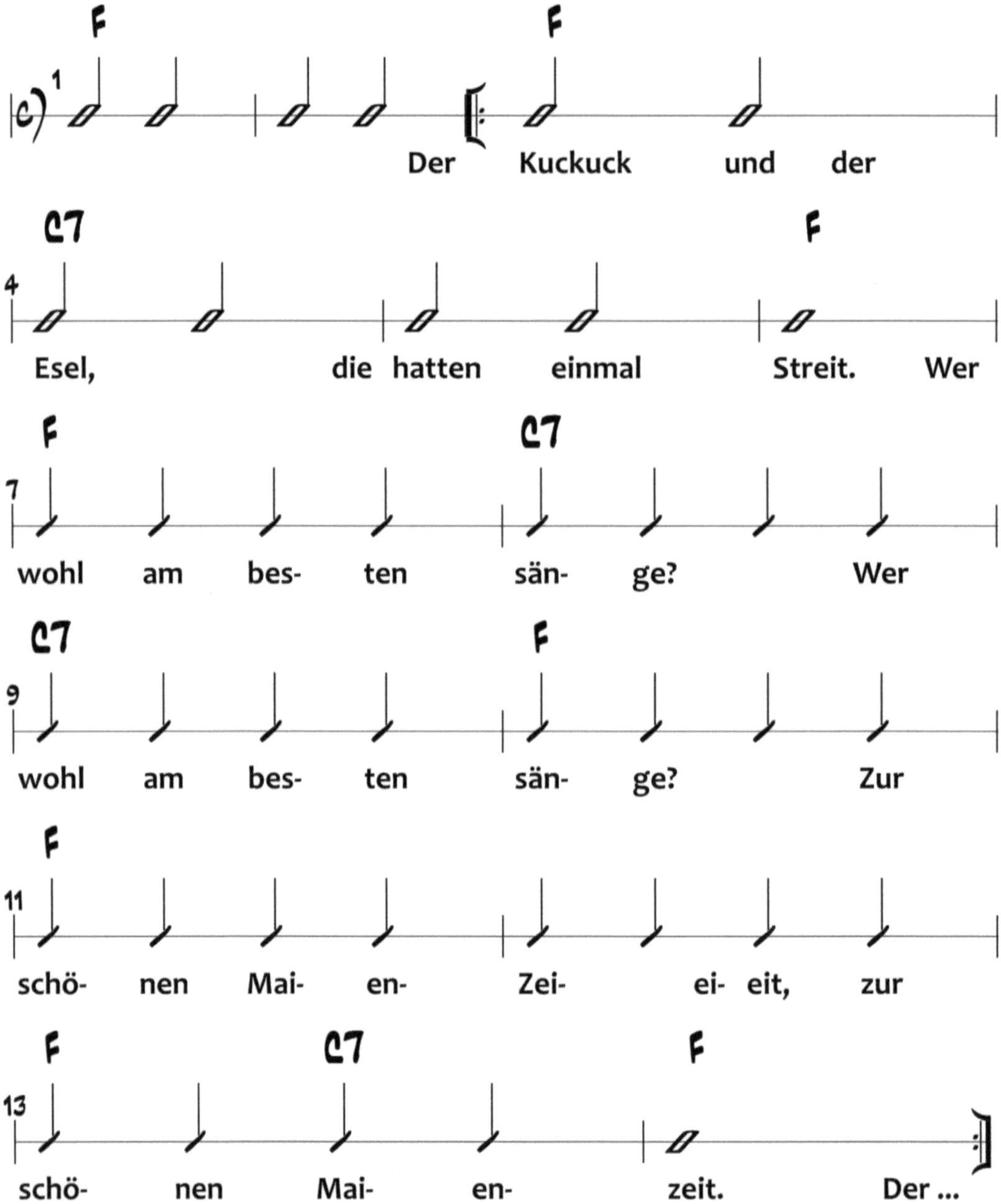


*Der Kuckuck sprach: „Das kann ich!“,*
*und fing gleich an zu schrein.*
*„Ich aber kann es besser,*
*ich aber kann es besser“,*
*fiel gleich der Esel ei-ei-ein,*
*fiel gleich der Esel ein.*

*Das klang so schön und lieblich,*
*so schön von fern und nah.*
*Sie sangen alle beide,*
*sie sangen alle beide:*
*„Kuckuck, Kuckuck, ia-a-a!*
*Kuckuck, Kuckuck, ia!“*

# Kuckuck Kuckuck – ruft's aus dem Wald

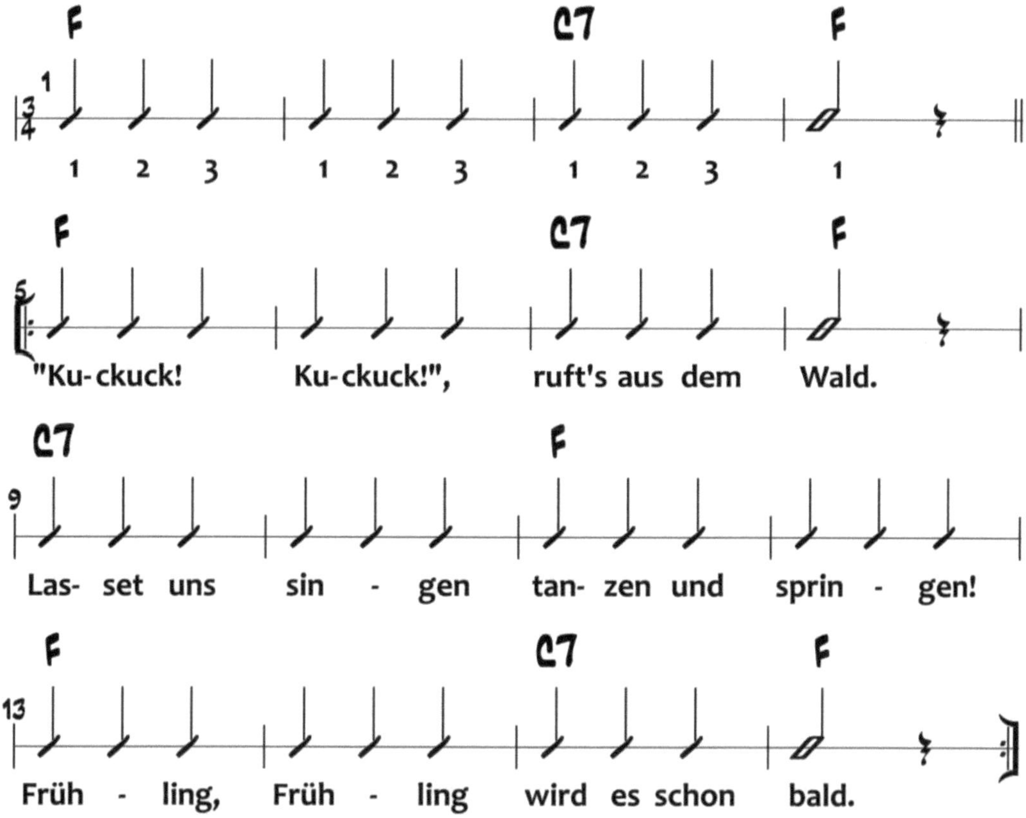


**Anmerkungen zum Stück:**

- Dieses Stück ist im Dreivierteltakt. Am Anfang der ersten Zeile steht „3/4“.
- Das bedeutet, dass in jedem Takt nur drei Schläge gespielt werden. Bisher waren es ja immer vier.
- Du zählst also nicht „1, 2, 3, 4 – 1, 2, 3, 4“ sondern „1, 2, 3 – 1, 2, 3“. Schau dir auf jeden Fall das Video zu diesem Stück an!

UKULELE-SPLITTER — Zitate

„Irgendetwas stimmt nicht mit Gitarren. Sie sind einfach so groß, verstehst du, was ich meine? Du denkst dann nur „Puh!“ Sie kommen einem so überwältigend vor. Und die Ukulele ist irgendwie - das Gegenteil von überwältigend.“

*Zooey Deschanel*

# SCHRITT 6
# DIE MUTTER ALLER GRIFFE – C-DUR[10]

**Das kannst du schon:**

✓ Griffbilder lesen (Schritt 4)
✓ die Griffe F-Dur und $C^7$ sauber greifen (Schritte 4+5)
✓ geschmeidig zwischen F-Dur und $C^7$ wechseln (Schritt 5)
✓ singen und dich dazu selbst auf der Ukulele begleiten

Video 6

**In dieser Lektion lernst du ...**

..., wie man C-Dur greift.
..., Lieder mit F-Dur und C-Dur zu spielen und dazu selbst zu singen.

## Ringfinger oder kleiner Finger - das ist hier die Frage!

C

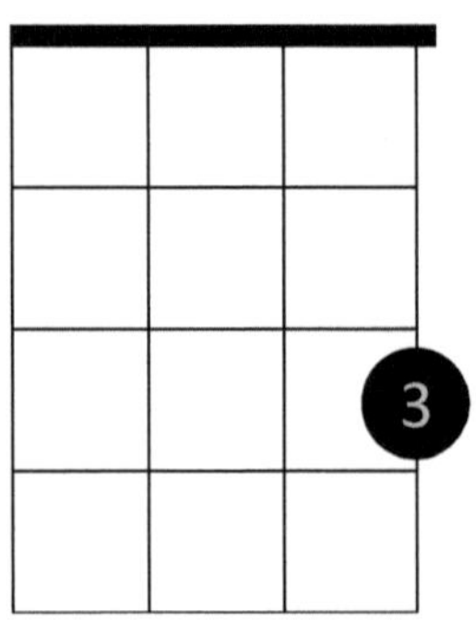

C-Dur ist ein sehr einfacher Griff. Man braucht nur einen Finger. Und diesen Finger muss man auf den 3. Bund der 1. Saite legen – fertig!

Es gibt aber einen kleinen „Glaubenskrieg“ in der Ukulele-Community darüber, welcher Finger dafür am geeignetsten ist:

C

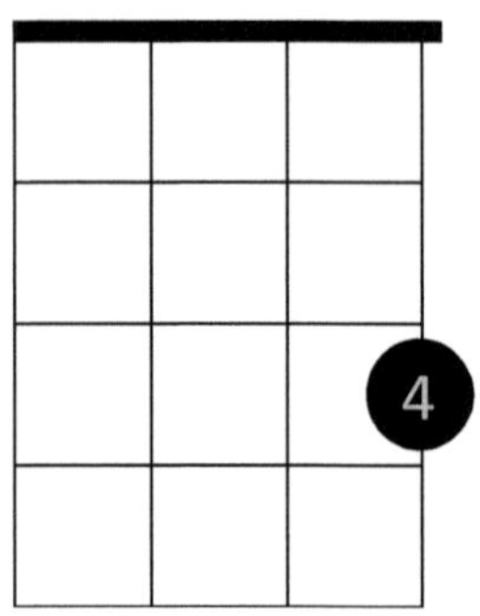

**Der Ringfinger?** (Griffbild links)
Der große Vorteil dieser Variante ist es, dass man im Ringfinger mehr Kraft als im kleinen Finger hat. Ansonsten gibt es keine Vorteile.

**Der kleine Finger?** (Griffbild rechts)
Klar braucht man am Anfang ein bisschen mehr Anstrengung und Konzentration, wenn man hierfür den kleinen Finger verwendet. Es gibt aber einen riesigen Vorteil: Die Griffwechsel zu F-Dur und $G^7$ (Schritt 7) gehen viel leichter von der Hand.

Welche Variante du nun für dich selbst bevorzugst, ist deine eigene Entscheidung. Probiere doch einfach beides aus. Wenn du es mit dem kleinen Finger hinbekommst, würde ich dir auf jeden Fall diese Variante empfehlen. Wenn nicht, kannst du auch mit dem C-Dur-Ringfinger ein glückliches und zufriedenes Ukulele-Leben führen.

---

[10] Ein Video zu Schritt 6 kannst du dir hier anschauen: http://www.tinyurl.com/ukelimit-buch1-lektion6

## Der Wechsel zwischen C-Dur und F-Dur - ein ganz wichtiges Thema

Der Wechsel zwischen C-Dur und F-Dur gehört für Ukulele-Begeisterte zum kleinen Einmaleins. Du wirst ihn in deinem Ukulele-Leben zigtausendfach brauchen. Deswegen lohnt es sich, einen genauen Blick darauf zu werfen. Ich erkläre ihn hier, so gut es geht. Du solltest dir aber auf jeden Fall das Video zu dieser Lektion anschauen, damit du ganz genau verstehst, wie die Sache effektiv und kraftsparend abläuft.

**Schritt 1: F-Dur sauber greifen**

Greife bitte F-Dur. Stelle sicher, dass die Finger im 90°-Winkel auf die Saiten treffen. Alle Saiten müssen sauber klingen.

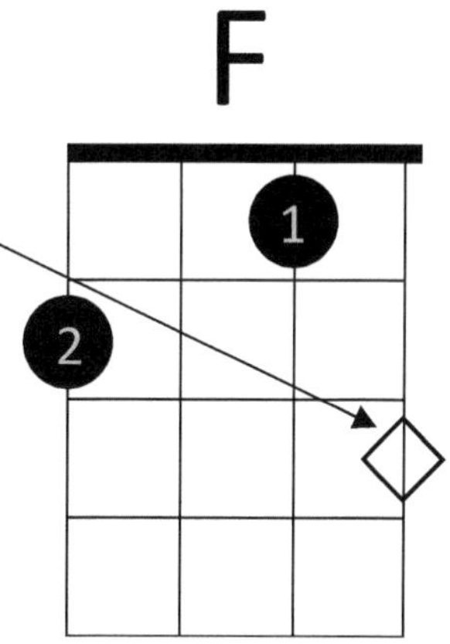


**Schritt 2: den Wechsel zu C-Dur vorbereiten**

Sobald du merkst, dass du demnächst auf C-Dur wechseln willst, bereitest du das sorgfältig vor, indem du den kleinen Finger (oder Ringfinger) in Alarmbereitschaft versetzt. Bewege ihn zum 3. Bund der 1. Saite und lasse ihn dort schweben. Dort muss er ja beim C-Dur Griff liegen. Zeige- und Mittelfinger greifen natürlich immer noch F-Dur.

**Schritt 3: Es ist soweit – wir wechseln nach C-Dur!**

Jetzt drückst du die 1. Saite mit dem kleinen Finger (oder Ringfinger) im 3. Bund. Das geht ganz leicht, weil der ja schon dort schwebt. Im selben Moment lassen Zeige- und Mittelfinger los. Aber Vorsicht: Lasse sie, wo sie sind! Hebe sie nur 2-3mm an. Lass sie dort schweben, wo sie beim F-Dur gebraucht werden. Wir wollen ja wieder zurück wechseln! Das Schlimmste, was du machen kannst: sie weit weg vom Griffbrett abspreizen. Tu das bitte nicht. Mir zuliebe. OK?

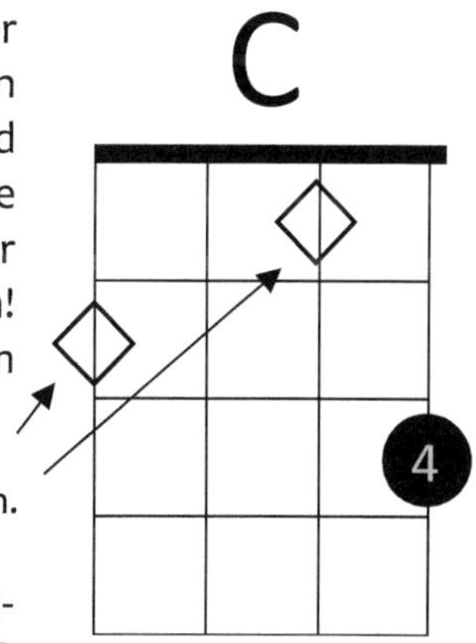


**Schritt4: Wir entspannen uns.**

Spiele jetzte eine Weile lang C-Dur. Einfach so. Aber Zeige- und Mittelfinger schweben immer noch da, wo sie in Schritt 3 waren.

**Schritt 5: den Wechsel zurück nach F-Dur vorbereiten**

Sobald du auf F-Dur zurück wechseln willst, bereitest du das sorgfältig vor, indem du Zeige- und Mittelfinger in Alarmbereitschaft versetzt. Schweben die immer noch über den Orten, bei denen sie für F-Dur gebraucht werden? Ich will es mal hoffen ...

**Schritt 6: Der zweite große Moment ist da – wir wechseln zurück nach F-Dur!**

Jetzt greifst du gleichzeitig mit Zeige- und Mittelfinger F-Dur. Gleichzeitig löst sich der kleine Finger (oder Ringfinger) von der 1. Saite. Er darf nicht abgespreizt werden! Er bleibt, wo er ist. Nur halt im 2-3mm Höhe schwebend, in Einsatzbereitschaft!

**Übung 36:**

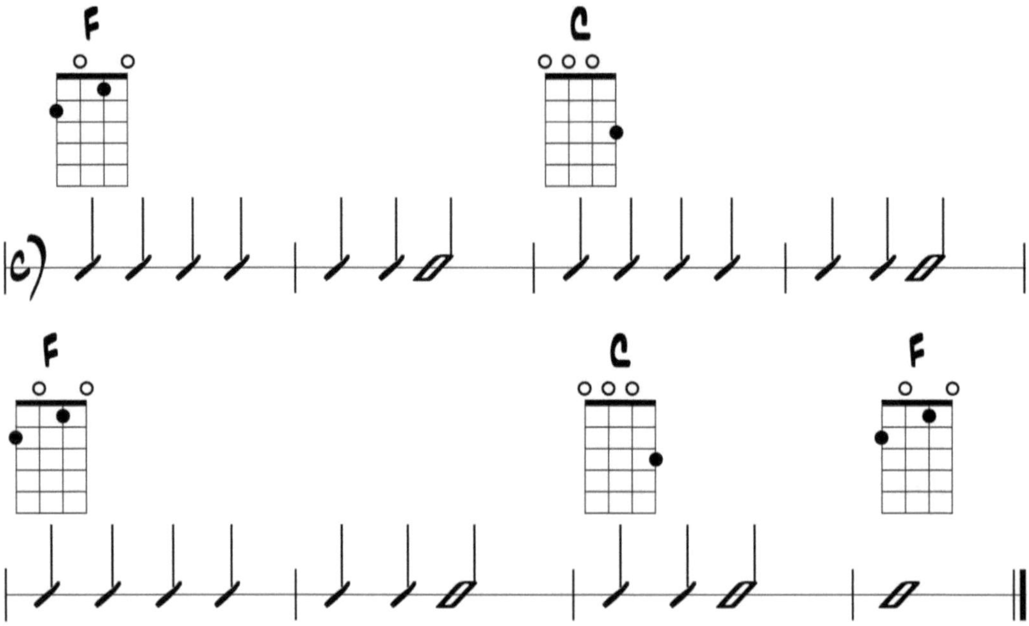


**Übung 37:**

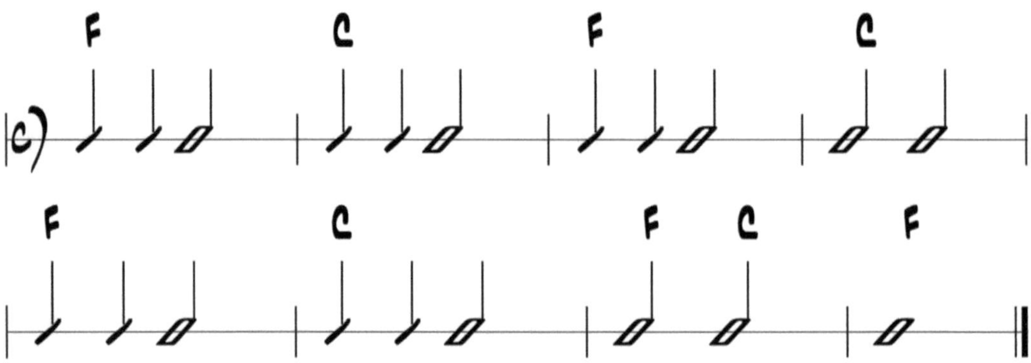


**Übung 38:**

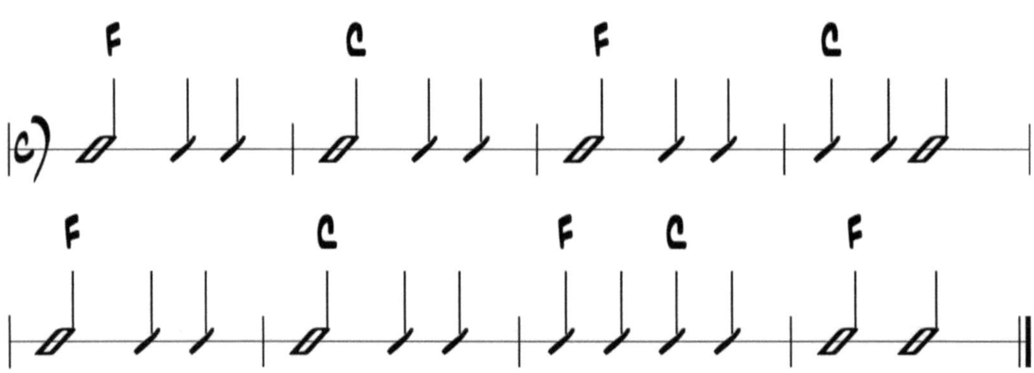

## Moment mal: Diese sechs Songs können wir doch schon! (fast)

Hast du den C-Dur Griff im Griff? Cool, dann schau du dir nochmal die Songs in Schritt 5 an. Spiele sie erneut. Diesmal spielst du allerdings die Griffe C-Dur und F-Dur. Und jetzt klingen die Stücke wieder etwas anders, aber genauso gut!

Bevor wir den nächsten Griff lernen, möchte ich dir noch drei Songs beibringen, die man gut mit F-Dur und C-Dur spielen kann.

### MARY HAD A LITTLE LAMB

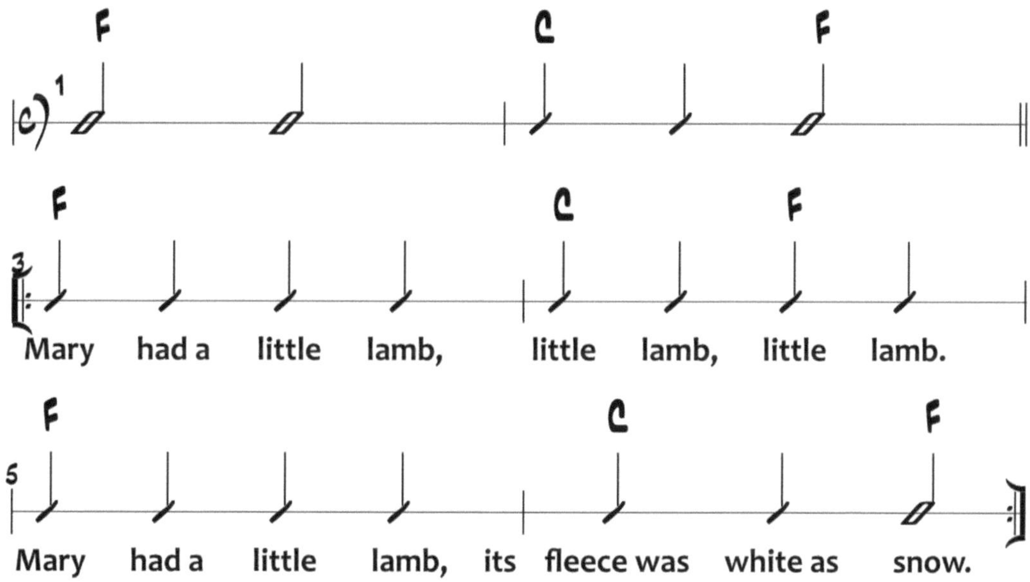


*And everywhere that Mary went, Mary went, Mary went,*
*Everywhere that Mary went, the lamb was sure to go.*

*He followed her to school one day, school one day, school one day,*
*He followed her to school one day, which was against the rule.*

*It made the children laugh and play, laugh and play, laugh and play,*
*It made the children laugh and play to see a lamb at school.*

*And so the teacher turned him out, turned him out, turned him out,*
*And so the teacher turned him out, but still he lingered near.*

*And wai-aited patiently, patiently, patiently,*
*And wai-aited patiently til Mary did appear.*

*Mary had a little lamb, little lamb, little lamb,*
*Mary had a little lamb, its fleece was white as snow.*

# Molly Malone

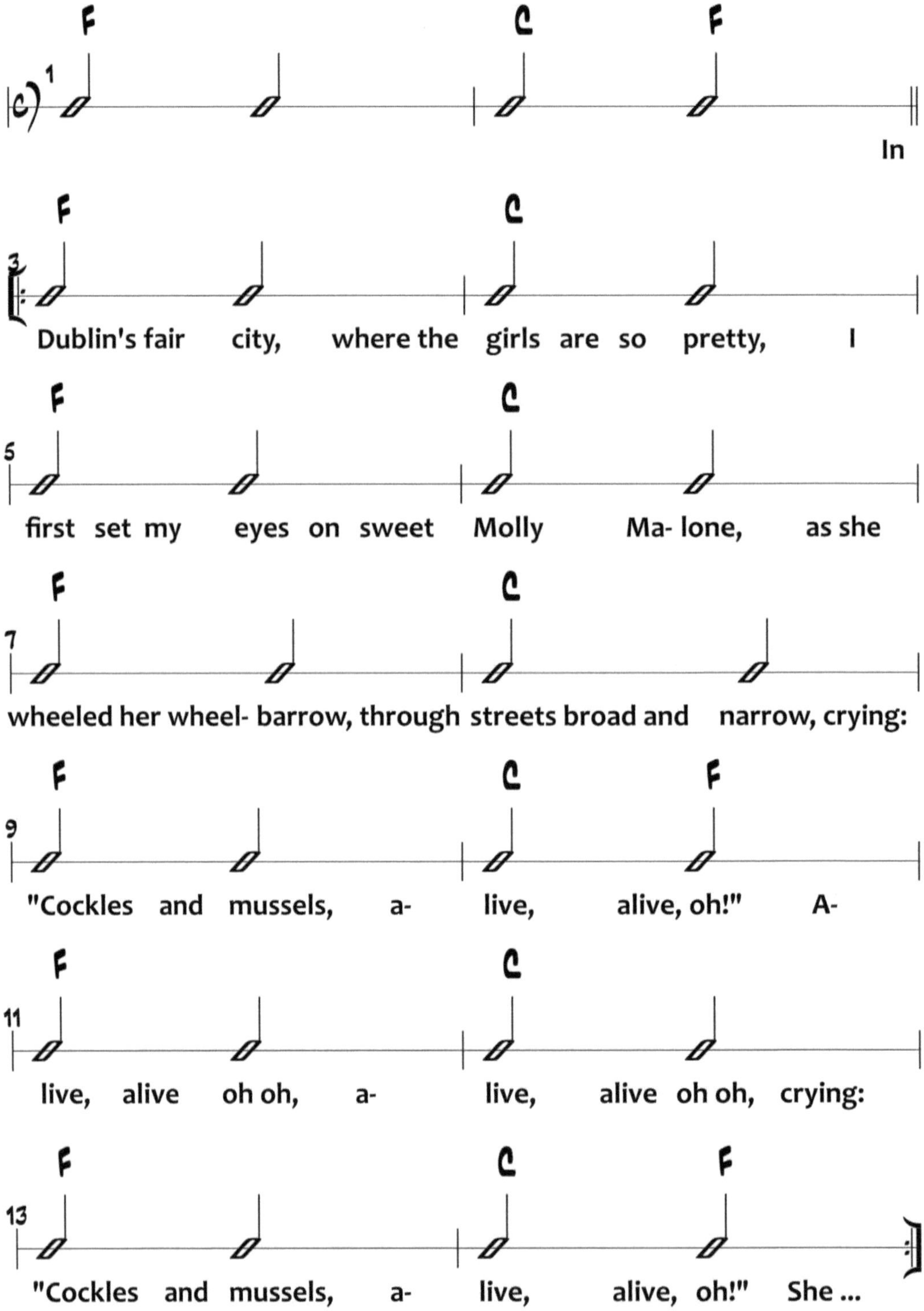

*She was a fishmonger, and sure 'twas no wonder,*
*For so were her father and mother before.*
*And they both wheeled their barrows through streets broad and narrow,*
*Crying, "Cockles and mussels, alive, alive, oh!" Alive, alive, oh ...*

*She died of a fever and no one could save her,*
*And that was the end of sweet Molly Malone.*
*But her ghost wheels her barrow through streets broad and narrow,*
*Crying, "Cockles and mussels, alive, alive, oh!" Alive, alive, oh ...*

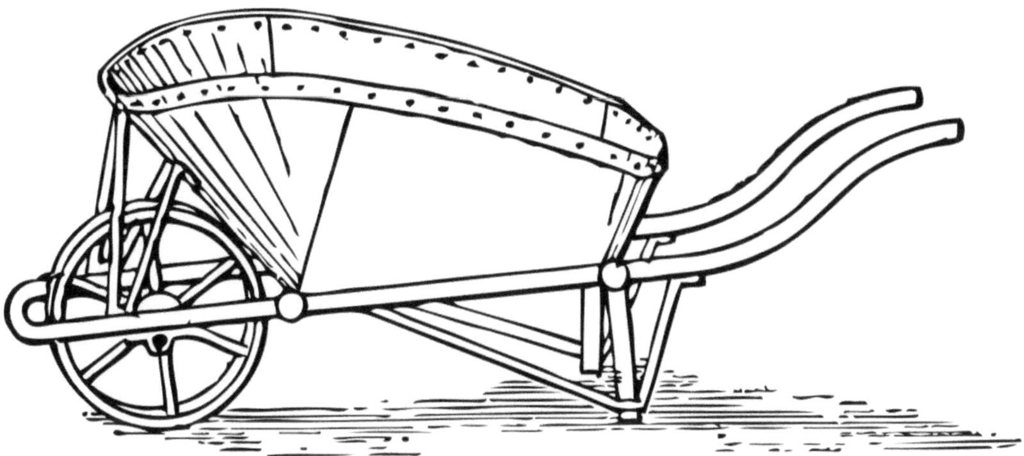

UKULELE-SPLITTER Geschichte

## Die Ukulele heute:

Der seit den 2010ern grassierende Hype ist bis heute nicht abgeebbt. In seiner Bugwelle entstanden unzählige Ukulele-Stammtische, Laienorchester, YouTube-Kanäle, kleine regionale und riesige internationale Festivals, so dass jeder und jede, die sich mit dem Instrument vertraut machen wollen, einen Zugang zur Ukulele finden kann.

Die Auswahl an Instrumenten und Herstellern hat sich vervielfacht und bietet qualitativ ansprechende Produkte in fast jeder Preisklasse. An einer immer größer werdenden Anzahl von Schulen hat die Ukulele die Blockflöte als Einstiegsinstrument für Kinder abgelöst.

Tatsächlich – so scheint es – ist das kleine sympathische Instrument aus unserer musikalischen Landschaft kaum mehr wegzudenken, vielleicht auch wegen des ihm eigenen Aloha-*spirit*s, den unsere Welt momentan besonders nötig zu haben scheint.

# The Wheels on the Bus

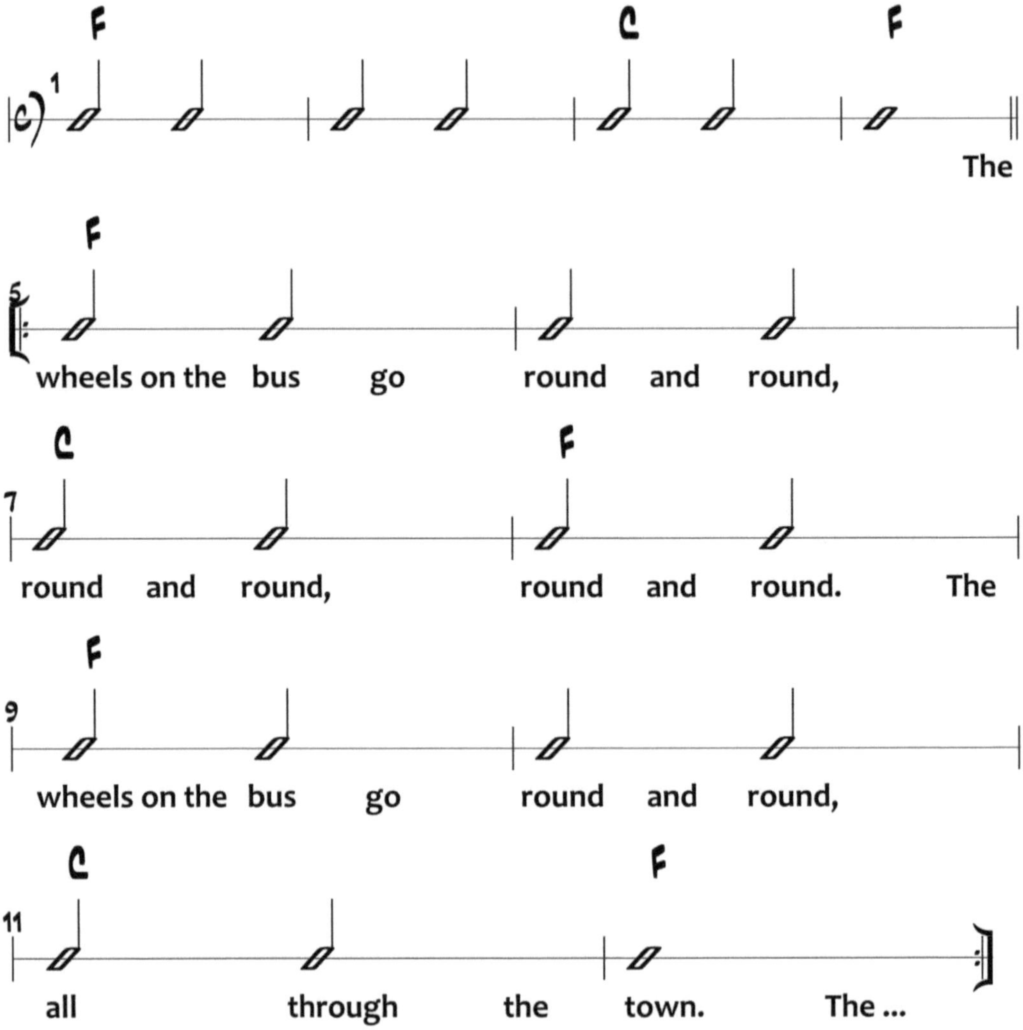


*The wipers on the bus go swish, swish, swish ... → all through the town.*

*The children on the bus go up and down ... → all through the town.*

*The doors on the bus go open and shut ... → all through the town.*

*The lights on the bus go on and off ... → all through the town.*

*The horn on the bus goes beep, beep, beep, beep ... → all through the town.*

*The driver on the bus says "Bye, bye, bye ..." → all through the town.*

# SCHRITT 7
# DEINE DREI BESTEN FREUNDE – C-DUR, F-DUR UND $G^7$[11]

**Das kannst du schon:**

- ✓ die Griffe F-Dur und C-Dur sauber greifen (Schritte 5+6)
- ✓ geschmeidig zwischen F-Dur und C-Dur wechseln (Schritt 6)
- ✓ 9 Songs mit F-Dur ($F^{add9}$) und C-Dur ($C^7$) begleiten und singen

Video 7

**In dieser Lektion lernst du …**

…, wie man $G^7$ greift.
…, wie man schnell zwischen C-Dur, F-Dur und $G^7$ hin und her wechselt.
… massenweise Lieder mit den drei magischen Griffen C-Dur, F-Dur und $G^7$.

## Drei Finger – ein Griff: $G^7$

$G^7$

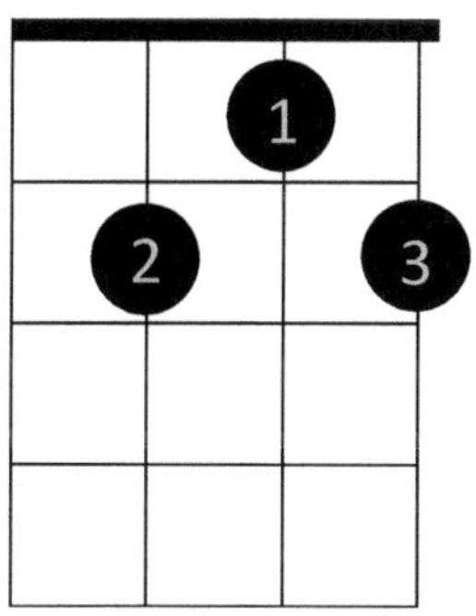


Aufstieg in eine neue Liga: Wir legen gleichzeitig **drei** Finger auf das Griffbrett. Nicht schlecht …

Fange mit dem Mittelfinger an und lege ihn eng hinter das zweite Bundstäbchen der C-Saite. Als Nächstes würde ich den Ringfinger auf den 2. Bund der 1. Saite legen. Beide Finger bitte im 90°-Winkel auf die Saiten drücken. Wie immer! Auch wenn noch ein Finger fehlt: Schlage jetzt schon mal alle vier Saiten einzeln an. Klingen sie wirklich schön frei? Wenn es dir Probleme bereitet, zwei Finger gleichzeitig hinter dasselbe Bundstäbchen zu legen, kannst du versuchen, den Ellbogen der linken Hand etwas nach links zu drehen. Die Finger treffen dann leicht schräg auf das Griffbrett. Probiere mal aus, wie sich das für dich anfühlt.

Zurück zu unserem neuen Griff $G^7$: Lege zwischen Mittel- und Ringfinger noch den Zeigefinger. Der muss auf den 1. Bund der 2. Saite. Schön im 90°-Winkel. Schlage alle vier Saiten einzeln an, jede einzelne davon muss frei schwingen können und sauber klingen. Kein Klirren, kein Schnarren, keine gedämpften Töne.

Nimm dir dafür Zeit und mache auch immer mal wieder eine Pause. Wenn du merkst, dass die Hand sich verkrampft oder wehtut, nimm sie vom Griffbrett und schüttle sie locker aus. Viele Anfängerinnen und Anfänger drücken auch viel zu fest auf die Saiten, was übel auf die Hand geht. Tu das nicht. Entwickle ein Gespür dafür, wie viel Kraft du gerade so benötigst, um die Saite so herabzudrücken, dass sie sauber klingt und nicht mehr klirrt oder gedämpft ist. Das ist die Kraft, die du aufwenden solltest, nicht mehr!

---

[11] Ein Video zu Schritt 7 kannst du dir hier anschauen: http://www.tinyurl.com/ukelimit-buch1-lektion7

## Wie bekommt man einen neuen Griff in das Muskelgedächtnis?[12]

Mit dieser Übung wird es dir gelingen, neue Griffe schneller im Gedächtnis zu behalten und sicher aufs Griffbrett zu bringen. Denke bitte während der ganzen Übung daran, die drei Finger des $G^7$-Griffs gleichzeitig auf die Saiten zu drücken. Das ist ganz wichtig!

**Übung 39:**

Schritt 1:
Spiele den neuen Griff einmal auf Schlag 1 des Taktes. Nimm dann die linke Hand vom Griffbrett und lege sie auf Schlag 2 kurz auf deinen Oberschenkel. Du hast nun noch zwei Viertelpausen (Zeichen: „𝄽") lang Zeit, sie wieder in Position zu bringen. Dann geht es wieder von vorne los.

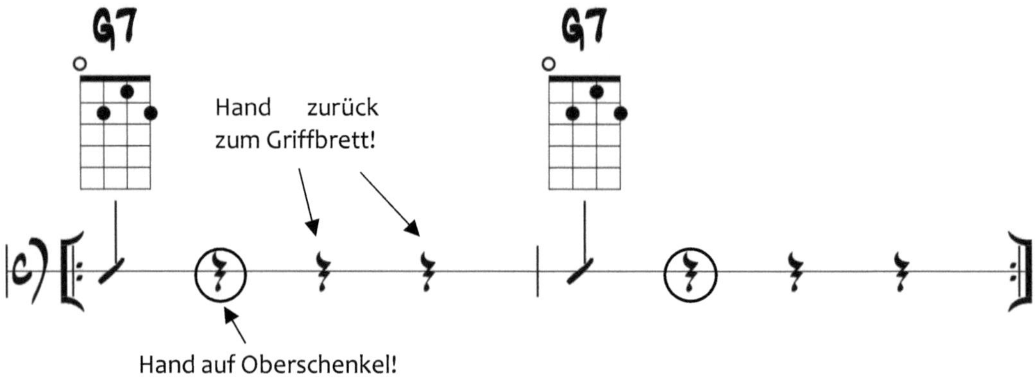


Schritt 2:
Wenn du Schritt 1 sicher spielen kannst, ohne aus dem gleichmäßigen Rhythmus zu kommen, geht es hiermit weiter:

Spiele den neuen Griff zweimal. Nimm dann die linke Hand vom Griffbrett und lege sie auf Schlag 3 kurz auf deinen Oberschenkel. Du hast nun noch eine Viertelpause lang Zeit, sie wieder in Position zu bringen. Dann geht es wieder von vorne los.

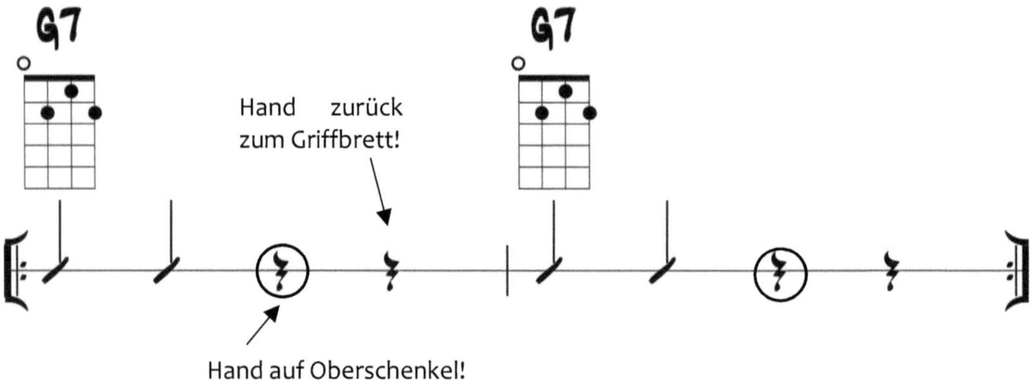


[12] James Hill schlägt in seinem Buch „Ukulele in the classroom" eine ähnliche Übung vor.

Schritt 3:
Wenn du Schritt 2 sicher spielen kannst, ohne aus dem gleichmäßigen Rhythmus zu kommen, geht es hiermit weiter:

Spiele den neuen Griff dreimal. Nimm dann die linke Hand vom Griffbrett und lege sie auf Schlag 4 kurz auf deinen Oberschenkel. Du hast nun **keine** Viertelpause lang Zeit, sie wieder in Position zu bringen. Du musst sie einfach so schnell wie möglich wieder zum Griffbrett bringen. Dann geht es wieder von vorne los.

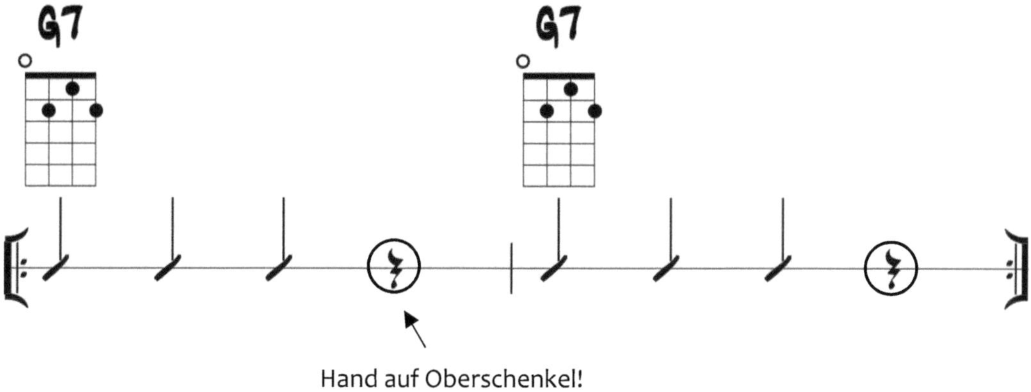


## Der Wechsel zwischen C-Dur und $G^7$

Der Wechsel zwischen C-Dur und $G^7$ ist genauso wichtig wie der von C-Dur nach F-Dur. Ich erkläre ihn hier sehr ausführlich. Allerdings funktioniert die hier beschriebene Methode nur, wenn du für C-Dur den kleinen Finger verwendest. Du solltest dir aber auf jeden Fall das Video zu dieser Lektion anschauen, damit du auch genau verstehst, wie du an die Sache herangehen musst.

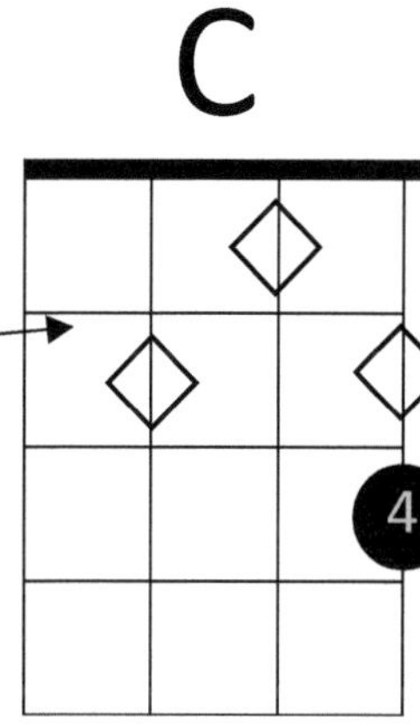


**Schritt 1: C-Dur sauber greifen**
Greife doch bitte einmal C-Dur. Stelle sicher, dass der kleine Finger im 90°-Winkel auf die 1. Saite trifft.

Hier sollen Zeige-, Mittel- und Ringfinger schweben.

**Schritt 2: den Wechsel zu $G^7$ vorbereiten**
Sobald du merkst, dass du demnächst auf $G^7$ wechseln willst, bereitest du das sorgfältig vor, indem du Zeige-, Mittel- und Ringfinger in Alarmbereitschaft versetzt. Bewege sie dahin, wo sie beim $G^7$ gebraucht werden, und lasse sie dort schweben. Der kleine Finger greift natürlich immer noch C-Dur.

**Schritt 3: Der große Moment ist da – wir wechseln nach $G^7$!**
Jetzt greifst du $G^7$. Das geht ganz leicht, weil die Finger, die du dazu brauchst, ja schon über ihrem Einsatzort schweben. Drücke einfach gleichzeitig mit Zeige-, Mittel- und Ringfinger die nötigen Saiten nieder. Im selben Moment lässt der kleine Finger los. Aber Vorsicht: Lasse ihn da, wo er ist! Hebe ihn nur 2-3mm an. Lass ihn dort schweben, wo er beim C-Dur gebraucht wird. Wir wollen ja wieder zurück wechseln! Das Schlimmste, was du machen kannst: ihn weit weg vom Griffbrett abspreizen. Das ist verboten!

**Schritt4: Wir entspannen uns.**
Spiele jetzt eine Weile lang $G^7$. Einfach so. Aber der kleine Finger schwebt immer noch da, wo er in Schritt 3 war.

**Schritt 5: den Wechsel zurück nach C-Dur vorbereiten**
Sobald du auf C-Dur zurück wechseln willst, bereitest du das sorgfältig vor, indem du den kleinen Finger in Alarmbereitschaft versetzt. Schwebt der immer noch über dem Ort, an dem er für C-Dur gebraucht wird? Ich will es mal hoffen …

**Schritt 6: Der zweite große Moment ist da – wir wechseln zurück nach C-Dur!**
Jetzt greifst du mit dem kleinen Finger C-Dur. Gleichzeitig lösen sich die restlichen Finger von ihren Saiten. Voilá!

Achtung: Zeige-, Mittel- und Ringfinger dürfen nicht abgespreizt werden. Sie bleiben, wo sie sind. Nur eben im 2-3mm Höhe, damit sie beim nächsten Wechsel einsatzbereit ist.

**Übung 40:**

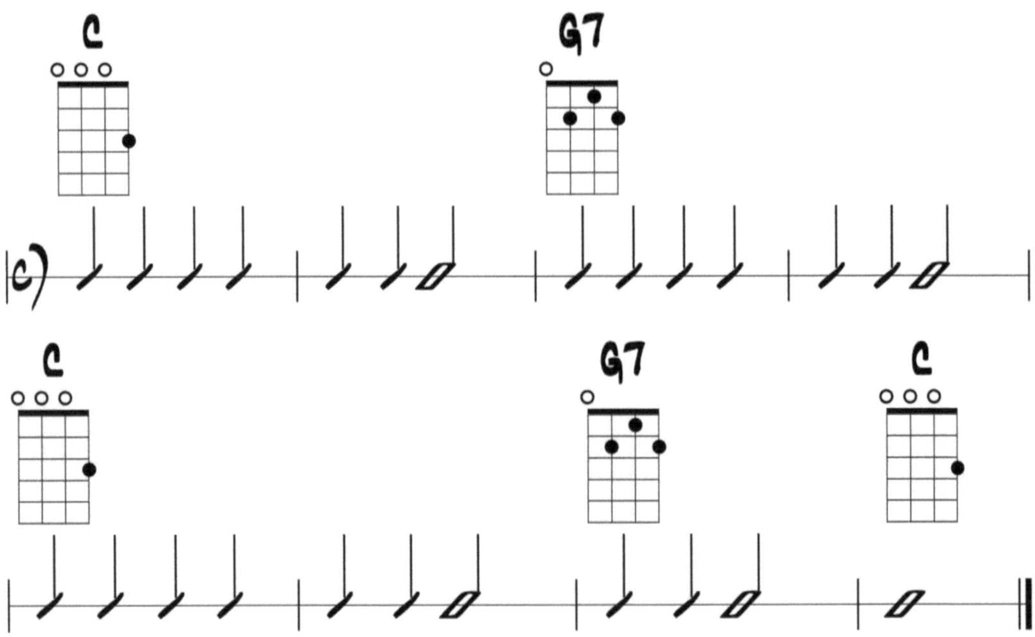

**Übung 41:**

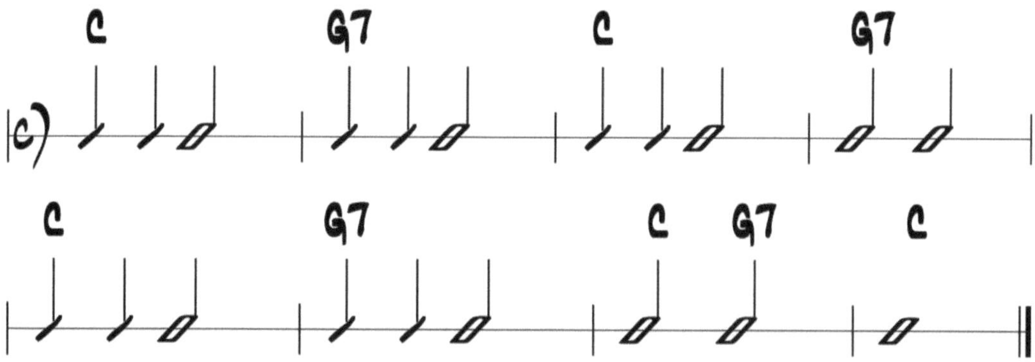


**Übung 42:**

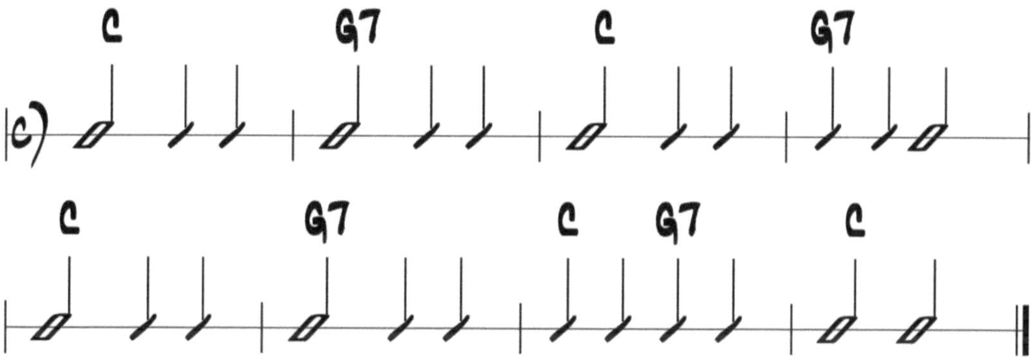


## Der Wechsel zwischen F-Dur und $G^7$

Bevor wir mit den Songs anfangen, schauen wir uns noch ganz genau an, wie man zwischen F-Dur und $G^7$ hin und her wechselt. Schau bitte auch in das Video zu dieser Lektion rein!

**Schritt 1: F-Dur sauber greifen**
Greife doch bitte einmal F-Dur. Stelle sicher, dass die Finger im 90°-Winkel auf die Saiten treffen. Alle Saiten müssen sauber klingen.

**Schritt 2: den Wechsel zu $G^7$ vorbereiten**
Sobald du merkst, dass du demnächst auf $G^7$ wechseln willst, musst du dir klarmachen, wo die Finger beim $G^7$ liegen werden:

- Der Zeigefinger muss auf den 1. Bund der 2. Saite. Hurra! Da liegt er ja schon! Den lassen wir einfach die ganze Zeit dort liegen!
- Der Mittelfinger muss auf die 3. Saite. Da können wir nichts vorbereiten, der wird ja noch für das F-Dur gebraucht.
- Aber mit dem Ringfinger, da können wir was machen: Er kann über dem 2. Bund der A-Saite schweben. Da wird er nämlich beim $G^7$ gebraucht.

**Schritt 3: Der große Moment ist da – wir wechseln nach $G^7$!**
Jetzt greifst du $G^7$. Das geht relativ leicht, weil der Zeigefinger schon an Ort und Stelle ist, während der Ringfinger ja schon über der richtigen Stelle schwebt. Nur der Mittelfinger muss eine kleine Strecke zurücklegen. Drücke einfach gleichzeitig Mittel- und Ringfinger auf die Saiten. Dazwischen freut sich der Zeigefinger, weil er ja schon die ganze Zeit am richtigen Ort liegt.

**Schritt4: Wir entspannen uns.**
Spiele jetzt eine Weile lang $G^7$. Einfach so.

**Schritt 5: den Wechsel zurück nach F-Dur vorbereiten**
Hier können/müssen wir gar nicht viel machen. Der Zeigefinger kann ja sowieso wieder liegen bleiben, wo er ist. Der Ringfinger muss nur weg von der Saite. Und der Mittelfinger muss eine Saite weiterhüpfen. Die Finger können also zur Vorbereitung gar nichts machen. Nur der Kopf muss wissen, wie es weitergeht!

**Schritt 6: Der zweite große Moment ist da – wir wechseln zurück nach F-Dur!**

- Ringfinger weg, aber nicht zu weit → schweben lassen!
- Gleichzeitig hüpft der Mittelfinger locker von Saite 3 nach Saite 4.
- Zeigefinger bleibt liegen → easy!

**Übung 43:**

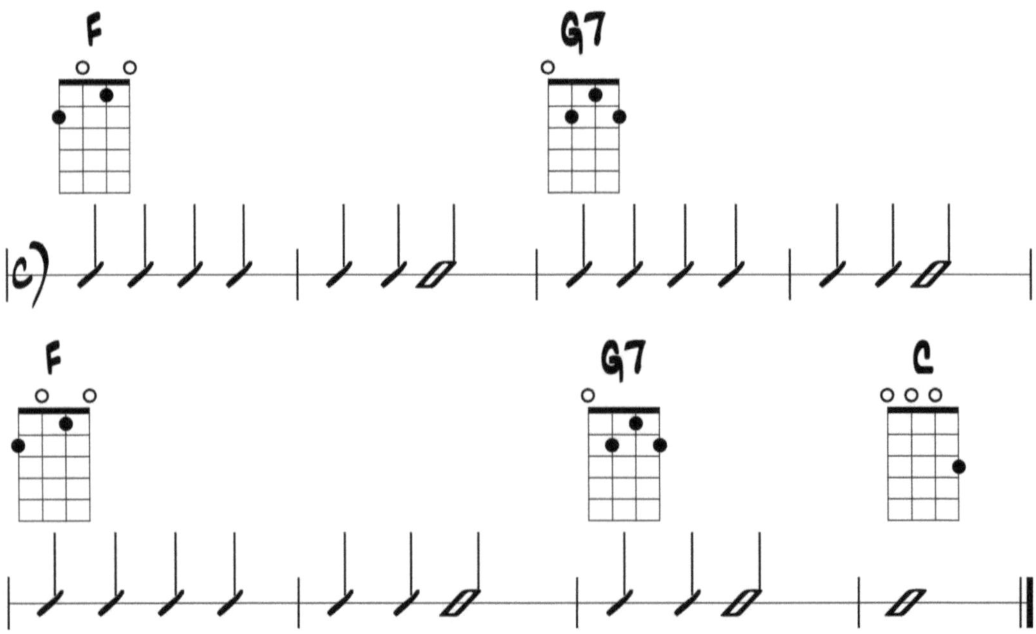

**Übung 44:**

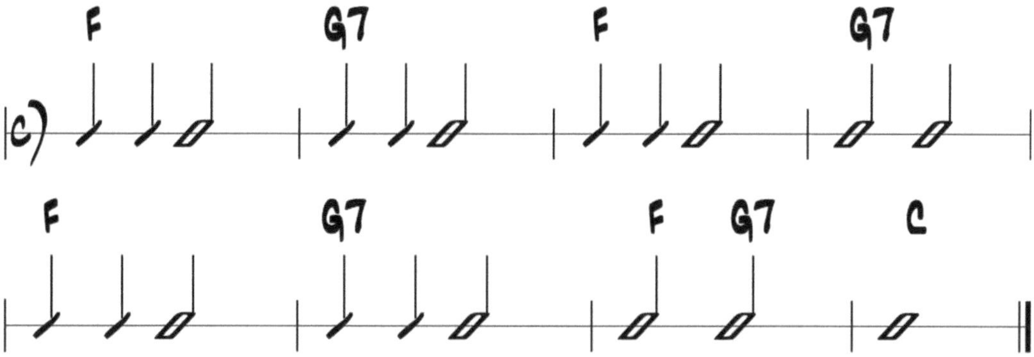


**Übung 45:**

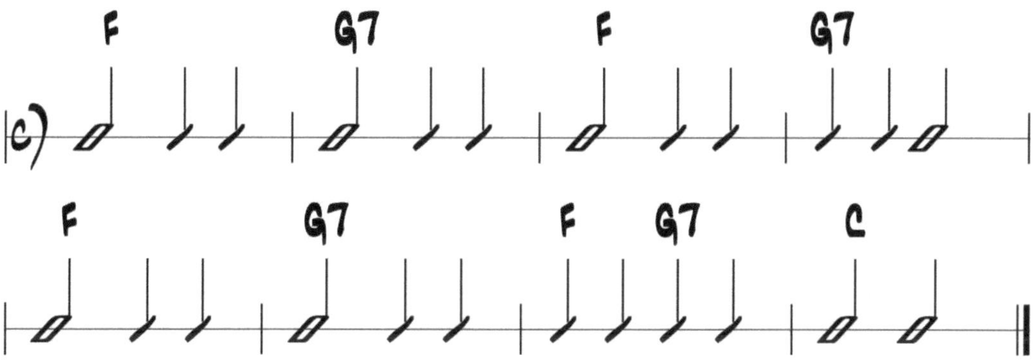


UKULELE-SPLITTER — Kurioses

### Misslungener Heiratsantrag

Eine shopping mall in Dubai. Ein wild entschlossener junger Mann. Eine Band. Die Gemeinschaft der Einkäufer als eingeweihtes und freudig gespanntes Publikum. Die ahnungslose junge Frau ihm direkt gegenüber. Alles könnte so schön sein. Und dann?

Die Angebetete – von den nicht enden wollenden in aller Öffentlichkeit vorgebrachten Liebesbeteuerung des jungen Mannes zunehmend überfordert – gerät schließlich in Panik, als der zukünftige Bräutigam vor ihr auf die Knie fällt und sie um ihre Hand bittet.

In ihrer Not weiß sie sich nicht anders zu helfen, als dem nächstbesten Musiker sein Instrument – eine unschuldige Ukulele – zu entreißen und dem verdatterten Bräutigam über den Schädel zu ziehen und verschämt abzutreten.

Fake news? Ja, schon. Es handelt sich um ein Werbevideo des britischen Schokoladenherstellers Cadbury. Dennoch: das Video ging viral!

# SCHRITT 8
# 3 AKKORDE → 100.000 SONGS[13]

**Das kannst du schon:**

✓ die Griffe C-Dur, F-Dur und $G^7$ sauber greifen (Schritte 6+7)
✓ rasch zwischen C-Dur, F-Dur und $G^7$ wechseln (Schritte 6+7)

Video 8

**In dieser Lektion lernst du ...**

..., warum C-Dur, F-Dur und G7 gut zusammenpassen.
... einige Songs, die mit diesen drei Akkorden auskommen.

## Ein klein wenig Theorie: die magischen Zahlen I, IV und V

C-Dur, F-Dur und $G^7$ (oder auch G-Dur, bitte noch etwas Geduld!) gehören zusammen wie Pech und Schwefel. Es gibt buchstäblich Tausende von Songs, in denen diese drei Akkorde gemeinsam enthalten sind. Der Grund ist, dass sie eine Verbindung von Stufe I, Stufe IV und Stufe V darstellen. Und diese drei Stufen passen einfach gut zusammen. Das ist ein musikalisches Naturgesetz, dass du dir einprägen solltest.

Du erinnerst dich an die C-Dur Tonleiter:

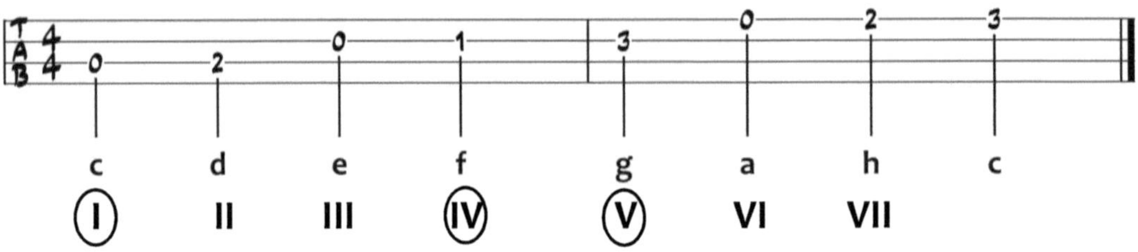


Wenn wir dem Ton „c" die Nummer „I" geben, ergeben sich daraus die restlichen Stufen der Tonleiter. Der Ton „f" ist Stufe IV, das „g" ist die Stufe V. I, IV und V passen gut zusammen. Deswegen passen C-Dur, F-Dur und G-Dur (oder $G^7$) gut zusammen.

Wenn du diese Lektion durchgearbeitet hast, würde ich dir empfehlen, einmal diese *playlist* auf YouTube aufzurufen: https://tinyurl.com/ukelimit-playlist-threechords

Du findest dort auf meinem YouTube-Kanal „Ukulele am Limit" jede Menge (auch moderner) Songs mit C-Dur, F-Dur und $G^7$. Probiere es doch mal aus!

*playlist* 3 Akkorde

Und jetzt spielen wir einfach mal ein paar Stücke mit C-Dur, F-Dur und $G^7$. Viel Spaß!

[13] Ein Video zu Schritt 8 kannst du dir hier anschauen: http://www.tinyurl.com/ukelimit-buch1-lektion8

# Oh When the Saints

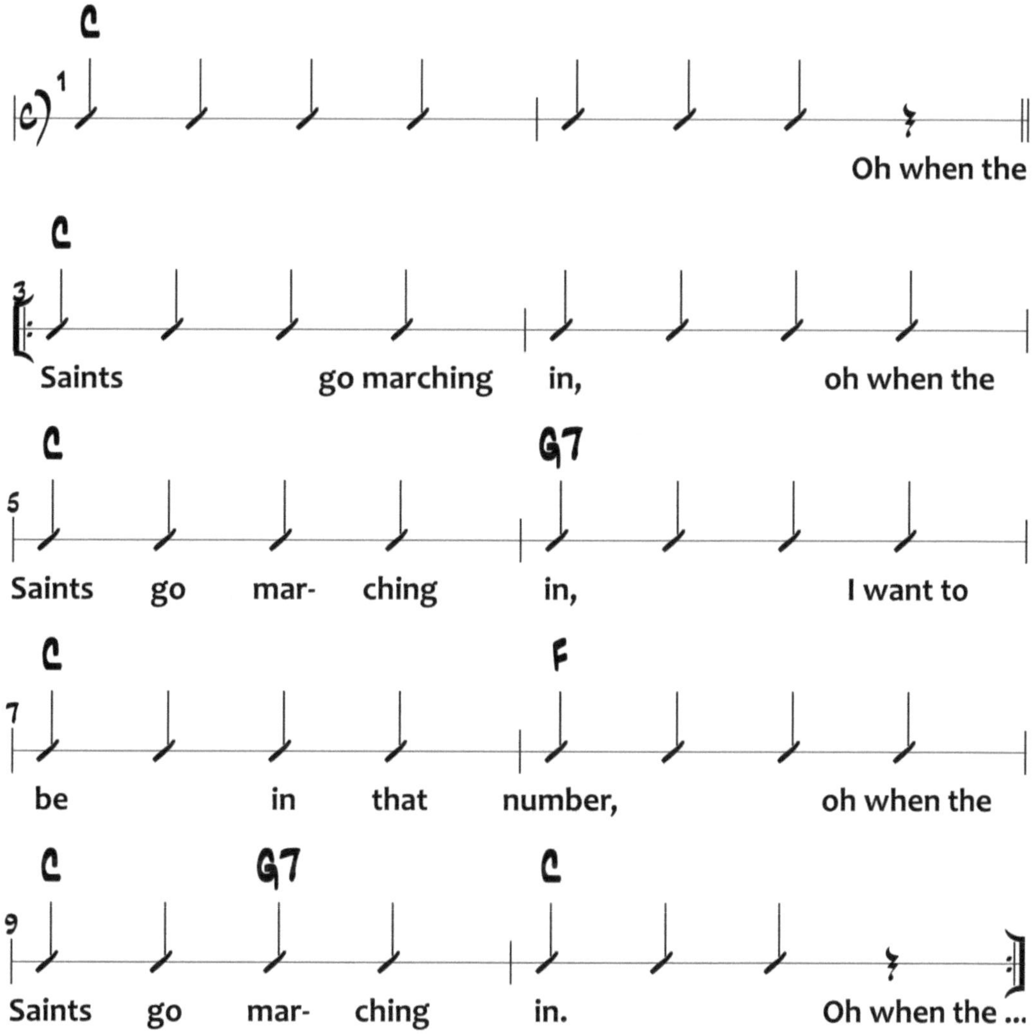


*Oh, when the sun refuse to shine ...*

*Oh when they crown Him Lord of All ...*

*Oh, when they gather 'round the throne ...*

# Nehmt Abschied Brüder

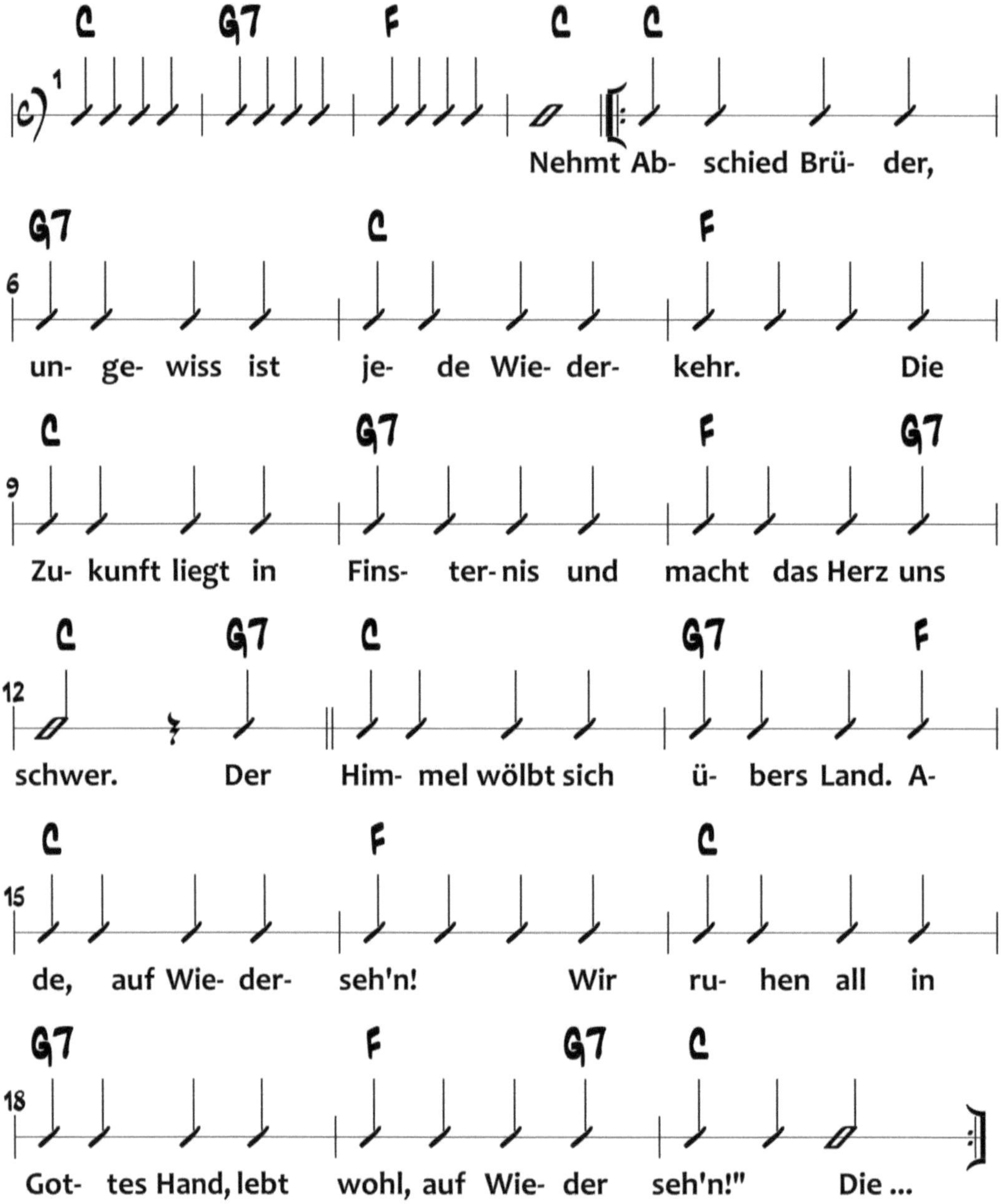

*Die Sonne sinkt, es steigt die Nacht, vergangen ist der Tag.*
*Die Welt schläft ein und leis erwacht der Nachtigallenschlag.*
*Der Himmel wölbt sich übers Land …*

*So ist in jedem Anbeginn das Ende nicht mehr weit.*
*Wir kommen her und gehen hin und mit uns geht die Zeit.*
*Der Himmel wölbt sich übers Land …*

*Nehmt Abschied Brüder, schließt den Kreis. Das Leben ist ein Spiel.*
*Und wer es recht zu spielen weiß, gelangt ans große Ziel.*
*Der Himmel wölbt sich übers Land …*

# My Bonnie Lies Over the Ocean

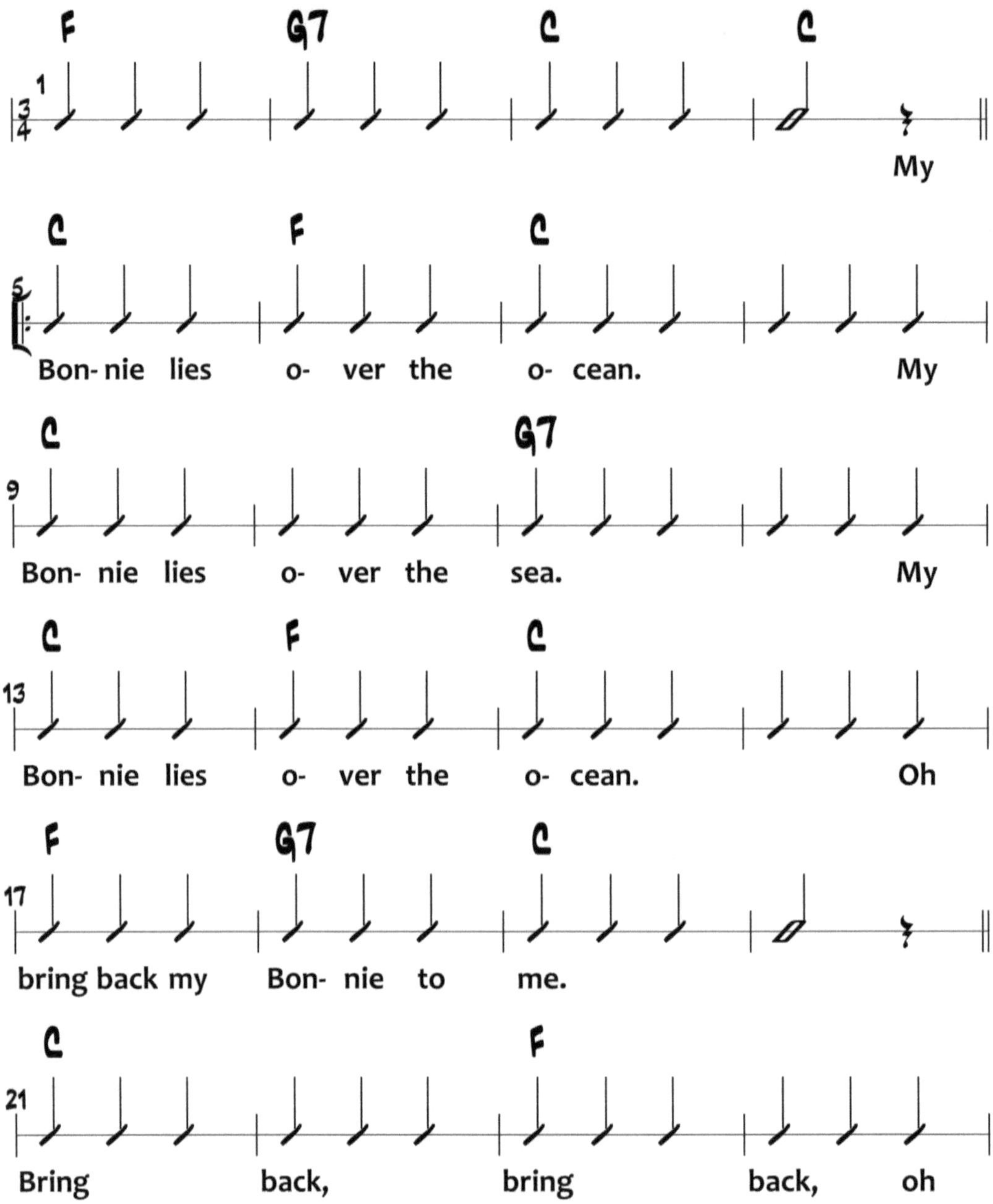

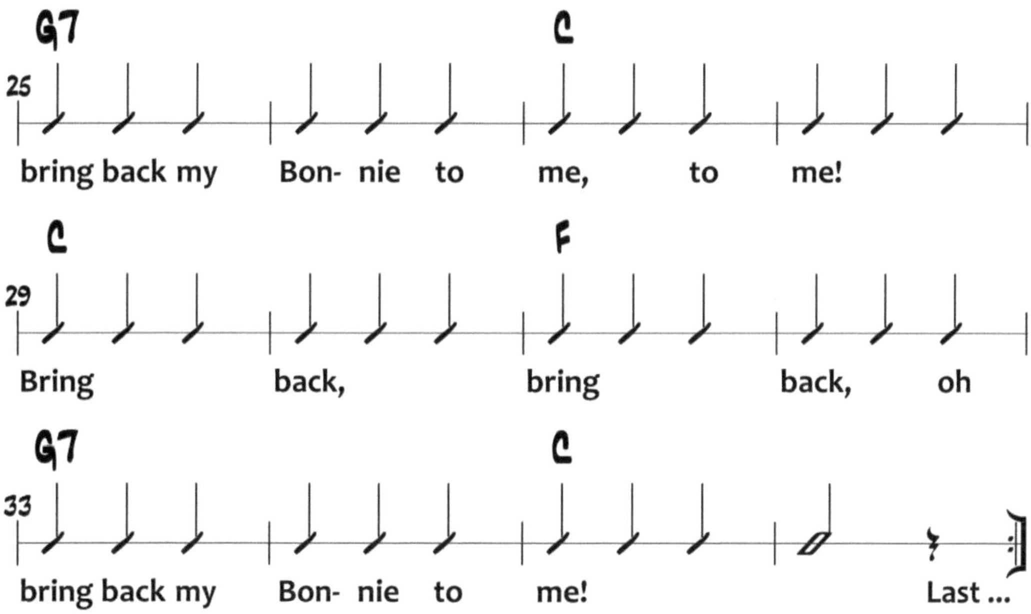


*Last night as I lay on my pillow, last night as I lay on my bed.*
*Last night as I lay on my pillow, I dreamt that my Bonnie was dead. Bring back ...*

*The winds have blown over the ocean, the winds have blown over the sea.*
*The winds have blown over the ocean, and brought back my Bonnie to me. Bring back...*

# The Wild Rover

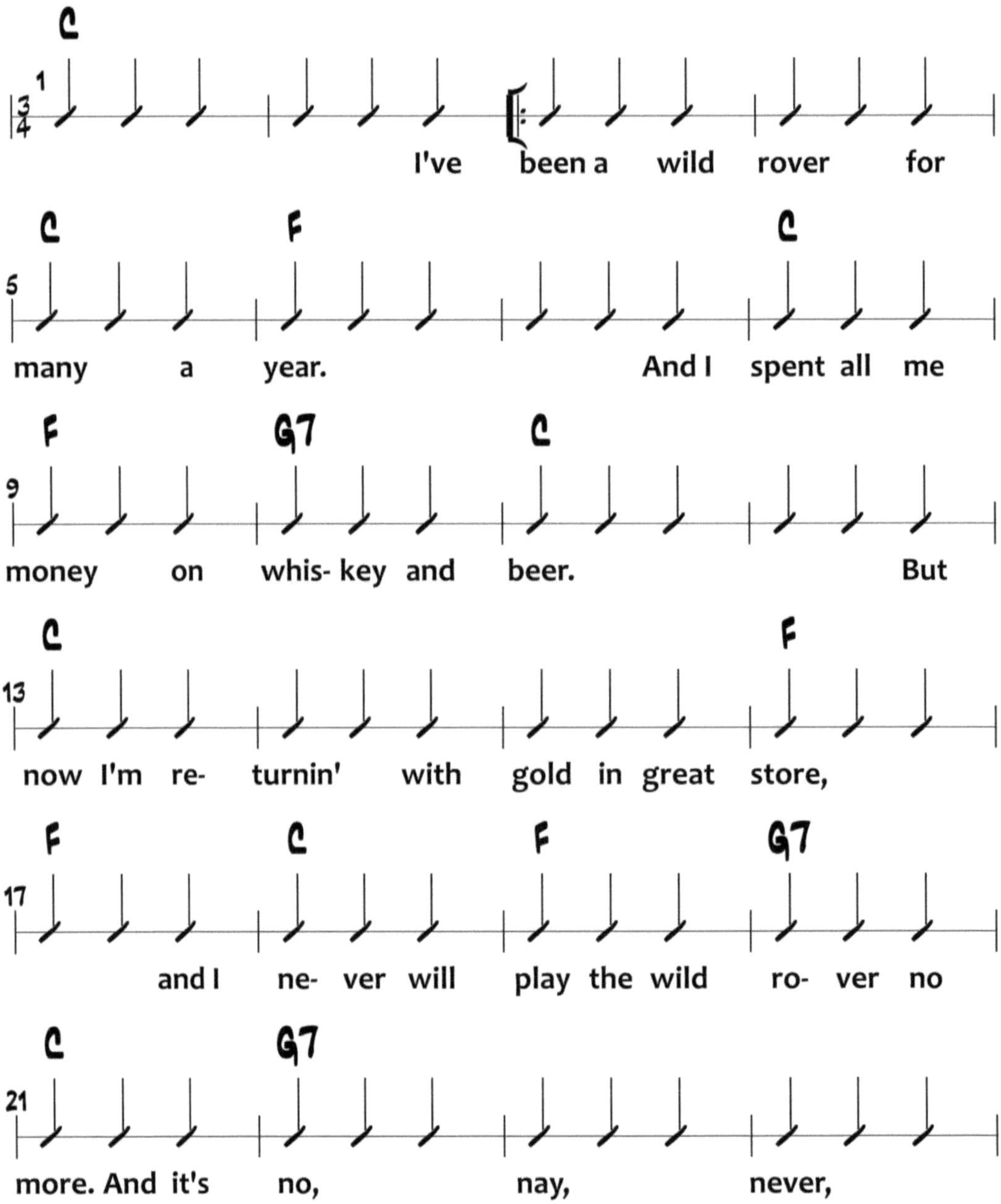

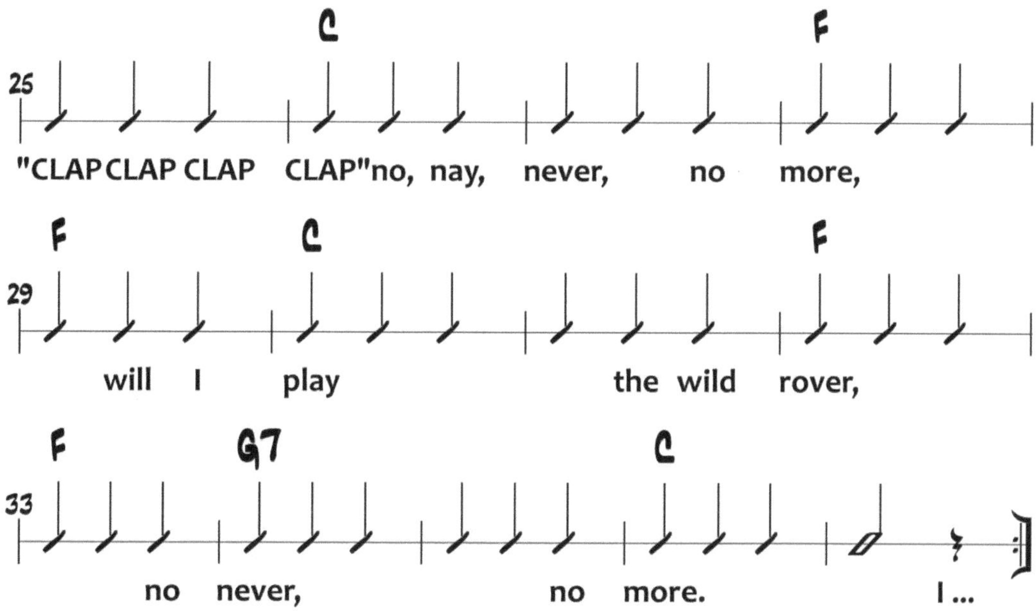


*I went to an ale-house I used to frequent.*
*I told the landlady me money was spent.*
*I asked her for credit, she answered me, "Nay,*
*such a custom as yours I can have any day!"*
*And it's no, nay, never ...*

*I took from my pocket ten sovereigns bright,*
*and the landlady's eyes opened wide with delight*
*She said, "I have whiskeys and wines of the best,*
*and the words that I told you were only in jest.*
*And it's no, nay, never ...*

*I'll go home to my parents, confess what I've done,*
*and I'll ask them to pardon their prodigal son.*
*And when they've caressed me as oft' times before,*
*I never will play the wild rover no more.*
*And it's no, nay, never ...*

# Danny Boy

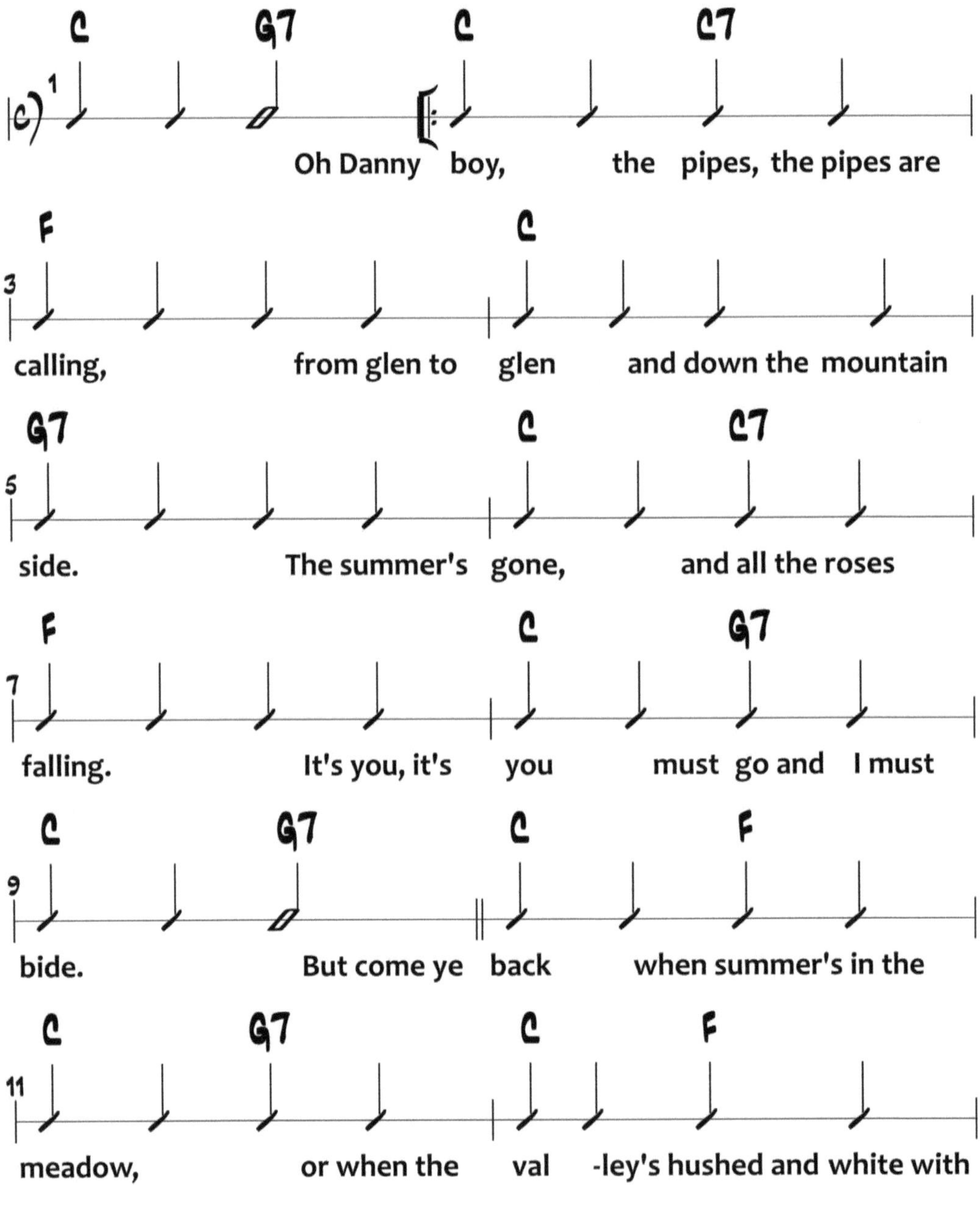
C G7 C C7
1
Oh Danny boy, the pipes, the pipes are
F C
3
calling, from glen to glen and down the mountain
G7 C C7
5
side. The summer's gone, and all the roses
F C G7
7
falling. It's you, it's you must go and I must
C G7 C F
9
bide. But come ye back when summer's in the
C G7 C F
11
meadow, or when the val -ley's hushed and white with

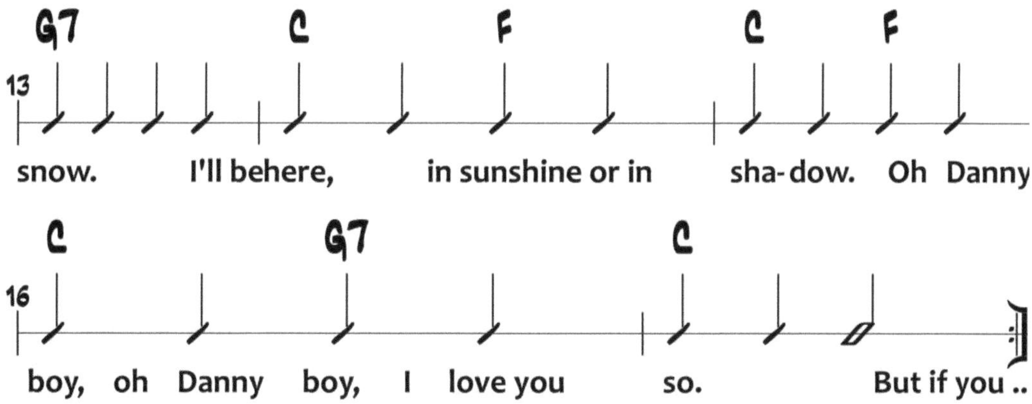


*But if you fall as all the flowers are fallin',*
*And if you're dead, as dead you well may be,*
*I'll come and find the place where you are lying,*
*And kneel and say an Ave there for thee.*

*But come ye back when summer's in the meadow,*
*Or when the valley's hushed and white with snow.*
*I'll be here in sunshine or in shadows,*
*Oh, Danny boy, oh, Danny boy, I love you so.*

# Amazing Grace

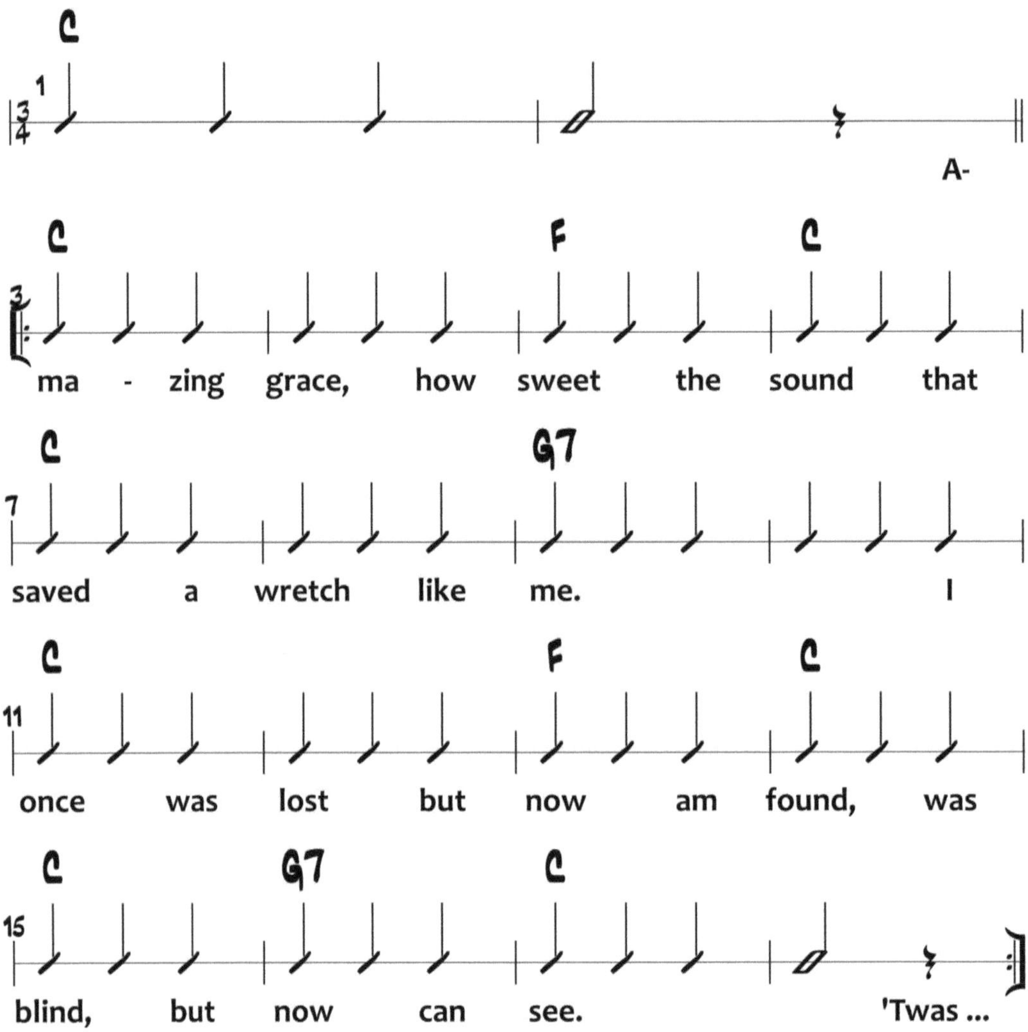


*'Twas grace that taught my heart to fear,*
*And grace, my fears relieved.*
*How precious did that grace appear*
*The hour I first believed.*

*When we've been there ten thousand years,*
*Bright shining as the sun.*
*We've no less days to sing God's praise*
*Than when we've first begun.*

# SCHRITT 9
# LIEDER FÜR BESONDERE GELEGENHEITEN[14]

**Das kannst du schon:**

- ✓ die Griffe C-Dur, F-Dur und G⁷ sauber greifen (Schritte 6+7)
- ✓ rasch zwischen C-Dur, F-Dur und G⁷ wechseln (Schritte 6+7)
- ✓ Lieder mit C-Dur, F-Dur und G7 spielen und singen (Schritt 8)

Video 9

**In dieser Lektion lernst du …**

… vier Songs, die man bei besonderen Gelegenheiten unbedingt braucht.

## Hoch soll er/sie leben

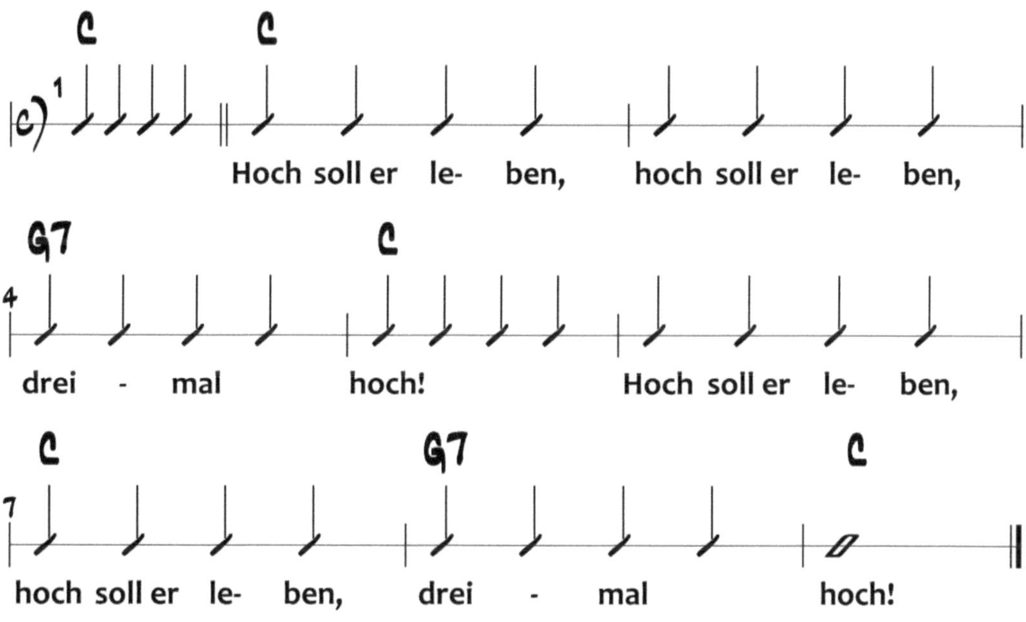


---

[14] Ein Video zu Lektion 9 kannst du dir hier anschauen: http://www.tinyurl.com/ukelimit-buch1-lektion9

# Stille Nacht

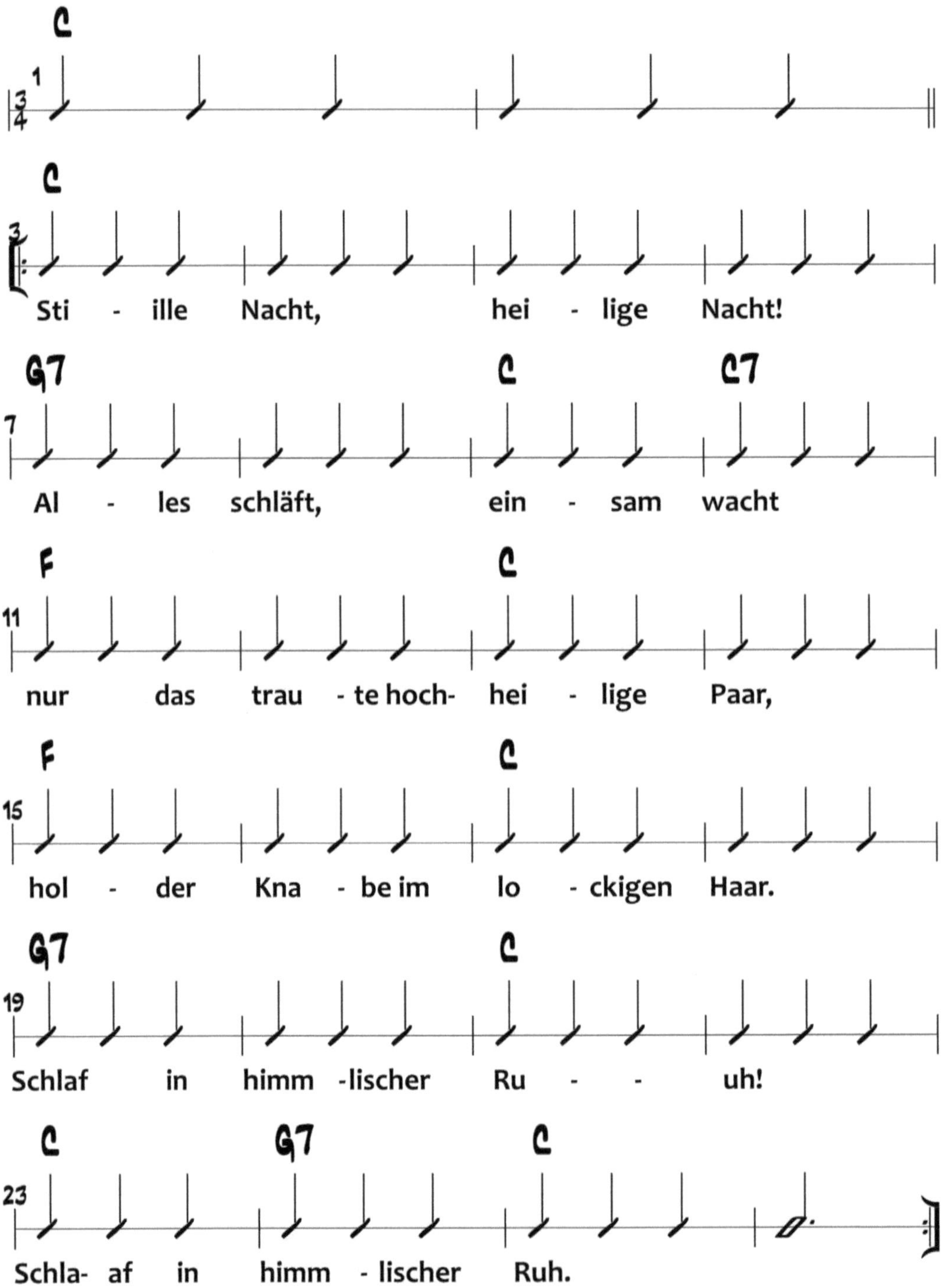

Stille Nacht, heilige Nacht!
Hirten erst kundgemacht
Durch der Engel Allelujah,
Tönt es laut von fern und nah:
Christ der Retter ist da! (2x)

Stille Nacht, heilige Nacht!
Gottes Sohn, o wie lacht
Lieb' aus deinem göttlichen Mund,
Da uns schlägt die rettende Stund',
Christ, in deiner Geburt! (2x)

## Ein Prosit der Gemütlichkeit

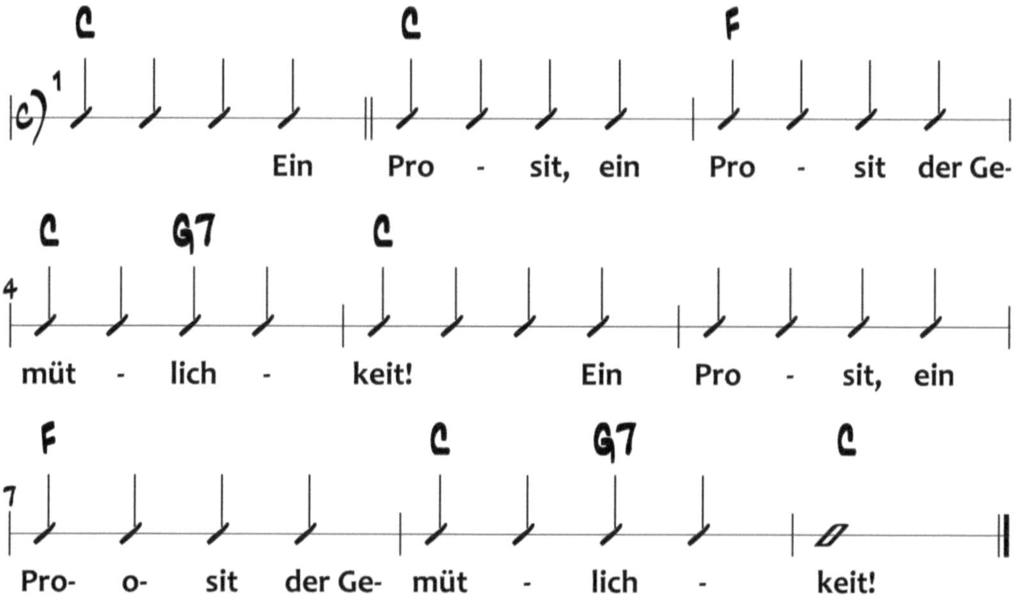


## Happy Birthday

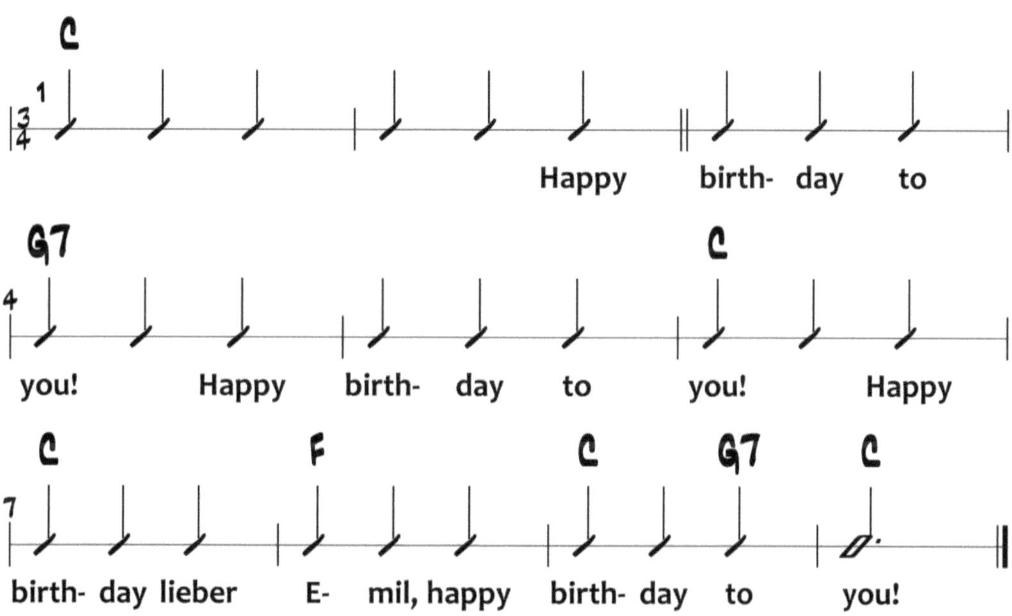

# SCHRITT 10
# SCHLAGMUSTER 2 – „DOWN / DOWN / DOWN / DOWN-UP“ [15]

**Das kannst du schon:**

- ✓ die Griffe C-Dur, F-Dur und $G^7$ sauber greifen (Schritte 6+7)
- ✓ rasch zwischen C-Dur, F-Dur und $G^7$ wechseln (Schritte 6+7)
- ✓ massenweise Songs mit C-Dur, F-Dur und $G^7$ (Schritte 8+9)

Video 10

**In dieser Lektion lernst du …**

…, wie man Schlagmuster notiert.
… ein neues Schlagmuster: „down / down / down / down-up” (= Schlagmuster 2)
… zwei Songs mit dem neuen Schlagmuster.
…, wie man zu komplexeren Schlagmustern singt.
…, wie man die Saiten mit dem Zeigefinger anschlägt.

## Was ist eigentlich ein Schlagmuster?

Bis jetzt haben wir es uns sehr leicht gemacht: Wir haben die Saiten einfach mit dem Daumen von oben nach unten angeschlagen. Diese Schlagrichtung (von der Decke zum Boden) nennt man Abschlag, auf Englisch: *downstroke* (*down* heißt „abwärts“). Pro Takt waren das meist vier Abschläge, vier *<u>down</u>strokes*. Jeder Abschlag auf eine volle Viertelnote:

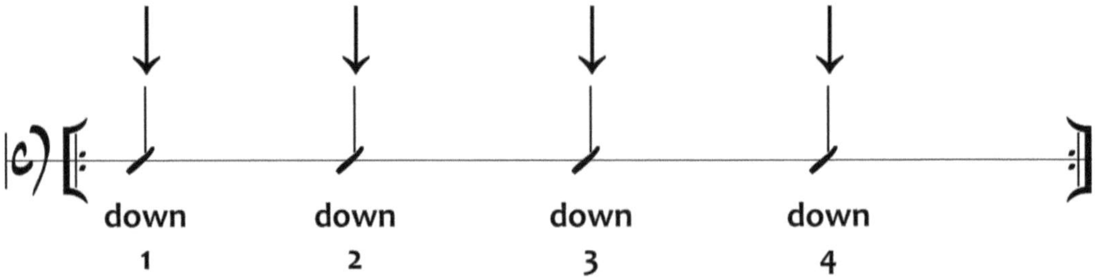


Das hier war also unser Schlagmuster: down / down / down / down

Ich würde es gerne als Schlagmuster 1 bezeichnen, da es das einfachste Schlagmuster ist, das man sich vorstellen kann.

Was ich dir bisher verschwiegen habe: Man kann die Saiten auch von unten (Boden) nach oben (Decke) anschlagen. Und das wollen wir jetzt mal üben:

---

[15] Ein Video zu Schritt 10 kannst du dir hier anschauen: http://www.tinyurl.com/ukelimit-buch1-lektion10

**Übung 46:**

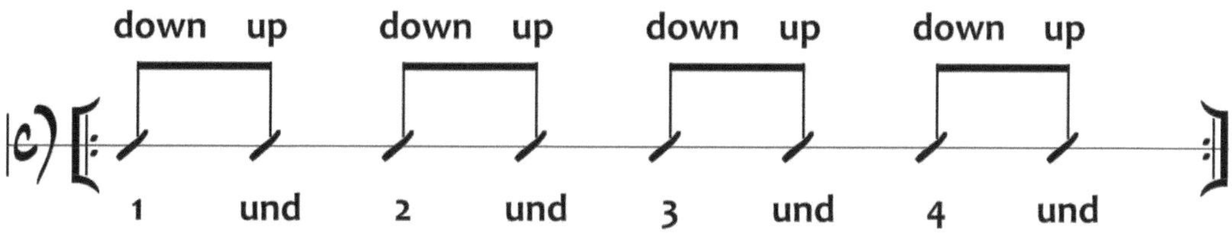


Du siehst zwischen den Abschlägen (*downstroke*), die auf jede ganze Viertelnote erfolgen, einen Aufschlag (*upstroke*), der zusammen mit dem „und“ zwischen den Zahlen erfolgt. Es geht also immer runter und rauf und runter und rauf und ...

Eine solche geordnete Abfolge von Ab- und Aufschlägen (*downs* und *ups*) bezeichnet man als „***Schlagmuster***“.

In diesem Fall hieße das Schlagmuster also: down-up / down-up / down-up / down-up /

Der Abschlag erfolgt wie gewohnt mit dem fleischigen Teil des Daumens. Der Aufschlag hingegen erfolgt mit dem Fingernagel des Daumens. Versuche im Daumen- und Handgelenk möglichst locker zu bleiben, damit sich beim Aufschlag der Daumennagel nicht in den Saiten verheddert. Der Unterarm unterstützt die Bewegung, indem er sich ganz regelmäßig runter/rauf, runter/rauf bewegt. Vergiss nicht, die Saiten am *sweet spot* zu treffen, da wo der Hals den Korpus trifft. Ich würde dir sehr empfehlen, das Video zu dieser Lektion anzuschauen!

**Probleme beim Daumenanschlag nach oben?**

Lass den Daumen nach unten hängen und stelle dir vor, die Aufwärtsbewegung geht vom Handgelenk aus So verhinderst du, dass der Daumen zu starr wird und mit zu viel Kraft an den Saiten hängen bleibt.

Wenn du diesen Aufschlag gut kannst, schauen wir uns doch mal Schlagmuster 2 an.

UKULELE-SPLITTER | Zitate

„Bill Gates hat neulich zur Ukulele gegriffen. Und Warren Buffet ist ein Riesen-Ukulele-Fan. Ich habe sogar mit Francis Ford Coppola ein paar Akkorde gespielt. Es haut mich einfach um, dass diese Leute, die alles haben können, was sie wollen, sich die Ukulele geschnappt haben und ein bisschen Spaß damit hatten.“

*Jake Shimabukuro*

## Schlagmuster 2

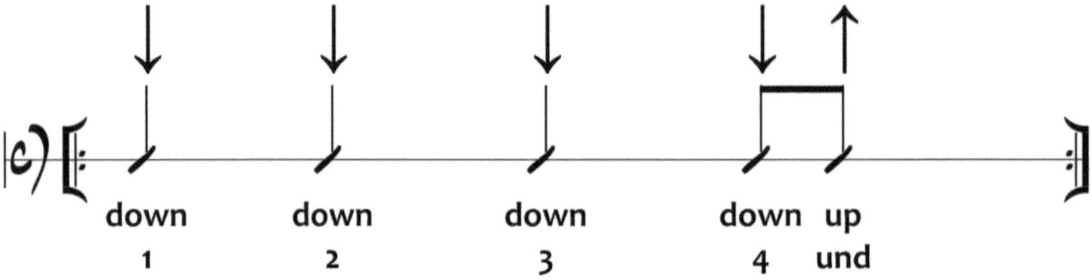


Der Daumen schlägt wie in Schlagmuster 1 viermal auf die volle Viertelnote nach unten. Zwischen die Vier des alten Taktes und die Eins des neuen mogeln wir allerdings noch einen kleinen Aufschlag: down / down / down / down-**up**

Übe Schlagmuster 2 sehr gründlich und zähle dazu: eins, zwei, drei, vier **und** eins, zwei, drei, vier **und** ...

**Ein wichtiger Tipp zum Akkordwechsel:**

Bei diesem Schlagmuster hast du durch die Achtelnote am Ende des Taktes sehr wenig Zeit, um zum neuen Griff zu wechseln. Es ist eine gute Idee, den alten Griff einfach schon etwas früher von den Saiten zu nehmen, als es streng genommen in den Noten steht. Ich würde dir also raten, schon auf Schlag „4 und“ die Finger hochzuheben, damit du pünktlich auf Schlag 1 des neuen Taktes bist. Das ist nämlich für das Ohr des Publikums sehr wichtig. Ob jetzt wirklich beim letzten Achtel des Taktes (also auf der „4 und“) alle Saiten richtig gegriffen werden, fällt nicht so stark ins Gewicht. Das hört man wegen der Schnelligkeit des Achtelschlages ohnehin kaum.

Spielen wir doch mal zwei neue Songs mit Schlagmuster 2. Wir haben jetzt viel mehr Drive als vorher. Los geht die wilde Fahrt!

UKULELE-SPLITTER — Zitate

„Es gibt nicht viel, was man mit einer Ukulele tun kann, das nicht irgendwie fröhlich klingt.“

*Jeff Lynne*

# Will the Circle be Unbroken

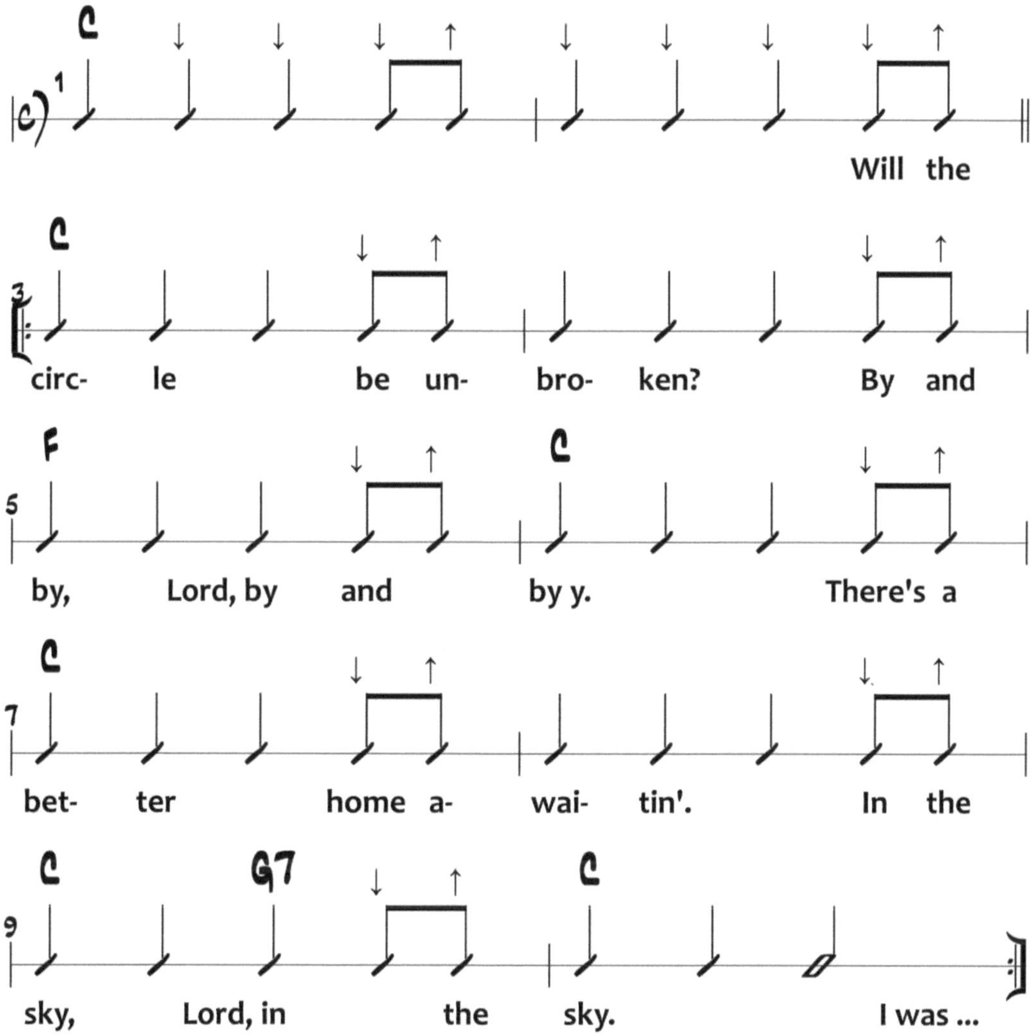


*I was standing by the window*
*One dark and cloudy day.*
*When I saw the hearse come rollin',*
*For it to carry my mother away.*
*Will the circle ...*

*Well, I told the undertaker:*
*"Undertaker, please drive slow.*
*For this body you are hauling*
*Lord, I hate to see her go!"*
*Will the circle ...*

*So I followed close behind her*
*Tried to hold her and be brave.*
*But I could not hide my sorrow*
*When they laid her in the grave.*
*Will the circle ...*

# You Are My Sunshine

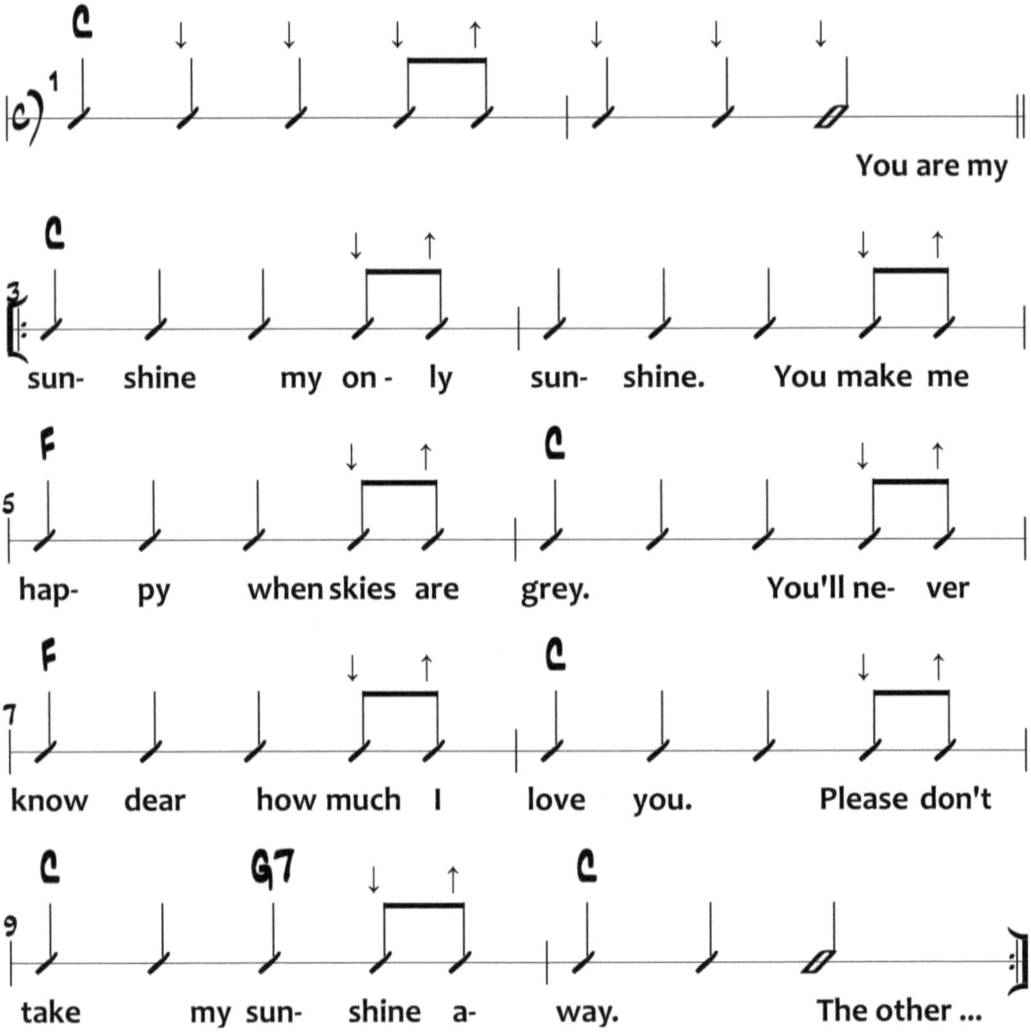


*The other night dear, as I lay sleeping,*
*I dreamed I held you in my arms.*
*When I awoke, dear, I was mistaken,*
*And I hung my head and cried.*
*You are my sunshine, ...*

*I'll always love you and make you happy,*
*If you will only say the same.*
*But if you leave me to love another,*
*You'll regret it all someday.*
*You are my sunshine, ...*

*You told me once dear, you really loved me,*
*And no one else could come between.*
*But now you've left me and love another.*
*You have shattered all my dreams.*
*You are my sunshine, ...*

## Komplexe Schlagmuster spielen und gleichzeitig singen?

Am Anfang ist es oft gar nicht so leicht, Text und Melodie zu singen und dabei immer den Rhythmus des Schlagmusters durchzuhalten. Blöderweise unterscheidet sich nämlich oft der Rhythmus des Schlagmusters vom Rhythmus der Melodie. Dein Gehirn muss lernen, diese beiden Rhythmen unabhängig voneinander auszuführen.

Wenn du Probleme hast, ein neues Stück zu singen und dich dabei gleichzeitig zu begleiten, solltest du dich erst einmal auf die Akkordfolge und das Schlagmuster konzentrieren. Das muss laufen. Lass den Gesang erst einmal weg.

Versuche dann bei jedem Stück zu erkennen, ...
... an welchen Stellen du gleichzeitig eine Silbe singst und die Saiten anschlägst.
... wo du singst, ohne einen Anschlag auszuführen.
... wo du die Saiten anschlägst, ohne dass dazu gesungen wird.

Oft kann man dahinter ein bestimmtes Muster erkennen kann. Wenn ja, mache dir dieses bewusst. Beispiel: „Aha, im Refrain kommt der erste Schlag auf die Zählzeit 1, aber der Gesang setzt erst bei 1und ein."

Wenn du nun beginnst, gleichzeitig zu singen und zu spielen, musst du dich auf vier Dinge gleichzeitig konzentrieren: **Schlagmuster, Akkordfolge, Melodie und Text**. Ganz schön viel! Man kann es sich aber etwas einfacher machen, indem man jeweils eines dieser Elemente weglässt und sich nur auf die restlichen drei konzentriert. Für mich hat sich dabei folgende Übungssequenz bewährt:

**Übung 47: gleichzeitig singen und spielen**

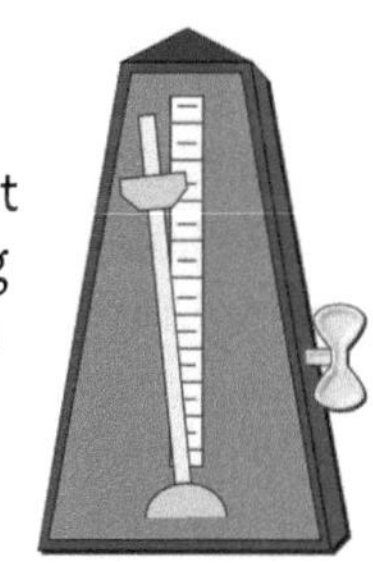

Phase 1:
Spiele die Akkorde mit dem richtigen Schlagmuster und füge zunächst nur den Text des Stückes hinzu, indem du ihn als Sprechgesang interpretierst. Auf diese Weise bleibt die Melodie erst einmal weg. Du hast schließlich schon genug mit Akkordwechseln, Schlagmuster und Text zu tun.

Phase 2:
Anschließend lässt du den Text weg. Du spielst Ukulele und summst dazu die Melodie.

Phase 3:
Lass die Akkordwechsel weg! Lege die Finger der linken Hand auf die Saiten, sodass diese gedämpft werden. Wenn du nun das Schlagmuster ausführst, hörst du nur den Rhythmus aber keine Akkorde. Du spielst rein perkussiv. Du musst also überhaupt nicht an die Griffe denken! Nur an das Schlagmuster. Daher sollte es kein Problem sein, Text und Melodie zu singen und dich auf diese beiden Elemente zu konzentrieren.

Probiere diese Übung doch gleich einmal mit den letzten beiden Stücken aus. Wenn du das einige Tage lang konsequent machst, wirst du bemerken, dass dein Gehirn immer besser darin wird, die Melodie und den Text eines Stückes zu produzieren, obwohl du gleichzeitig noch dazu Ukulele spielst!

# SCHRITT 11
# SCHLAGMUSTER 3 – „DOWN / DOWN-UP / DOWN / DOWN-UP“ [16]

**Das kannst du schon:**

✓ massenweise Songs mit C-Dur, F-Dur und $G^7$ (Schritte 8+9)
✓ das Schlagmuster-Schema mit „*down*“ und „*up*“ verstehen
✓ mit Schlagmuster 2 gleichzeitig singen und spielen (Schritt 10)

Video 11

**In dieser Lektion lernst du ...**

... ein neues Schlagmuster: „down / down-up / down / down-up”
..., wie man die Saiten mit dem Zeigefinger anschlägt.
..., wie man den Akkord **d-Moll** greift
... zwei Songs mit dem neuen Schlagmuster.

## Darf ich vorstellen: Schlagmuster 3

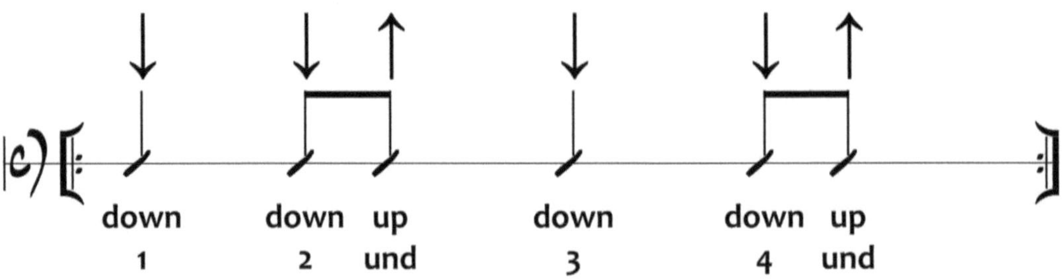


Kein Problem, oder? Ich bin mir sicher, dass du das hinkriegst. Im Zweifelsfall einfach mal ins Video zu dieser Lektion schauen!

## Der Anschlag mit dem Zeigefinger

Bisher haben wir uns auf den Anschlag mit dem Daumen beschränkt. Der ist einfach zu machen und klingt schön warm. Die meisten Ukulele-Spielerinnen und Spieler verwenden aber den Zeigefinger für ihre Schlagmuster (engl. "*strumming patterns*“). Das klingt knackiger, geht schneller und ist variabler einsetzbar. Schauen wir uns einmal genauer an, wie der Anschlag mit dem Zeigefinger funktioniert:

[16] Ein Video zu Schritt 11 kannst du dir hier anschauen: http://www.tinyurl.com/ukelimit-buch1-lektion11

**Element 1: Der Zeigefinger selbst**
Halte die Hand locker vor dich, Handrücken zeigt nach oben. Die Finger hängen locker herab (Abb. 27). Klappe jetzt Mittelfinger, Ringfinger und kleinen Finger ein, sodass sie die Handfläche berühren. Das ist die Grundhaltung. (Abb. 28). Man kann die drei unbenutzten Finger auch ausstrecken, wenn man sie nicht einklappen will. (Abb. 29). Probiere beide Möglichkeiten aus.

Wage dich jetzt an Schlagmuster 3 und benutze dafür den Zeigefinger. Halte ihn schön locker und mache dich ganz entspannt mit der neuen Bewegung vertraut. Der Ort des Anschlags ist derselbe wie beim Daumenanschlag.

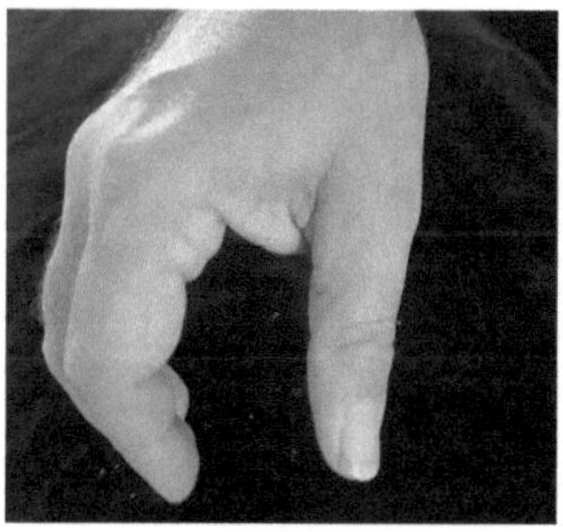

Abb. 27: Finger hängen locker herab

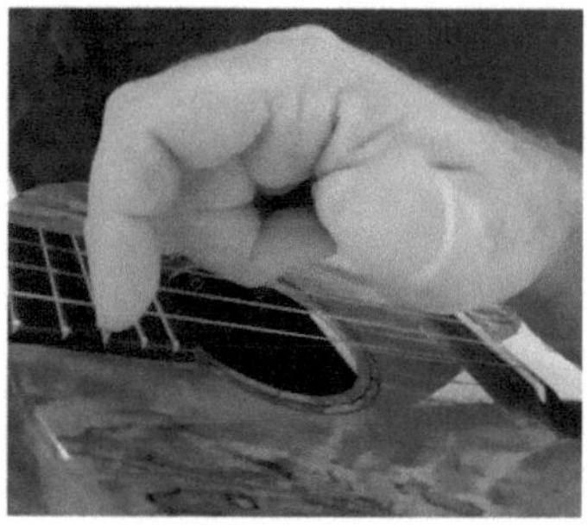

Abb. 28: Anschlag mit Zeigefinger, Rest eingeklappt

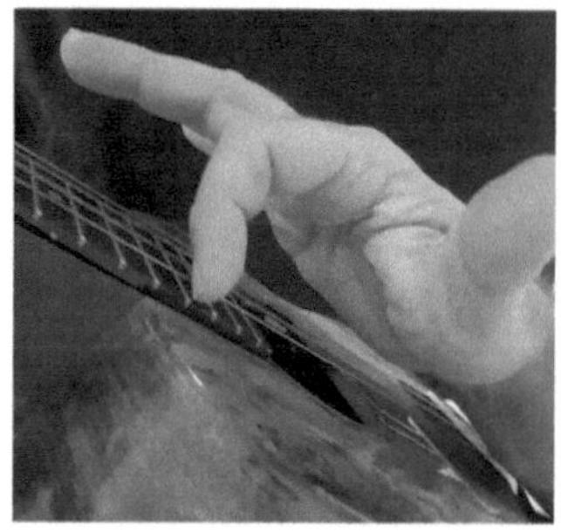

Abb. 29: Rest ausgestreckt

**Element 2: Das Handgelenk**
Achte darauf, dass du im Handgelenk ganz locker bleibst. Es hat sich bewährt, den Anschlag des Zeigefingers durch eine kleine, geschmeidige Drehbewegung im Handgelenk zu unterstützen. Das verhindert, dass der Zeigefinger zu hart an die Saiten stößt oder sich gar in diesen verheddert. Übe jetzt den Zeigefingeranschlag und achte dabei besonders auf ein lockeres Handgelenk, dass durch leichte Drehbewegungen für eine flüssige, unangestrengte Bewegung sorgt.

**Element 3: Der Unterarm**
Unterstütze den Zeigefingeranschlag mit einer regelmäßigen auf-und-ab-Bewegung des Unterarms. Auch hier ist Lockerheit ganz wichtig. Schau dir das Video an, dann verstehst du, was ich meine.

Bei all diesen Tipps darfst du nicht vergessen, bei jedem Anschlag (egal ob *down* oder *up*), auch wirklich alle Saiten zu treffen. Nimm dir Zeit und übe jetzt bitte den Zeigefingeranschlag. Verwende als Übungsmaterial die Schlagmuster 1+2+3 und spiele doch auch mal einige der Songs, die du schon kannst. Nur eben diesmal mit dem Zeigefinger statt mit dem Daumen. Wenn du dich damit gut fühlst, spielen wir jetzt mal ein Stück mit Schlagmuster 3.

# Skip to My Lou

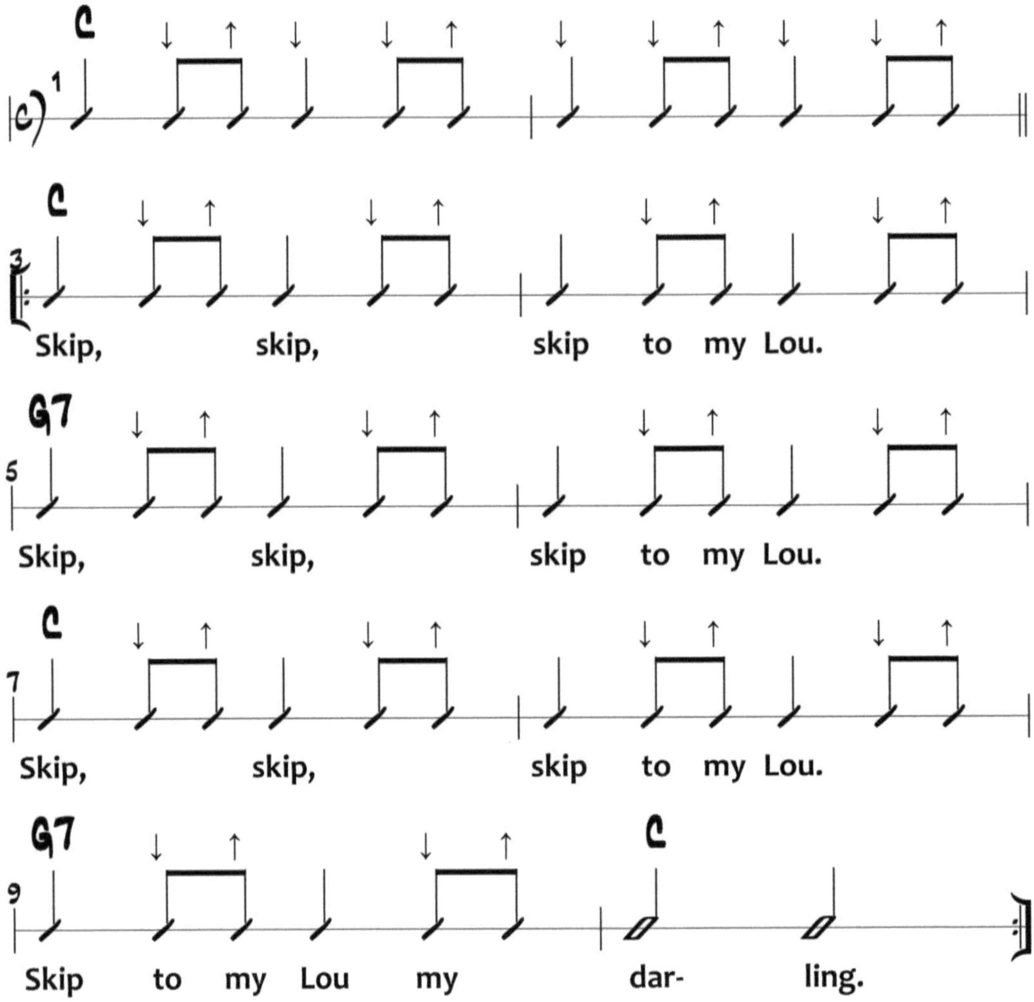


*Lost my partner, what will I do?*
*Lost my partner, what will I do?*
*Lost my partner, what will I do?*
*Skip to my Lou, my darlin'*

## Ein neuer Griff, ein neuer Sound: d-Moll

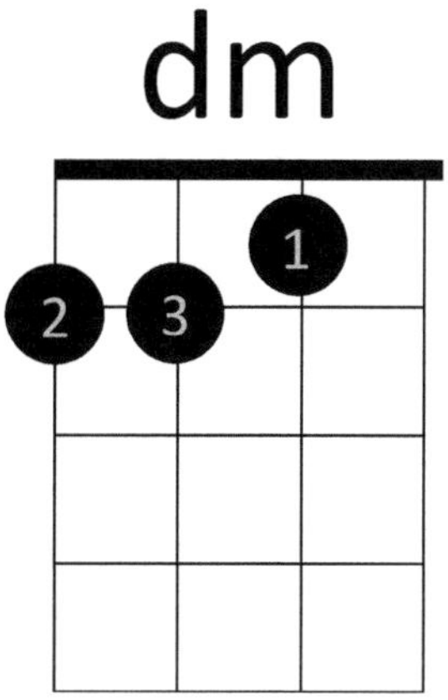


Wir steigen ins nächste Level auf und lernen jetzt einen Moll-Akkord. Moll-Akkorde klingen oft etwas nachdenklicher und melancholischer als Dur-Akkorde und bringen eine ganz neue Klangfarbe in unsere Songs. Unser Griff hier heißt d-Moll.

Ich glaube nicht, dass du große Probleme mit diesem neuen Griff hast, er ist nämlich sehr nah mit F-Dur verwandt. Greife also zunächst einmal das ganz normale F-Dur. Und dann legst du zu Zeige- und Mittelfinger einfach noch den Ringfinger dazu. Und zwar auf den 2. Bund der C-Saite. Voilá!

Überprüfe bitte (wie immer), ob alle Saiten klingen, indem du sie einzeln nacheinander anschlägst. Wenn das der Fall ist, machen wir uns an die folgenden Übungen.

**Übung 48:**

In dieser und den nächsten beiden Übungen geht es um den Wechsel zwischen C-Dur und d-Moll. Du kennst den Trick ja schon: Während du d-Moll spielst, lässt du den kleinen Finger über dem 3. Bund der A-Saite schweben. Dort wird er für C-Dur gebraucht. Dann geht der Griffwechsel kinderleicht und flüssig vonstatten. Umgekehrt genauso: Während du C-Dur spielst, schweben Zeige-, Mittel- und Ringfinger über den Stellen, die sie beim d-Moll einnehmen. Dann klappt der Wechsel ganz leicht.

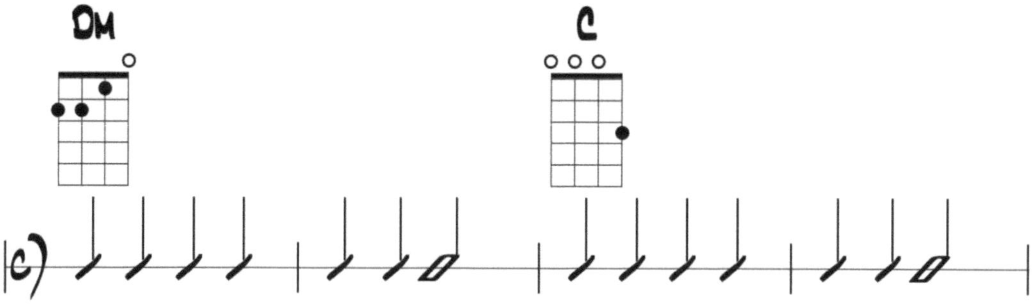


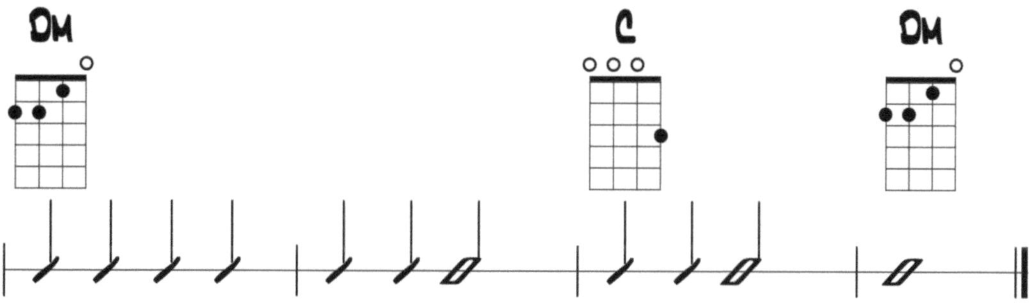

**Übung 49:**

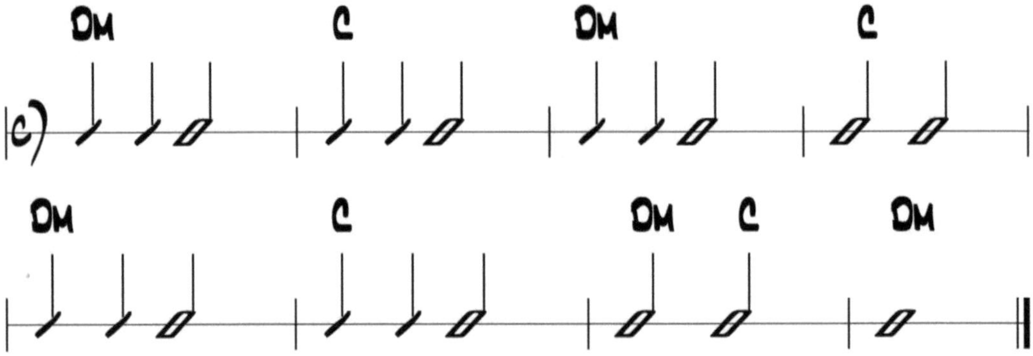


**Übung 50:**

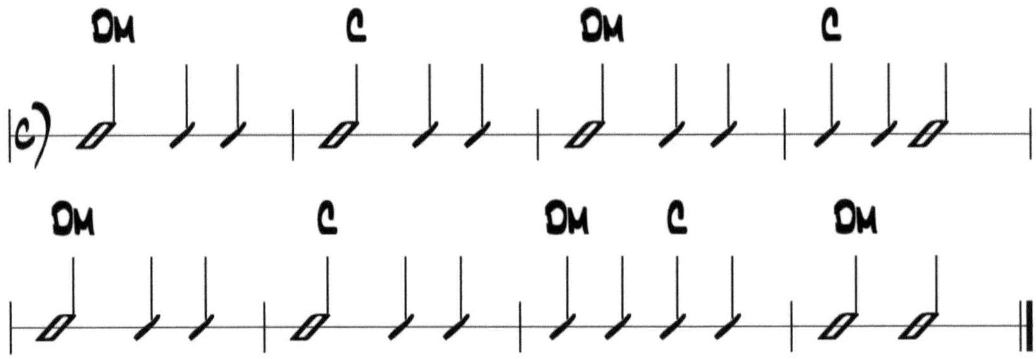

# The Drunken Sailor

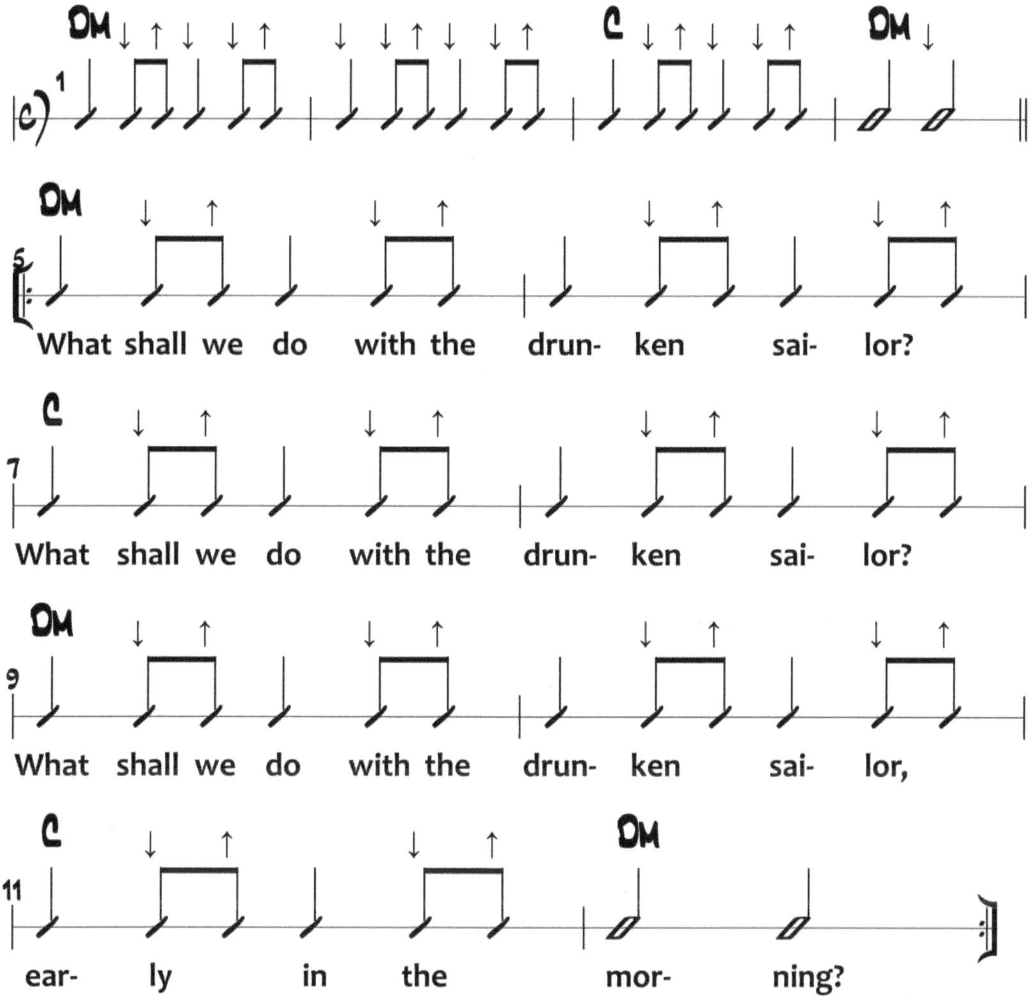


*Hooray and up she rises,*
*Hooray and up she rises,*
*Hooray and up she rises,*
*Early in the mornin'.*

*Shave his belly with a rusty razor, ... Early in the mornin'. Hooray and up she rises ...*

*We'll put him in a long boat 'til he's sober, ... Early in the mornin'. Hooray and up ...*

*Stick him in the scupper with a hosepipe on him, ... Early in the mornin'. Hooray ...*

*Put him in the bed with the captain's daughter, ... Early in the mornin'. Hooray ...*

*That's what we do with a drunken sailor, ... Early in the mornin'. Hooray ...*

# SCHRITT 12
# SCHLAGMUSTER 4 „DOWN / DOWN-UP / DOWN-UP / DOWN-UP“[17]

**Das kannst du schon:**

✓ massenweise Songs mit C-Dur, F-Dur und $G^7$ (Schritte 8-11)
✓ mit Schlagmuster 1-3 gleichzeitig singen und spielen
✓ den Anschlag mit dem Zeigefinger

Video 12

**In dieser Lektion lernst du …**

… ein neues Schlagmuster: „down / down-up / down-up / down-up"
…, wie man den Akkord **a-Moll** greift.
… drei neue musikalische Notationssymbole.
… zwei Songs mit dem neuen Schlagmuster.

## Darf ich vorstellen: Schlagmuster 4

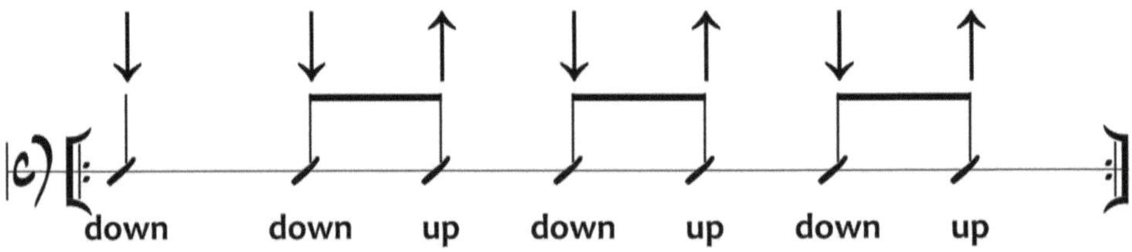


Kein Problem, oder? Ich bin mir sicher, dass du das hinkriegst. Im Zweifelsfall einfach mal ins Video zu dieser Lektion schauen!

### Neue musikalische Zeichen, Teil 1: Ab- und Aufschlag

Da du jetzt langsam dem Anfängerstadium entwachsen sein solltest, möchte ich dir eine neue Art der Notation von Ab- und Aufschlägen erläutern. Bisher habe ich das ja der Einfachheit halber mit Pfeilen nach unten bzw. oben gemacht. Das war aber nur eine Behelfslösung und entspricht nicht der offiziellen, sauberen Notationsweise. Die sieht nämlich so aus:

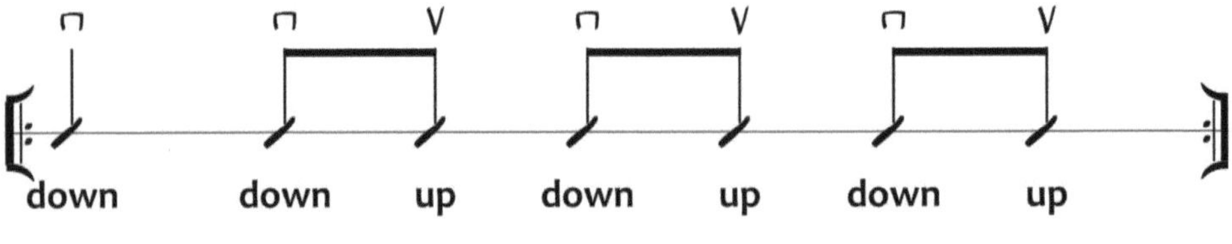


---

[17] Ein Video zu Schritt 12 kannst du dir hier anschauen: http://www.tinyurl.com/ukelimit-buch1-lektion12

Der Schlag nach unten wird also durch ein Viereck mit fehlender Bodenlinie dargestellt. Der Schlag nach oben durch einen Haken. So ist es seit jeher üblich. Lass dich nicht dadurch verwirren, dass dieses Zeichen einem Pfeil nach unten ähnelt. Der Haken heißt immer: Schlag nach oben! In den folgenden Songs verwende ich diese Notation immer nur am Anfang des Stückes. Wenn dann auch noch der Text dazu kommt, wären mir das zu viele Zeichen, die dich nur verwirren. Du weißt ja ohnehin: Der erste der beiden Achtelschläge geht immer nach unten, der auf „und“ geht immer nach oben.

**Neue musikalische Zeichen, Teil 2: Der Akzent**

Fast immer kann man einem Schlagmuster Pfiff verleihen, indem man manche Schläge lauter als die anderen anschlägt. Diese lauteren Schläge werden durch einen Akzent (querliegender Haken) gekennzeichnet:

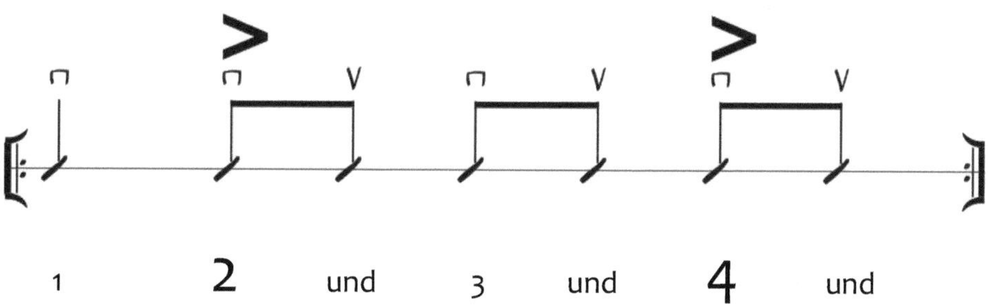


In vielen modernen Stücken werden die Schläge auf die Zählzeiten 2 und 4 betont. Versuche doch die beiden folgenden Songs einmal so zu spielen! Bei „Banks of the Ohio“ habe ich den Akzent mal eingezeichnet, damit du daran denkst. In den folgenden Songs kannst du das ja dann automatisch machen, wenn es dir gefällt.

# BANKS OF THE OHIO

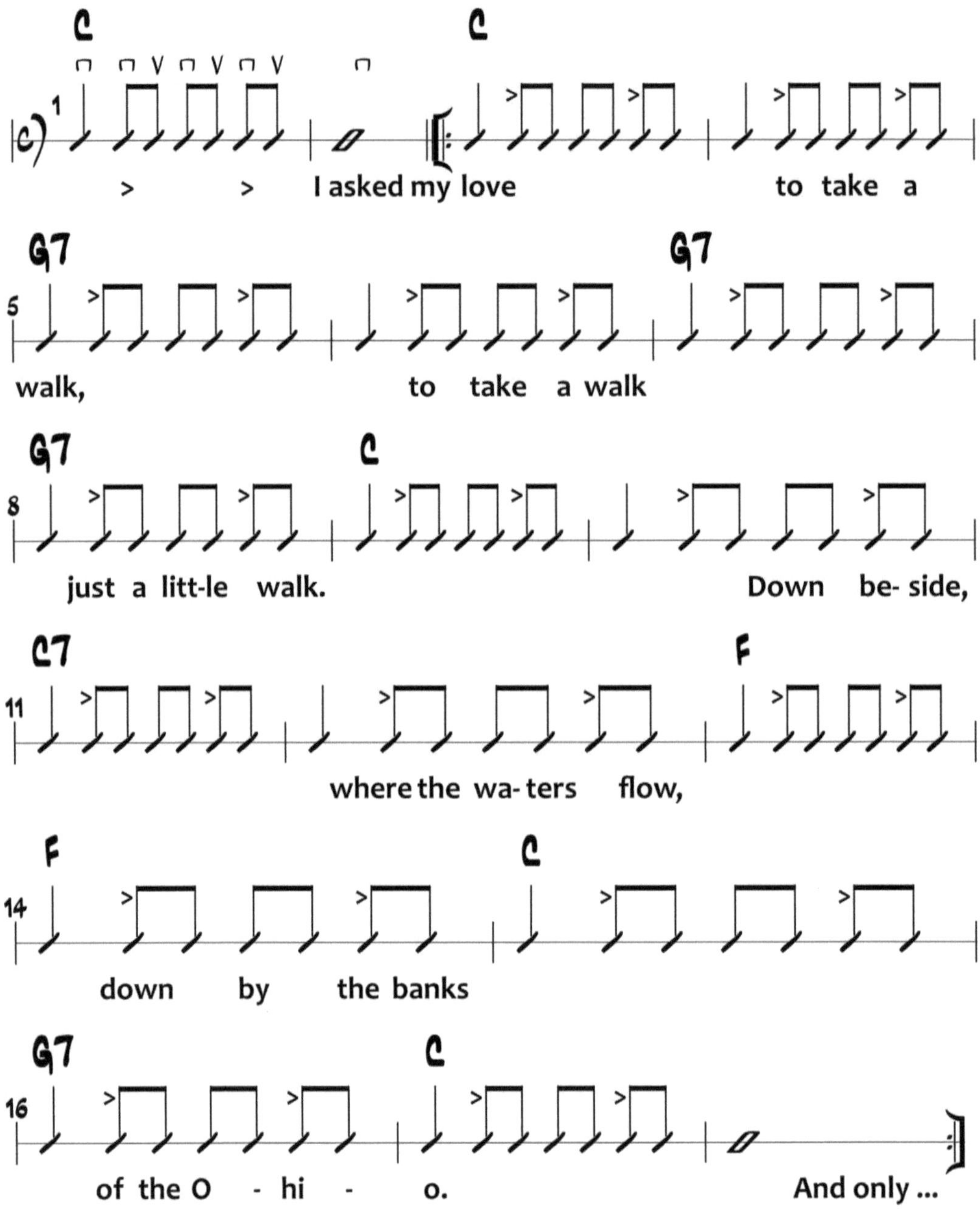


*And only say that you'll be mine,*
*In no others' arms entwine.*
*Down beside where the waters flow,*
*Down by the banks of the Ohio.*

*I held a knife against his breast*
*As into my arms he pressed.*
*He cried: "My love, don't you murder me*
*I'm not prepared for eternity."*

*I wandered home 'tween twelve and one,*
*I cried, "My God, what have I done?"*
*I've killed the only man I love,*
*He would not take me for his bride.*

*And only say that you'll be mine,*
*In no others' arms entwine.*
*Down beside where the waters flow,*
*Down by the banks of the Ohio.*

## Ein zweiter Moll-Akkord: a-Moll

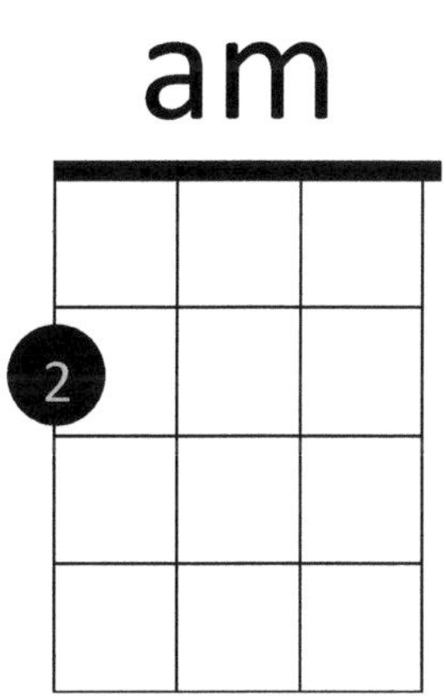


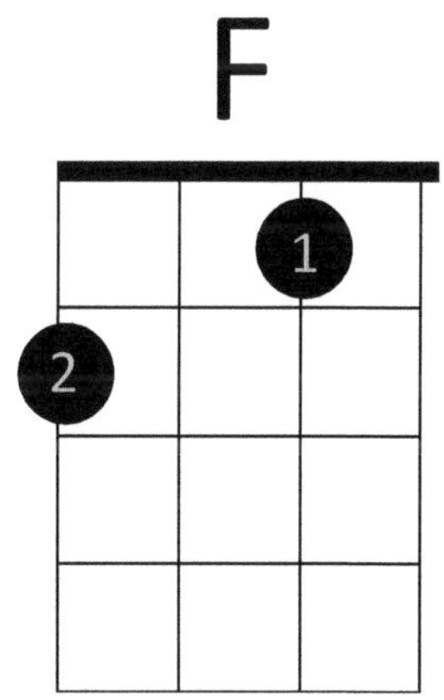


Wenn in einem Lied die Griffe C-Dur, F-Dur und $G^7$ vorkommen, ist meist auch a-Moll nicht weit. Es ist einer der einfachsten Griffe auf der Ukulele: einfach den Mittelfinger auf den 2. Bund der G-Saite, fertig!

Der Wechsel von a-Moll nach F-Dur und zurück ist super-einfach: Lege einfach den Zeigefinger dazu, schon wird aus a-Moll F-Dur. Nimmst du ihn weg, haben wir wieder a-Moll. Dass der Zeigefinger vor dem Wechsel von a-Moll nach F-Dur über dem 1. Bund der E-Saite schweben muss, ist dir mittlerweile sicher schon von alleine klar. Während der ganzen Wechselei bleibt der Mittelfinger immerzu liegen.

**Übung 51:**

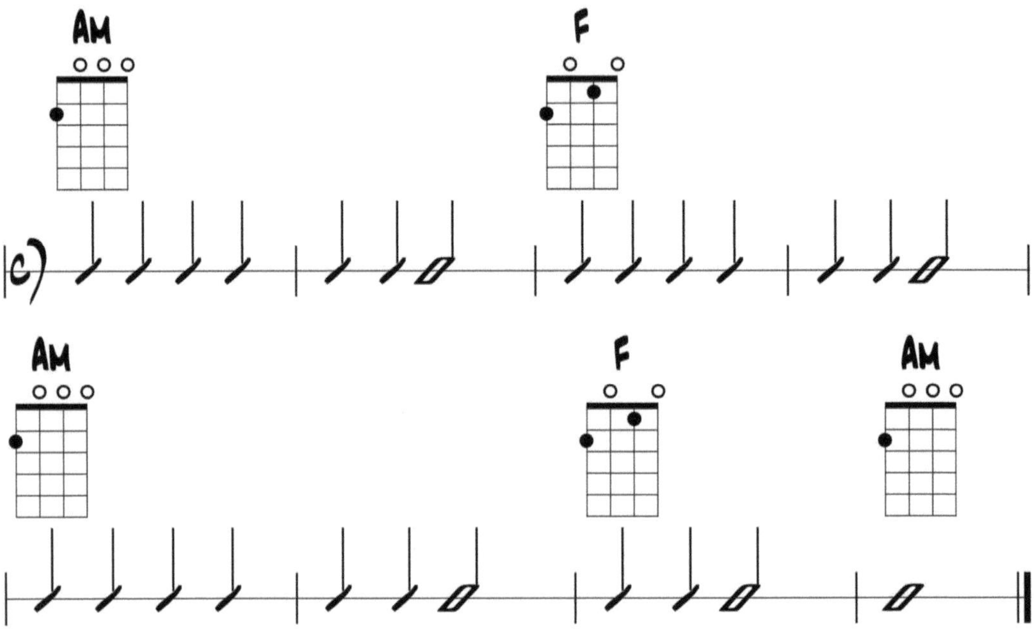


**Übung 52:**

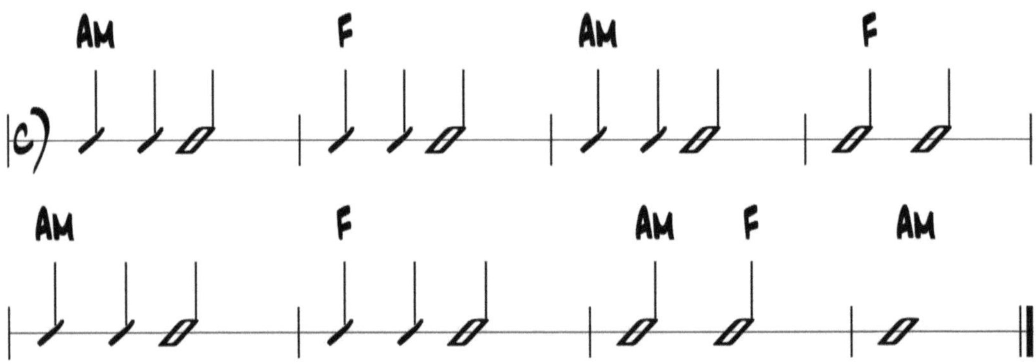

**Übung 53:**

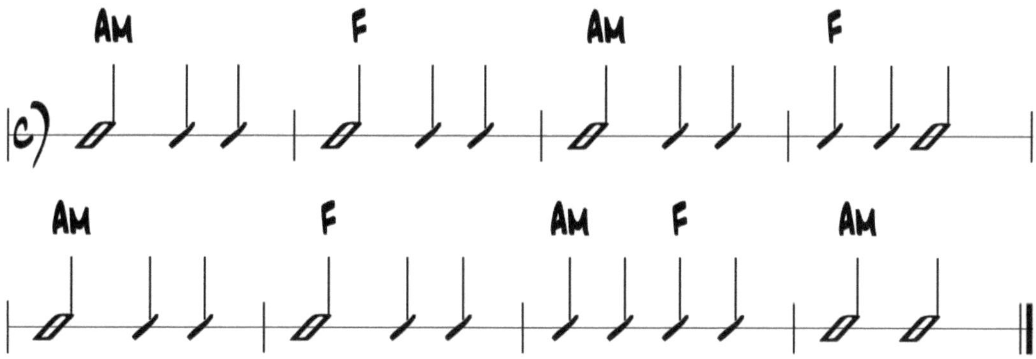


Dasselbe gilt für den Wechsel von C-Dur nach a-Moll. Vor dem Wechsel schwebt der Mittelfinger über dem 2. Bund der G-Saite, damit der Übergang schön geschmeidig wird. Willst du wieder zurück zu C-Dur, machst du es umgekehrt: Der kleine Finger schwebt in Habachtstellung über dem 3. Bund der A-Saite. Kein Problem, oder?

**Übung 54:**

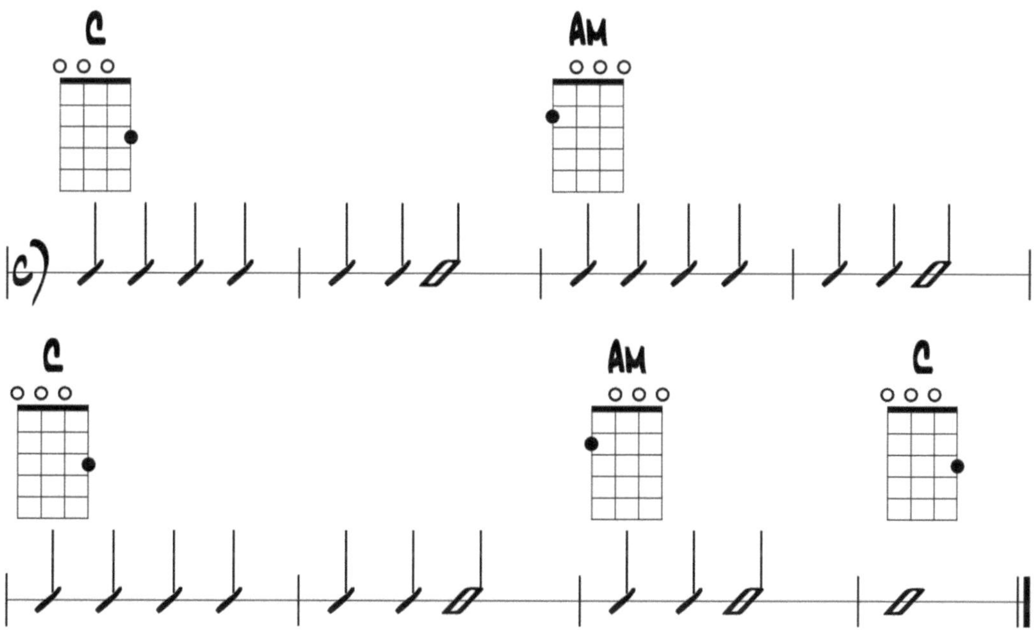

**Übung 55:**

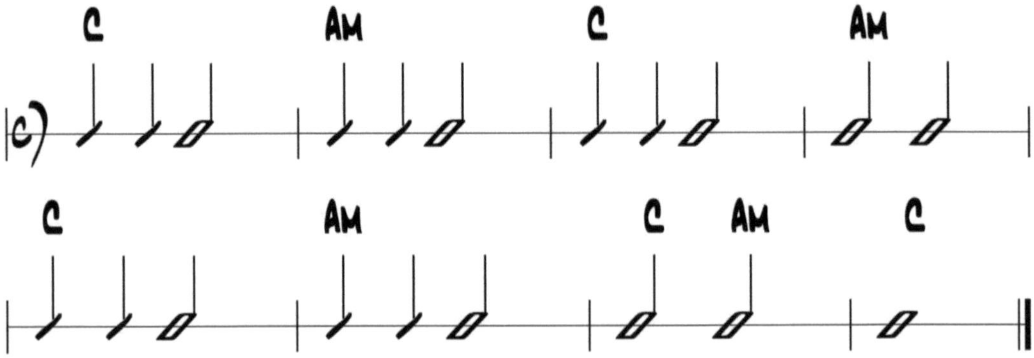


**Übung 56:**

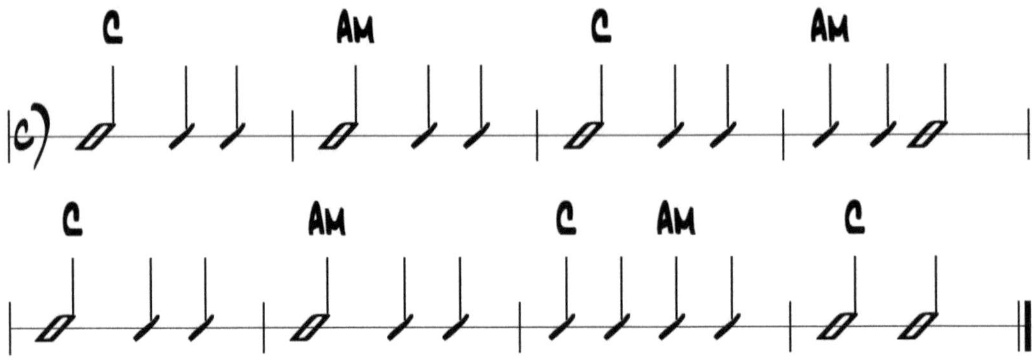

# Whiskey in the Jar

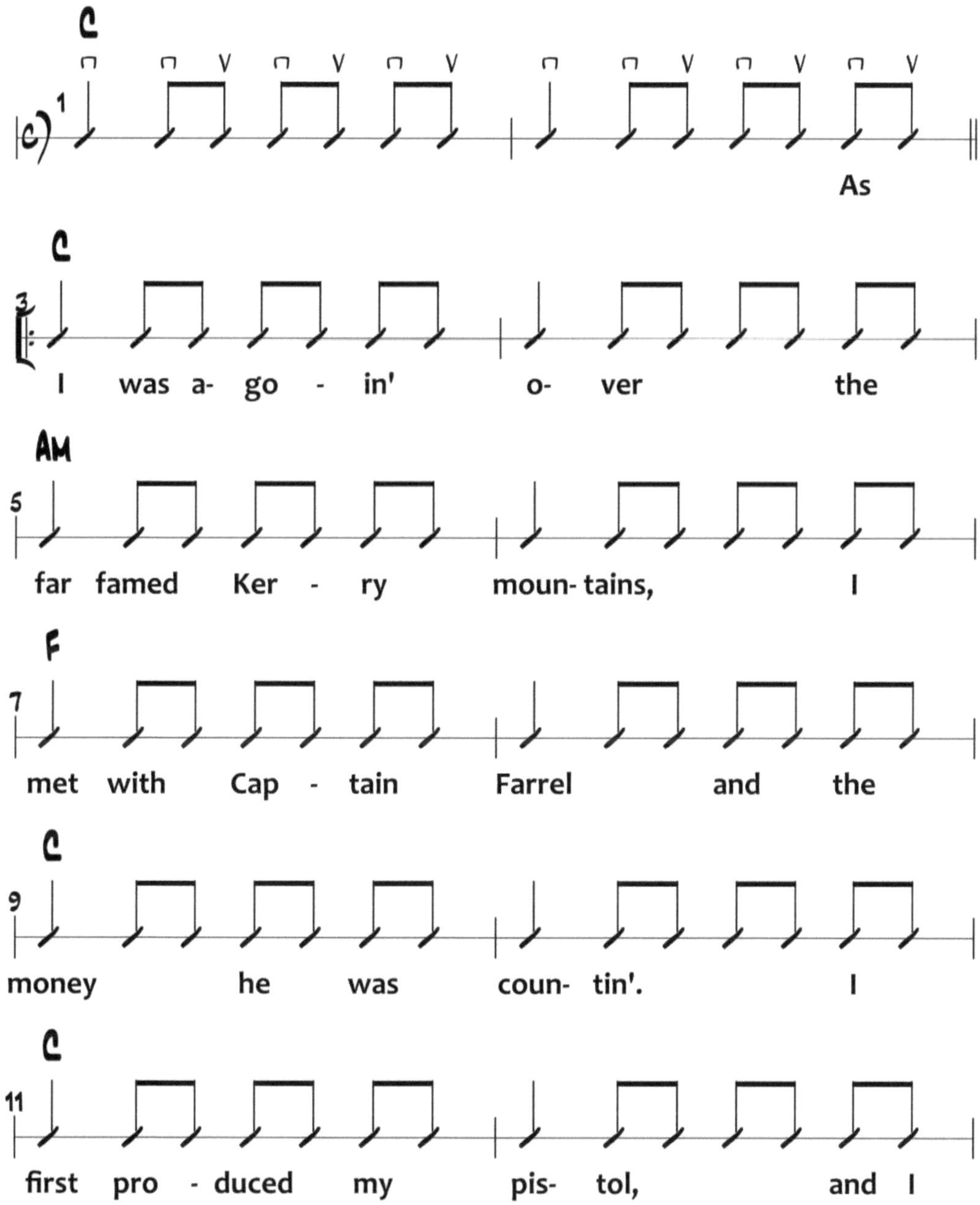

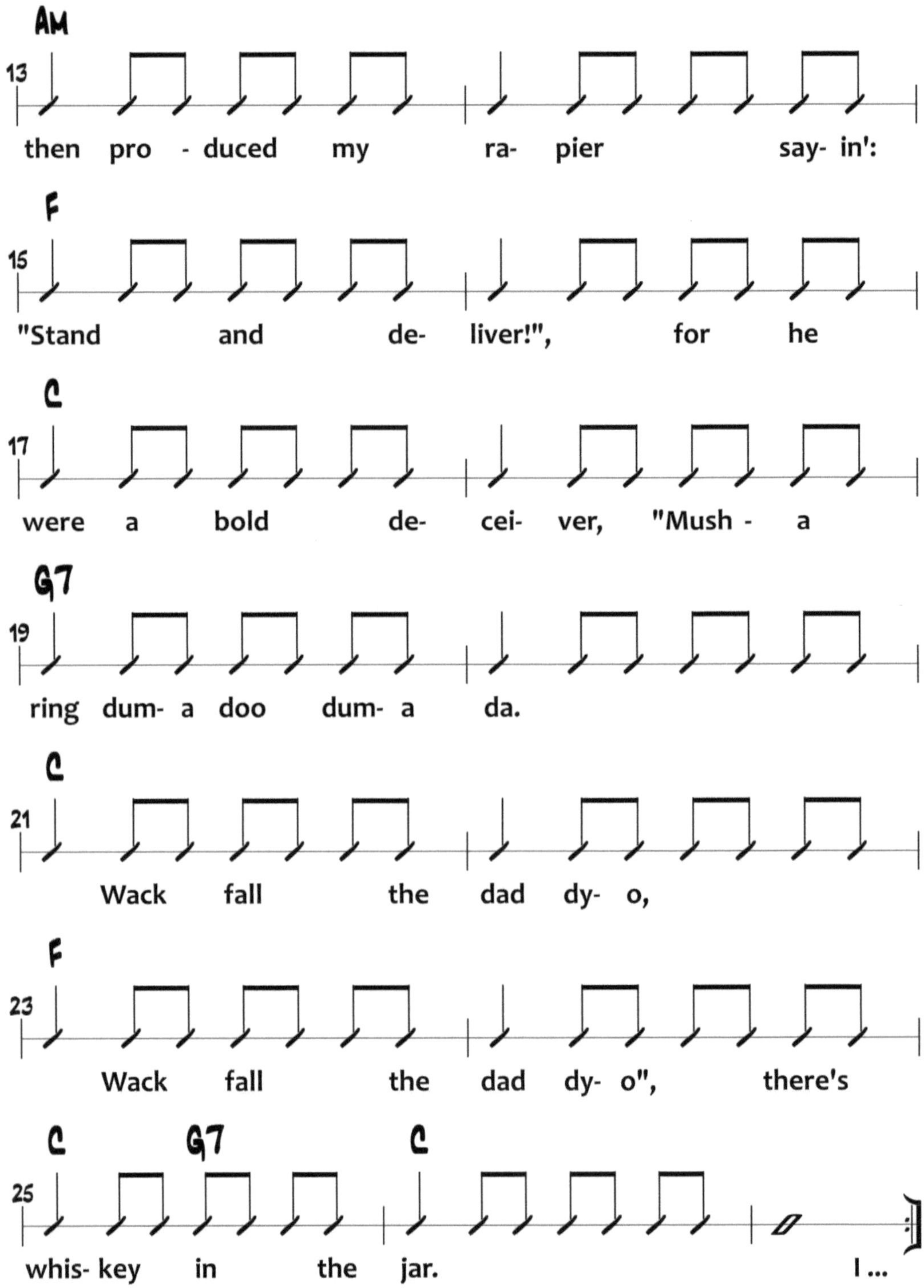
Am
13
then pro - duced my ra- pier say- in':
F
15
"Stand and de- liver!", for he
C
17
were a bold de- cei- ver, "Mush - a
G7
19
ring dum- a doo dum- a da.
C
21
Wack fall the dad dy- o,
F
23
Wack fall the dad dy- o", there's
C G7 C
25
whis- key in the jar. I ...

*I counted out his money and it made a pretty penny.*
*I put it in me pocket and I took it home to Jenny.*
*She sighed and she swore that she never would deceive me,*
*But the devil take the women for they never can be easy.*
*Mush-a ring dum-a do dum-a da ...*

*I went up to my chamber, all for to take a slumber.*
*I dreamt of gold and jewels and for sure 't was no wonder.*
*But Jenny drew me charges and she filled them up with water.*
*Then sent for captain Farrell to be ready for the slaughter.*
*Mush-a ring dum-a do dum-a da ...*

*'Twas early in the morning, just before I rose to travel.*
*Up comes a band of footmen and likewise captain Farrell.*
*I first produced me pistol for she stole away me rapier.*
*I couldn't shoot the water, so a prisoner I was taken.*
*Mush-a ring dum-a do dum-a da ...*

*If anyone can aid me, 't is my brother in the army.*
*If I can find his station in Cork or in Killarney.*
*And if he'll go with me, we'll go rovin' in Kilkenny.*
*And I'm sure he'll treat me better than my own a-sporting Jenny.*
*Mush-a ring dum-a do dum-a da ...*

UKULELE-SPLITTER — Zitate

„Als Kind war die Ukulele für mich immer ein hoch geschätztes Instrument. Sie ist ein bedeutender Teil unserer Kultur. Erst als ich anfing, außerhalb Hawaiis zu reisen, habe ich gemerkt, dass die Leute die Ukulele gar nicht als richtiges Instrument betrachteten."

*Jake Shimabukuro*

## Ausfallschritt 1: Wie baut man eine Übe-Sitzung auf?

Erinnere dich an die goldene Regel: Lieber an fünf Tagen die Woche 30 Minuten üben als an einem Tag zweieinhalb Stunden. Ich will dir hier kurz eine Möglichkeit vorstellen, diese 30 Minuten sinnvoll zu strukturieren:

Vorbereitung:

- Richte dir eine feste Ecke in deiner Wohnung ein, an der du immer übst. Dort sollten diese Dinge bereitstehen: Notenständer, deine Bücher und Notenblätter, dein Metronom, ein Ukulele-Ständer mit Ukulele, etwas zum Schreiben. Und was du sonst noch brauchst.
- Schalte dein Handy in den Flugmodus. Packe alles weg, was nichts mit der Ukulele zu tun hat.
- Sorge dafür, dass absolute Ruhe ist. Schließe die Tür ab. Vielleicht hast du eine feste Übe-Zeit, sodass deine Mitbewohner wissen, wann sie mal auf dich verzichten müssen.

Minute 0-5: Technik/Warm-up, z.B. …

- … Tonleitern
- … Fingerübungen (wie in Schritt 2)
- … Schlagmuster/Zupfmuster wiederholen
- … Rhythmusgefühl schulen: Zählen mit Metronom, klopfen, Füße tippen usw.

Bitte hier schon Metronom verwenden!

Minute 5-20: Ich lerne etwas Neues, z.B. …

- … ein neues Lied
- … einen neuen Akkord
- … ein neues Schlagmuster/Zupfmuster

Nimm dir nicht zu viel vor, arbeite in kleinen Portionen! Achte darauf, so sauber wie möglich zu spielen. Das fällt dir leichter, wenn du mit neuen Dingen ganz langsam beginnst. Verwende dein Metronom und führe ein Übetagebuch, in dem du die *bpm* (*beats per minute*) für jedes Stück notierst. Steigere das Tempo langsam!

Minute 20-30: Ich spiele Sachen, die ich schon kann!

- Nimm dir ein oder zwei alte Songs vor.
- Sei kreativ mit ihnen: Schlagmuster oder lieber *fingerstyle* (→ Schritt 14)? Welches Tempo ist gut? Kann man die Lautstärke variieren?

Habe Spaß und genieße dein Hobby – zur Not auch mal ohne Metronom! 😉

# SCHRITT 13
# SCHLAGMUSTER 5 – „DOWN / DOWN-UP / (-) UP / DOWN-UP“[18]

**Das kannst du schon:**

- ✓ die Griffe C-Dur, F-Dur, $G^7$, a-Moll und d-Moll
- ✓ mit den Schlagmustern 1-4 gleichzeitig singen und spielen
- ✓ den Anschlag mit dem Zeigefinger

Video 13

**In dieser Lektion lernst du ...**

... die Allzweckwaffe unter den Schlagmustern: „down / down-up / (-) up / down-up”
..., dass der Unterarm bei **jedem** Schlagmuster regelmäßig runter und rauf geht.
..., wie man die Akkorde **e-Moll** und **G-Dur** greift.
... fünf Songs mit dem neuen Schlagmuster.

## Darf ich vorstellen: Schlagmuster 5

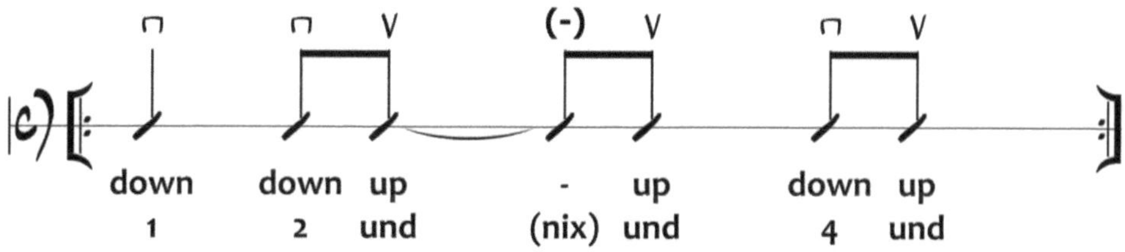


Dieses Schlagmuster ist wirklich sehr weit verbreitet. Es gibt Ukulele-Enthusiasten, die es nahezu ausschließlich verwenden[19]. Deswegen musst auch du es im Schlaf beherrschen. Es ist zwar ein klein wenig komplexer als die Schlagmuster 1-4, wir kriegen das aber hin, versprochen! Wenn du das Video anschaust, wirst du es sehr schnell verstehen. Aber hier erkläre ich es erst mal in aller Ausführlichkeit:

Das Allerwichtigste zuerst: Der Rhythmus des Schlagmusters ist etwas vertrackter als bei den Schlagmustern 1-4. Der Grund: Auf Zählzeit 3 erfolgt kein Anschlag. Oben im Schlagmuster habe ich deswegen „nix“ hingeschrieben. Der Schlag auf „2 und“ klingt einfach durch. Das wird durch den „Haltebogen“ verdeutlicht, der die Töne auf „2und“ und „3“ zu einem einzigen, etwas längeren Ton macht. Trotzdem musst du den Takt im Kopf weiter gnadenlos durchhalten, ansonsten wird es unrhythmisch. Und dafür gibt es eine goldene Regel: **Der Unterarm geht immerzu *down / up / down / up* - egal was auch passiert!** Dadurch hast du immer einen gleichmäßig fließenden Rhythmus. Ob die Finger die Saiten dann anschlagen oder nicht, ist eine andere Frage. Hauptsache der Arm zieht erstmal den regelmäßigen *beat* durch.

---

[18] Ein Video zu Schritt 13 kannst du dir hier anschauen: http://www.tinyurl.com/ukelimit-buch1-lektion13

[19] Man kann es allerdings nur für Stücke im 4/4-Takt verwenden. Bei 3/4-Takt musst du ausweichen!

Ich will das Schlagmuster 5 einmal unter das Mikroskop legen und für jede Achtel im Takt genau erklären, was passiert:

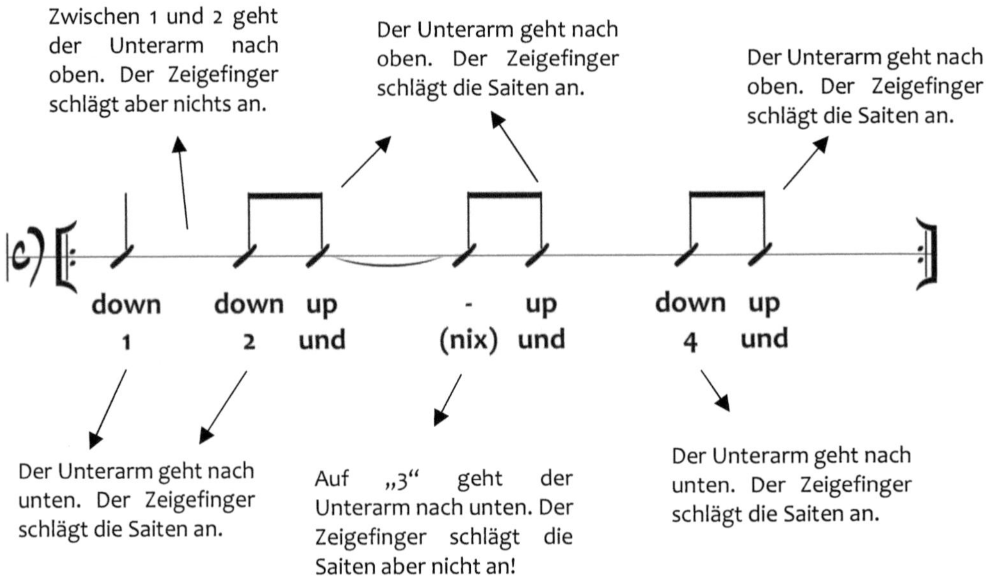


Du siehst in der Übersicht, dass vier Pfeile nach unten zeigen und vier nach oben. Das bedeutet, dass sich der Oberarm insgesamt viermal nach unten und viermal nach oben bewegt. Andererseits siehst du nur drei „*downs*“ und drei „*ups*“. Die Saiten werden also nur sechsmal wirklich angeschlagen. Zweimal macht der Unterarm also eine Art „Leerbewegung“, die dazu dient, die Finger wieder an die richtige Stelle zu befördern. Ganz nebenbei hilft dir diese Leerbewegung dabei, den Rhythmus des Schlagmusters gleichmäßig beizubehalten, auch wenn gerade keine Saiten angeschlagen werden.

Hast du das Prinzip verstanden? Vielleicht bist du eher der analytisch-strukturierte Typ und kannst mit folgender Übersicht etwas anfangen:

| Zählzeit | Bewegungsrichtung Unterarm | Schlägt der Zeigefinger an? |
|---|---|---|
| 1 | runter | ja |
| *und* | rauf | nein |
| 2 | runter | ja |
| *und* | rauf | ja |
| 3 | runter | nein |
| *und* | rauf | ja |
| 4 | runter | ja |
| *und* | rauf | ja |

Wenn du das hier alles durchgearbeitet hast und dann auch noch das Video dazu anschaust, wirst du sicherlich bald das Geheimnis von Schlagmuster 5 enträtselt haben.

Und dann heißt es üben, üben, üben! Ohne dieses *strumming pattern* wirst du bei jedem Ukulele-Stammtisch skeptische Blicke ernten. Das Schlagmuster ist so weit verbreitet, dass es unter verschiedenen Namen firmiert: „*Island-Strum*", „*Calypso Strum*" oder einfach „*down / down-up / up / down up*". Manche nennen es auch das Schweizer Taschenmesser unter den Schlagmustern.

Also: Ran and den Speck! Und sobald du dich einigermaßen sicher damit fühlst, wagst du dich an die folgenden drei Songs, die allesamt mit Schlagmuster 5 gespielt werden. Viel Spaß dabei!

Der erste Song ist noch einmal der amerikanische Gospel „Oh When the Saints", den wir schon in Schritt 9 gelernt haben. Ich möchte ihn aber unbedingt hier nochmals mit Schlagmuster 5 präsentieren, da sich die Melodie gut dazu singen lässt.

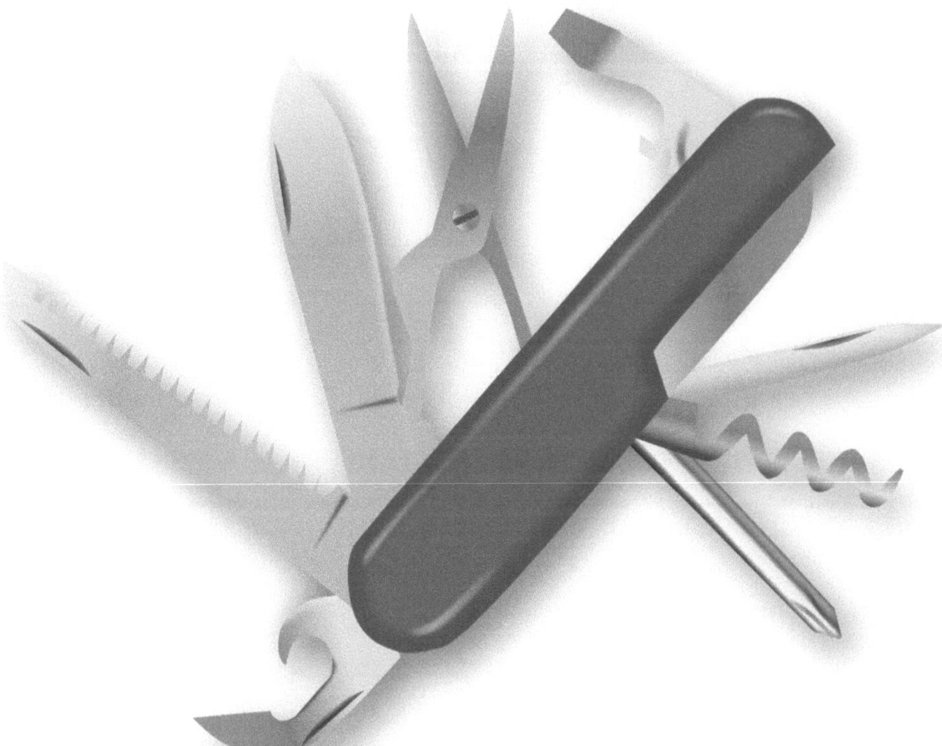

| UKULELE-SPLITTER | Zitate |
|---|---|

„If everyone played the ukulele, the world would be a better place."

*Jake Shimabukuro*

# Oh When the Saints

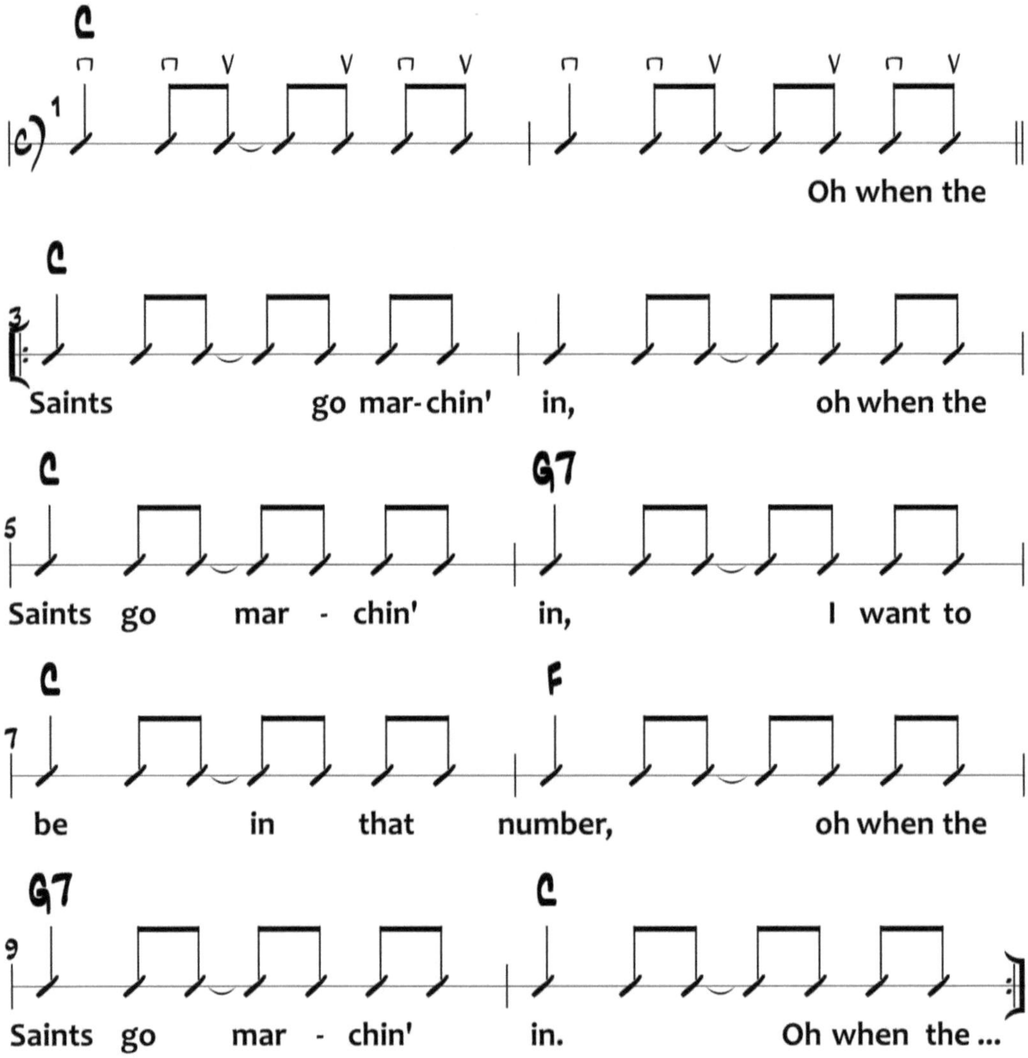


*Oh, when the sun refuse to shine …*

*Oh when they crown Him Lord of All …*

*Oh, when they gather 'round the throne …*

## Moll-Akkord Nummer 3: e-Moll

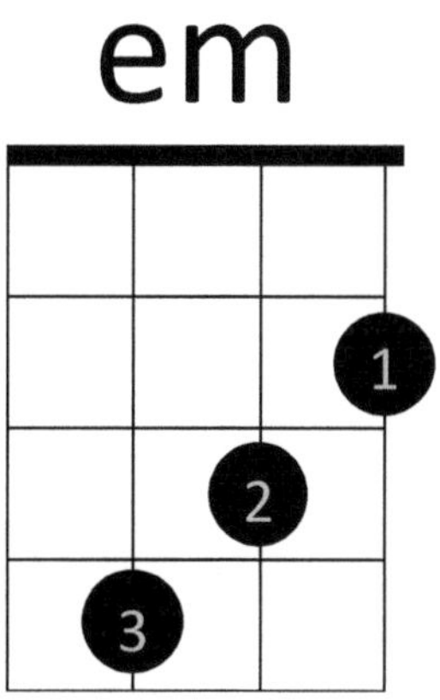

Wenn in einem Lied die Griffe C-Dur, F-Dur und $G^7$ vorkommen, schleicht sich manchmal auch ein e-Moll mit rein. Deswegen will ich dir diesen Griff hier vorstellen.

Man kann sich den Griff einprägen, wenn man sich vorstellt, dass die Finger wie auf einer Treppe aufgereiht sind:

Zeigefinger auf Bund 2 der A-Saite
Mittelfinger auf Bund 3 der E-Saite
Ringfinger auf Bund 4 der C- Saite

Gleich mal vorneweg: Er ist nicht leicht zu greifen. Hab Geduld und übe den e-Moll-Griff regelmäßig und langsam. Ich empfehle dir hierfür die Übung 39. Immer und immer wieder, am besten täglich. Irgendwann hast du ihn drauf!

Für die Griffwechsel zu den anderen Griffen aus der C-Dur-Familie gibt es leider keine besonderen Tricks. Da drei Finger im Einsatz sind und der kleine Finger weit weg von den gewohnten Gefilden, musst du einfach schnell sein. Aber vergiss nicht die goldene Regel: immer alle Finger des Akkordes gleichzeitig auf die Saiten legen! Bitte nicht gemütlich einen nach dem anderen. Sonst lernst du es nie!

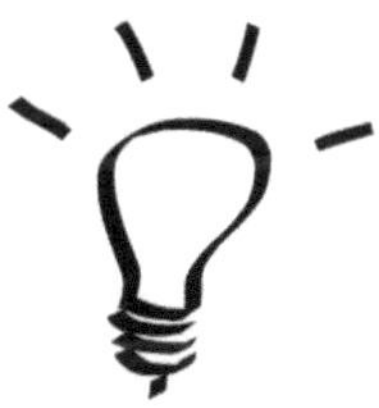

**Einen Kniff gibt es aber doch, den**
**Glühbirnchen-Trick!**

Das Zauberwort heißt „Visualisierung". Stell dir vor, du willst von C-Dur nach e-Moll wechseln. Dann stell dir schon während des C-Dur-Griffes in deinem Kopf genau bildlich vor, wo die Finger beim e-Moll liegen müssen. Visualisiere sie! Stelle dir vor, dass hinter dem 2. Bund der A-Saite ein Lämpchen angeht, oder eine LED. Auch hinter dem 3. Bund der E-Saite und dem 4. Bund der C-Saite. Und wenn diese kleinen Lampen richtig hell aufleuchten, dann müssen beim Griffwechsel nur noch die Finger drauf, alle gleichzeitig natürlich. Aber das geht ganz schnell, da dein Kopf ja schon ganz genau weiß, wo sie hinmüssen. Visualisieren des nächsten Griffes hilft enorm bei jedem Akkordwechsel! Nicht nur bei e-Moll.

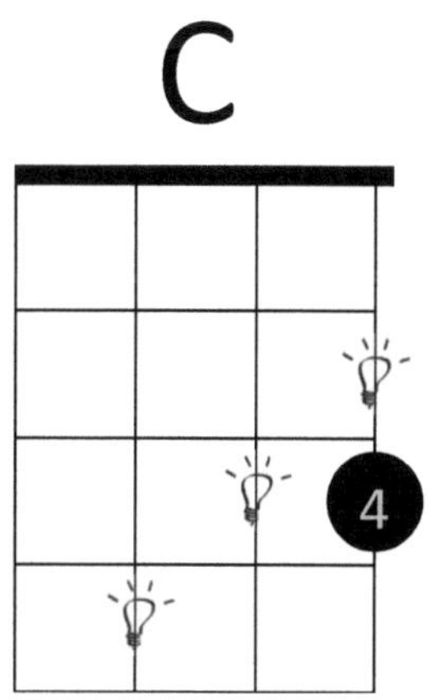

Bevor wir den neuen Griff in einem Lied einsetzen, möchte ich, dass du die folgenden Übungen gewissenhaft durcharbeitest. Fange langsam an, benutze ein Metronom und steigere langsam das Tempo. Erst wenn der Griffwechsel ohne Verschleppung des Rhythmus läuft, solltest du dich auf das Lied stürzen.

**Übung 57:**

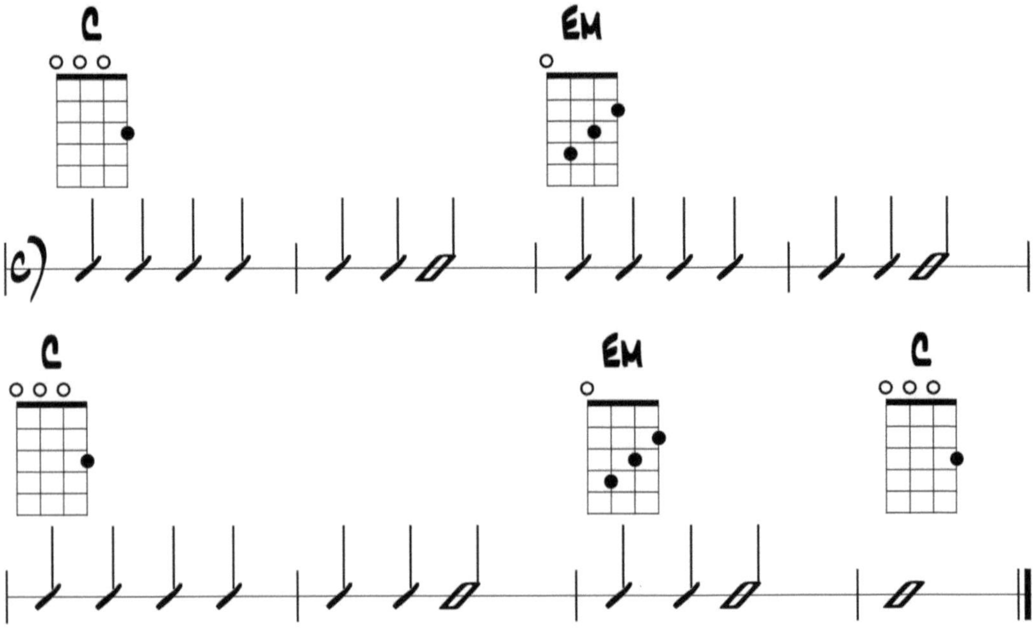


**Übung: 58:**

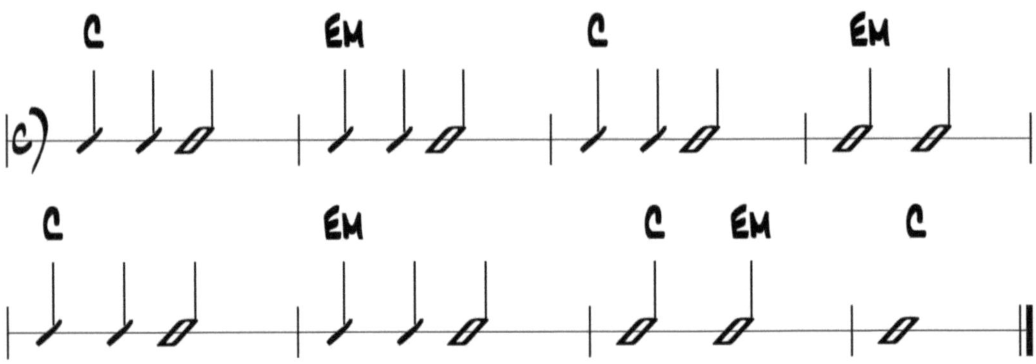


**Übung 59:**

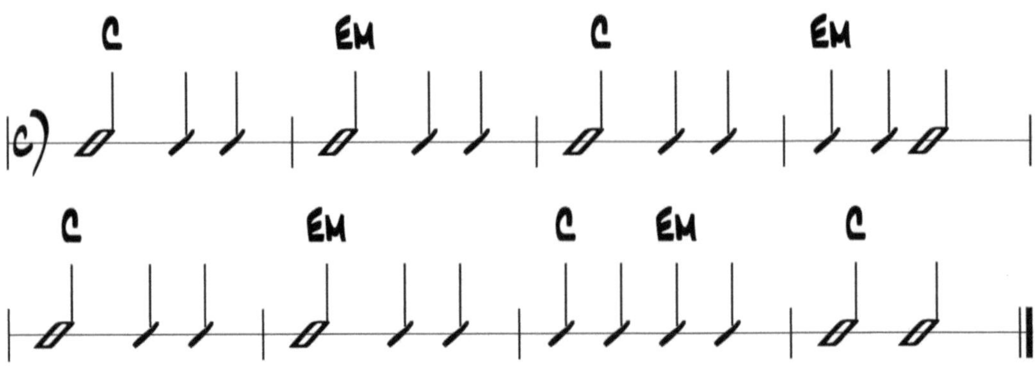

**Übung 60:**

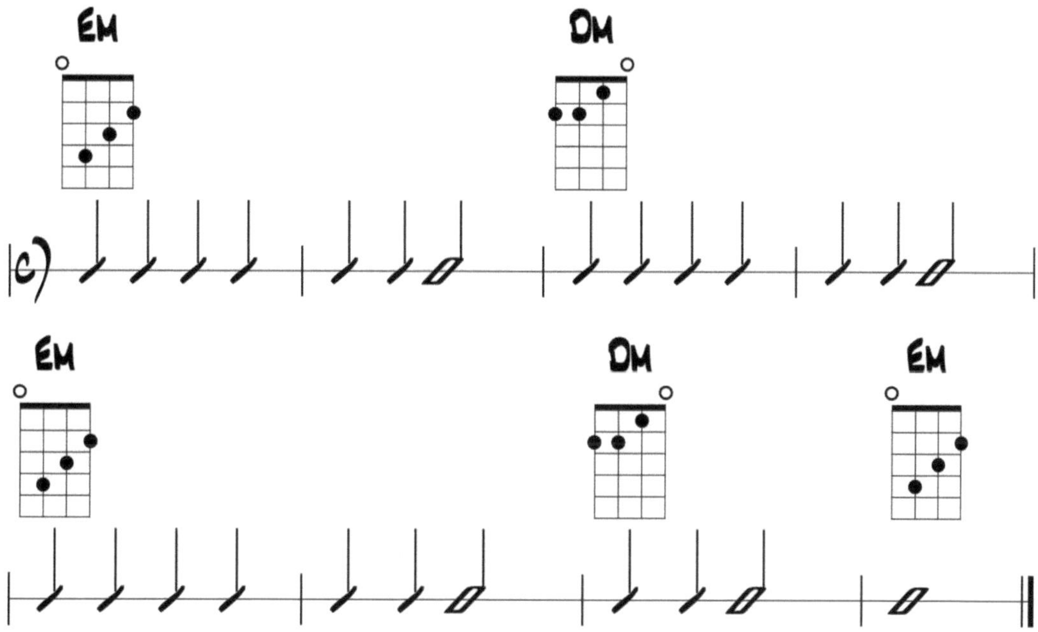


**Übung 61:**

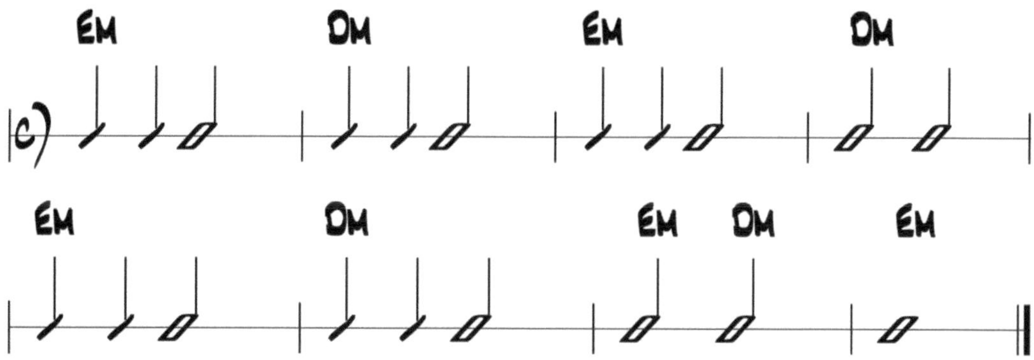


**Übung 62:**

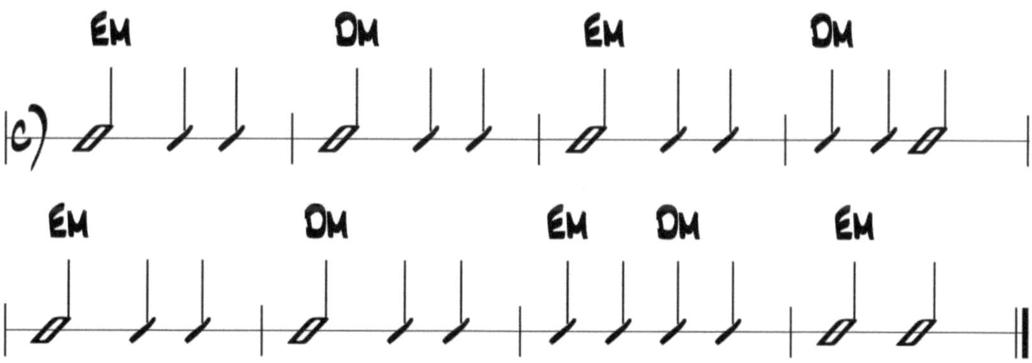

# Michael Row the Boat Ashore

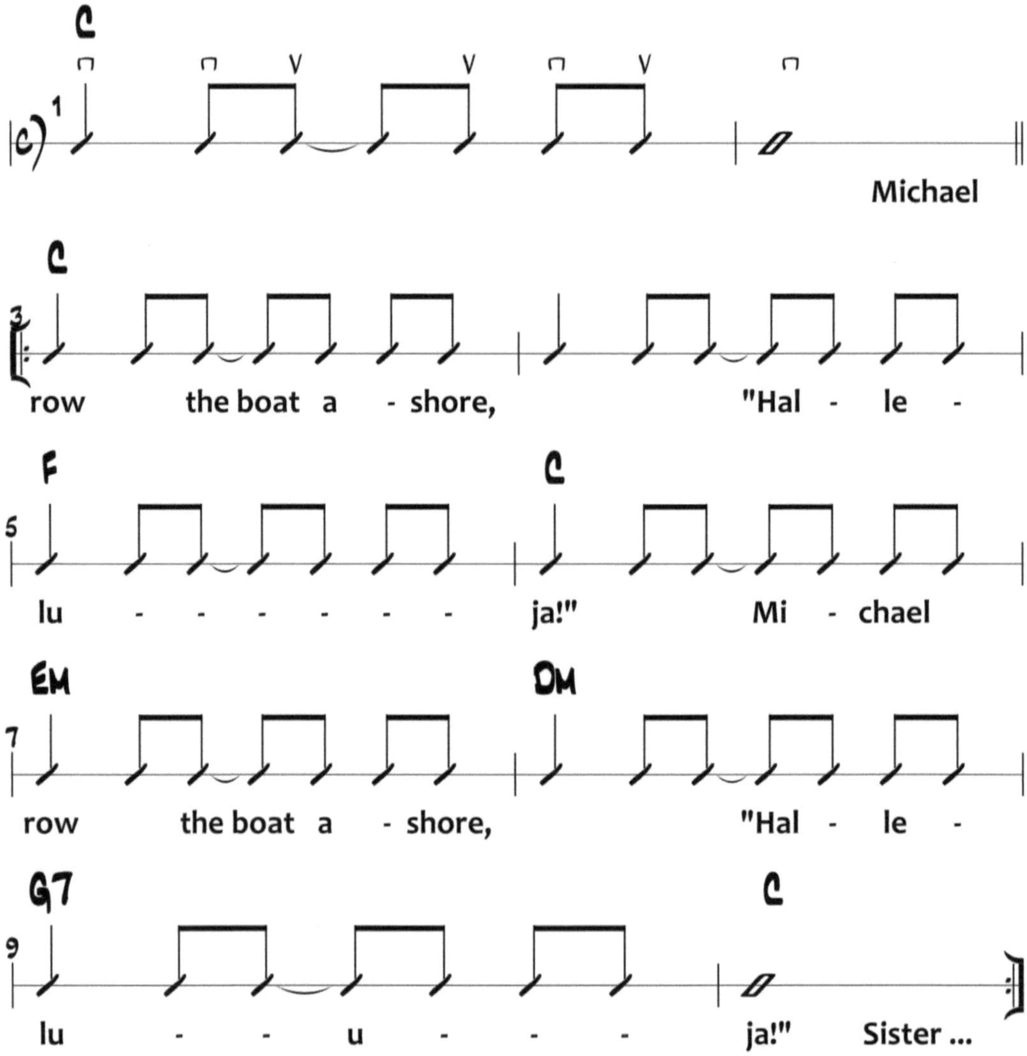


*Sister help to trim the sails, hallelujah!*
*Sister help to trim the sails, hallelujah! Michael row …*

*Jordan's River is deep and wide, hallelujah!*
*And I've got a home on the other side, hallelujah! Michael row …*

*Michael's boat is a music boat, hallelujah!*
*Michael's boat is a music boat, hallelujah! Michael row …*

*The trumpets sound the Jubilee, hallelujah!*
*The trumpets sound for you and me, hallelujah! Michael row …*

## Der große Bruder von $G^7$: G-Dur

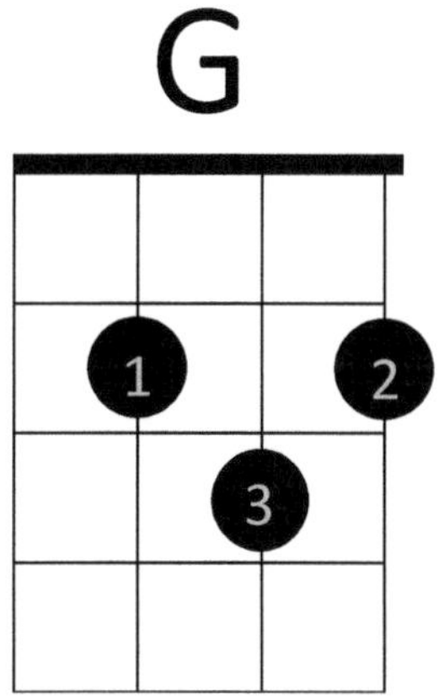


Vielleicht hast du dich schon gefragt, warum hinter „C“ und „F“ jeweils „Dur“ stand, aber hinter „G“ eine hochgestellte „7“. Die Antwort ist: $G^7$ ist leichter zu greifen als G-Dur. Vor allem der Griffwechsel zwischen F-Dur und $G^7$ ist sehr leicht zu bewerkstelligen. Außerdem kann man in Liedern, die mit C-Dur beginnen, $G^7$ und G-Dur oft beliebig und je nach Geschmack austauschen. Doch ich kann dich natürlich nicht aus diesem Buch entlassen, ohne dass du den eigentlichen G-Dur-Akkord gelernt hast.

| | |
|---|---|
| Mittelfinger auf Bund 2 | der A-Saite |
| Ringfinger auf Bund 3 | der E- Saite |
| Zeigefinger auf Bund 2 | der C-Saite |

Du siehst ihn hier oben. Übe ihn täglich (Übung 39!) und übe auch die Griffwechsel mit F-Dur und C-Dur. Der Wechsel zwischen C-Dur und G-Dur ist leicht: Während du C-Dur spielst, lässt du die anderen drei Finger über ihrem G-Dur-Ort schweben. Während du G-Dur spielst, lässt du den kleinen Finger über dem 3. Bund der A-Saite schweben. Das kennen wir ja schon. Beim Wechsel zwischen G-Dur und F-Dur klappt das Schweben leider gar nicht. Da hilft nur Visualisieren! Also: LEDs an und los geht’s. Kannst ja weiter oben in dieser Lektion nochmal schauen, wie das geht.

**Übung 63:**

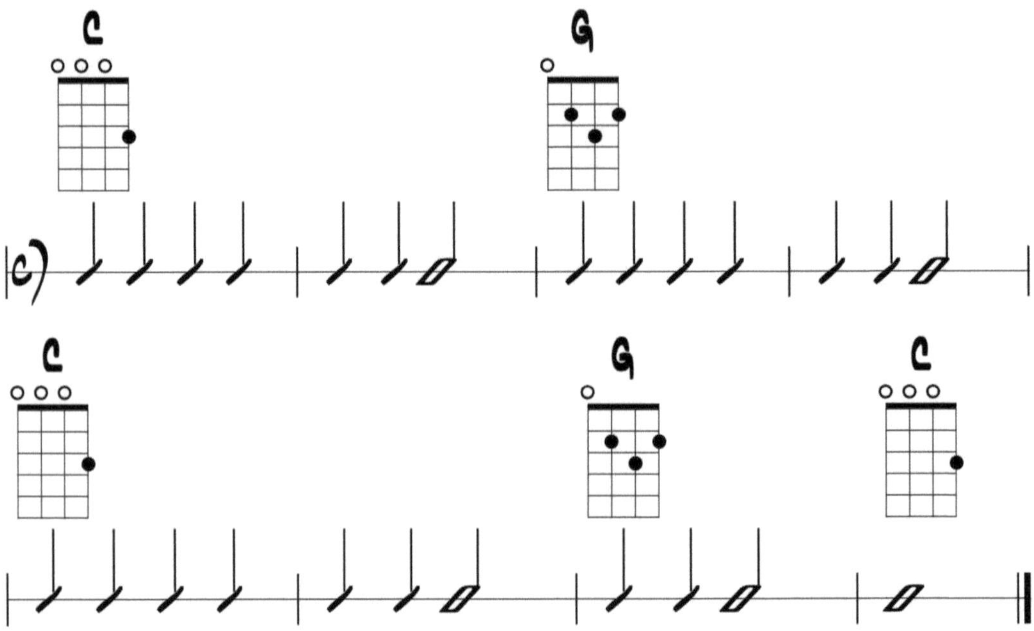


**Übung 64:**

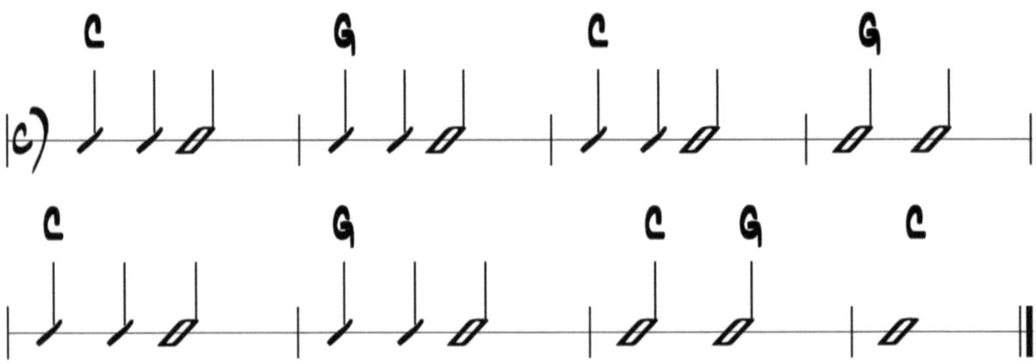


**Übung 65:**

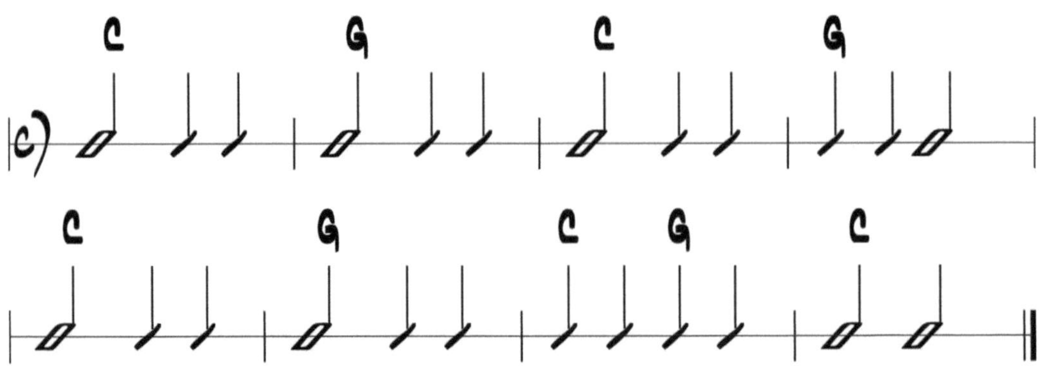

**Übung 66:**

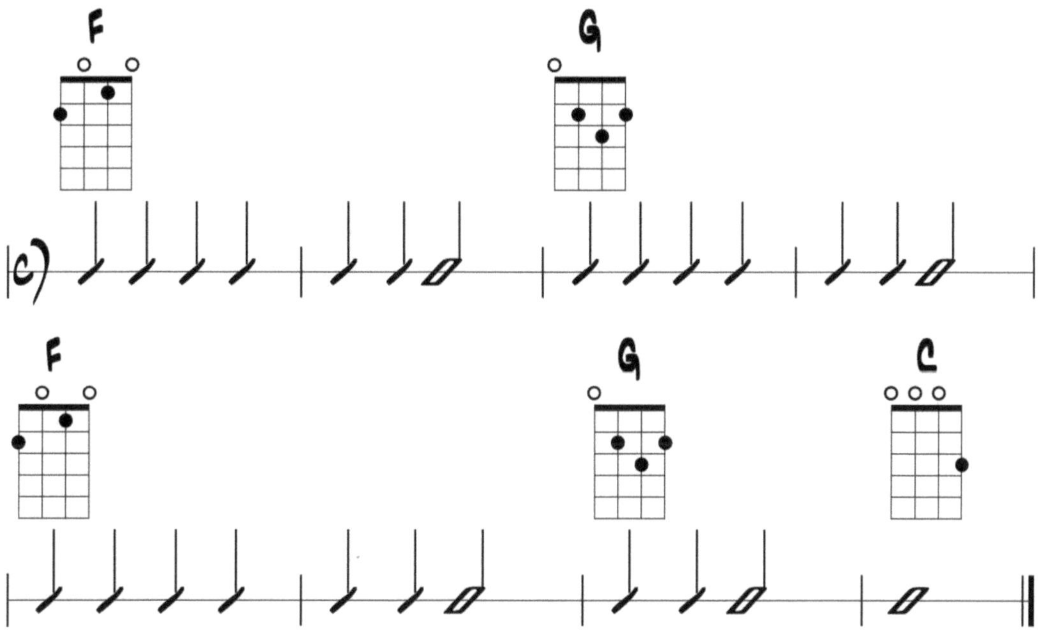


**Übung 67:**

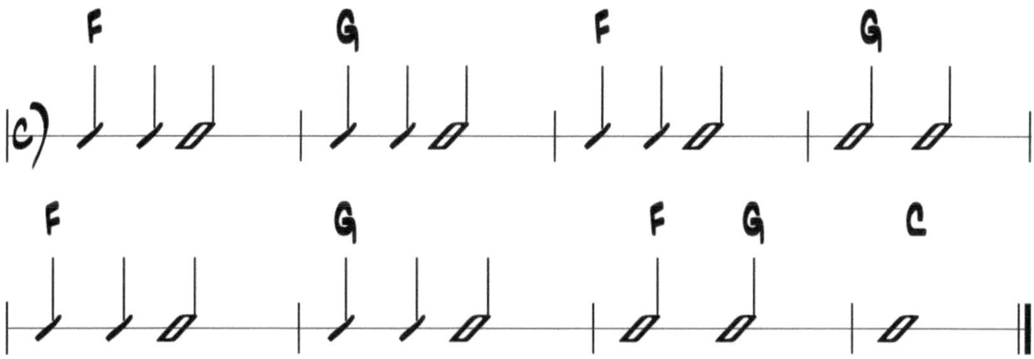


**Übung 68:**

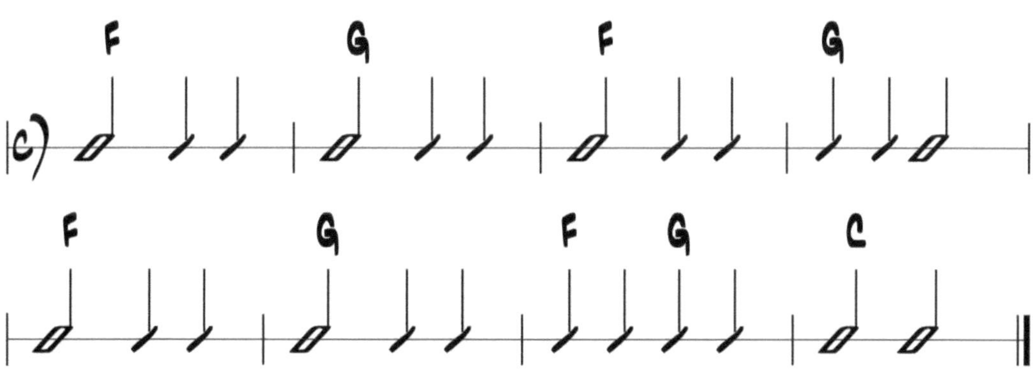

# Peace like a River

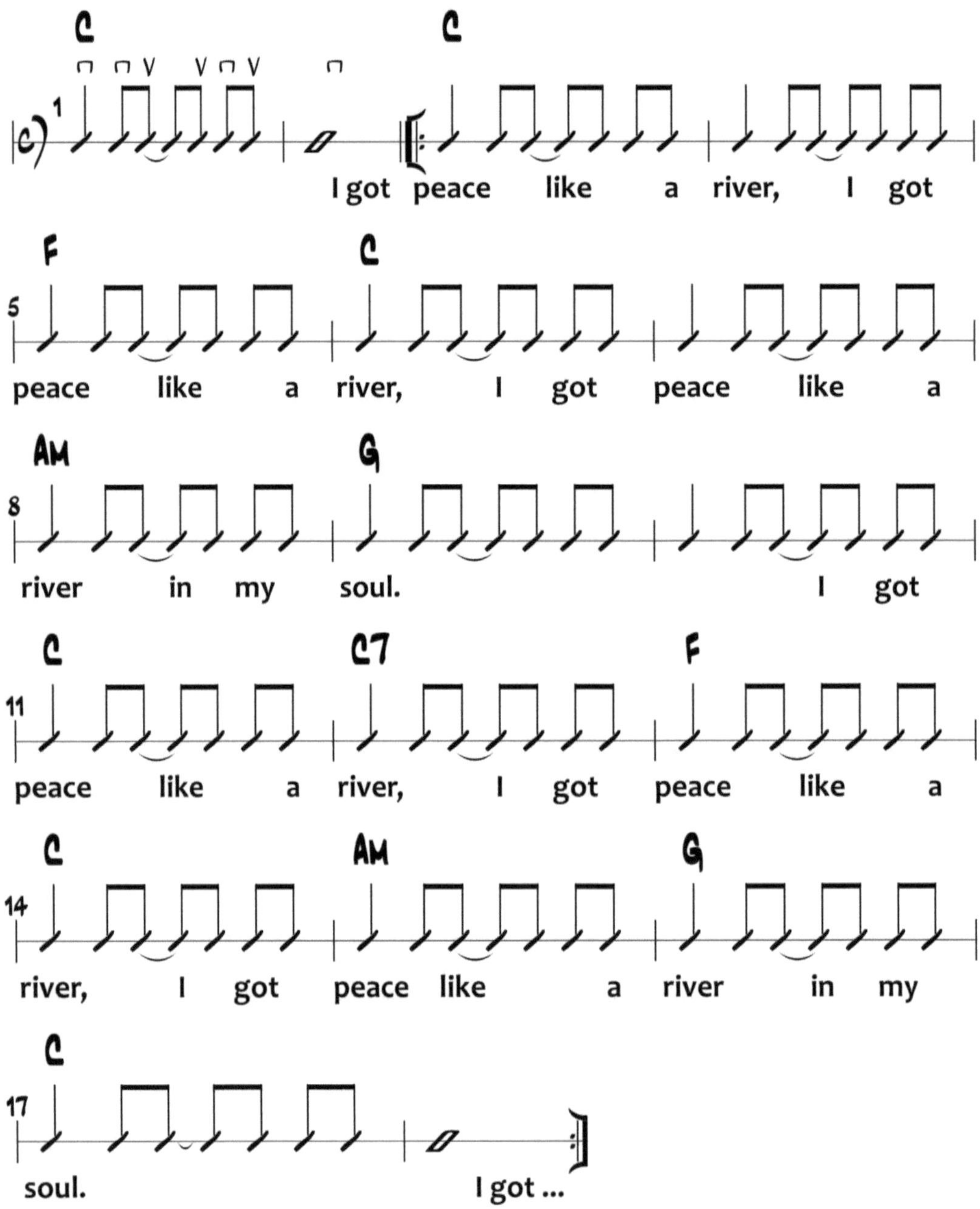


*I got love like an ocean … in my soul!*

*I got joy like a fountain … in my soul!*

## Herzlichen Glückwunsch zum kleinen Ukulele-Führerschein!

Du kannst acht Griffe[20]:

C

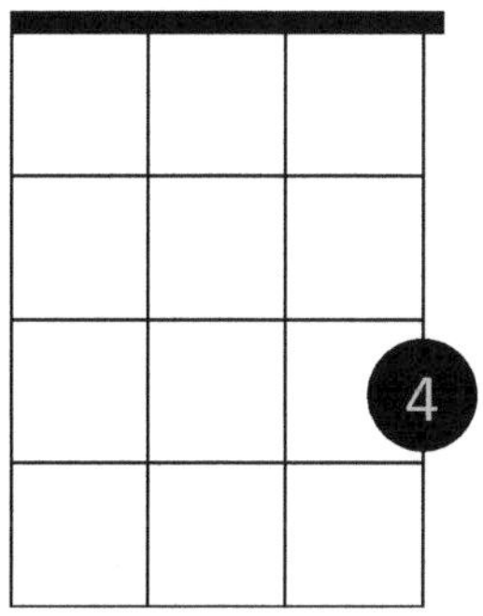


F

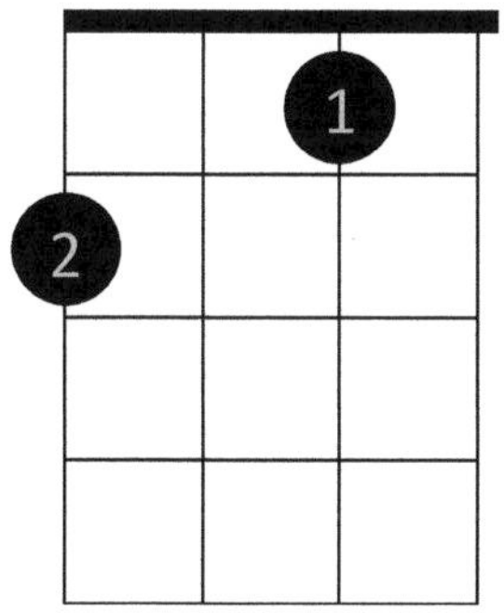


G

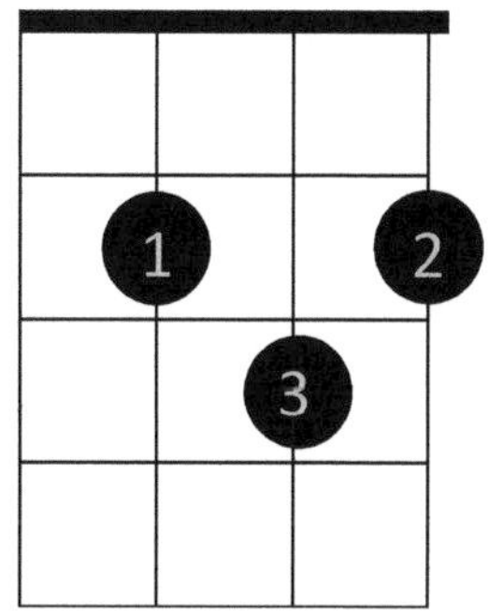


am

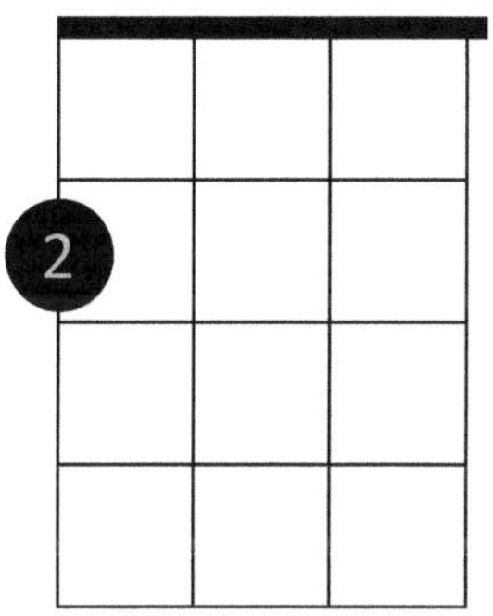


dm

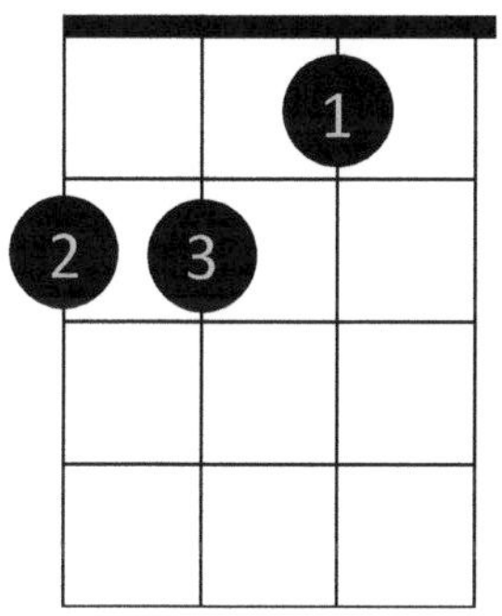


em

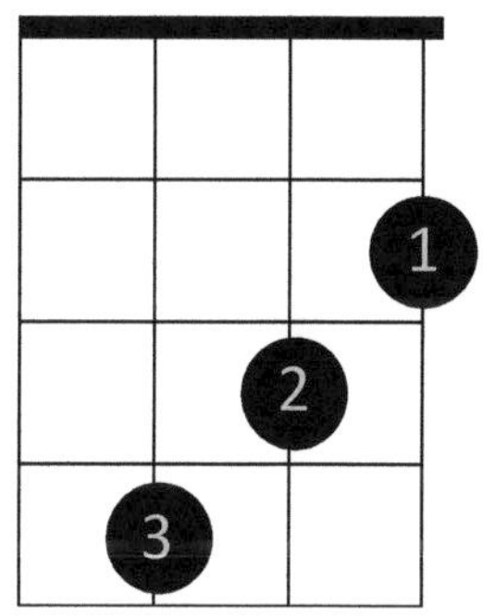


$C^7$

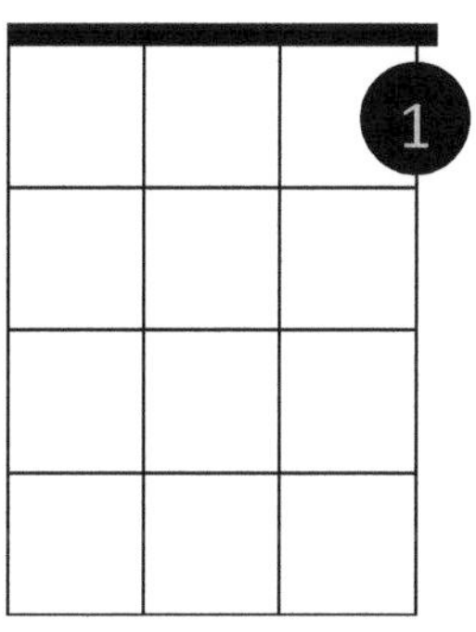


$G^7$

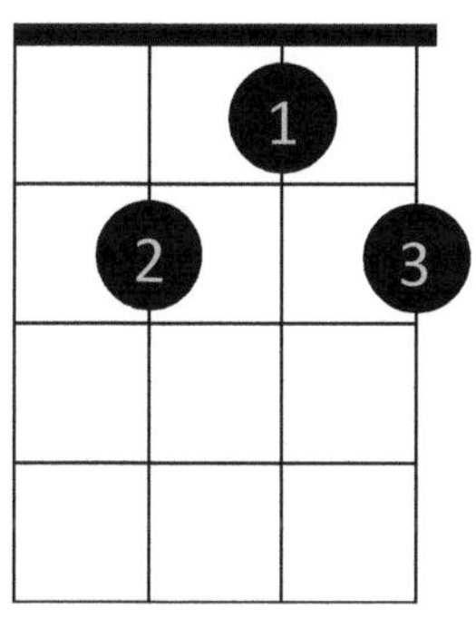


[20] Den Griff $F^{aad9}$ lasse ich hier in der Liste mal weg. Den haben wir nur am Anfang gebraucht, weil er so leicht zu greifen ist. Normalerweise solltest du stattdessen F-Dur verwenden.

Du kannst 5 Schlagmuster:

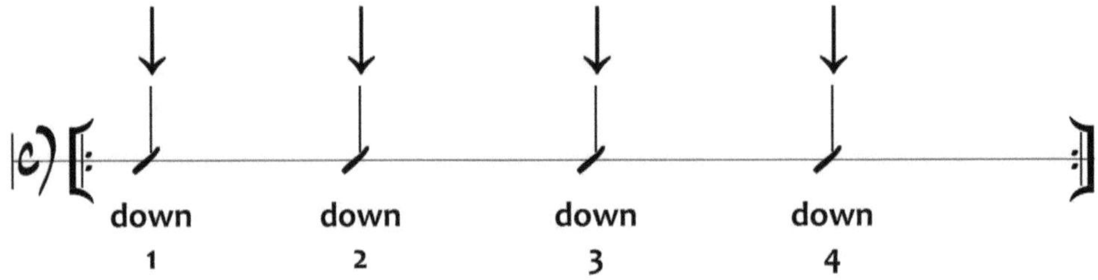


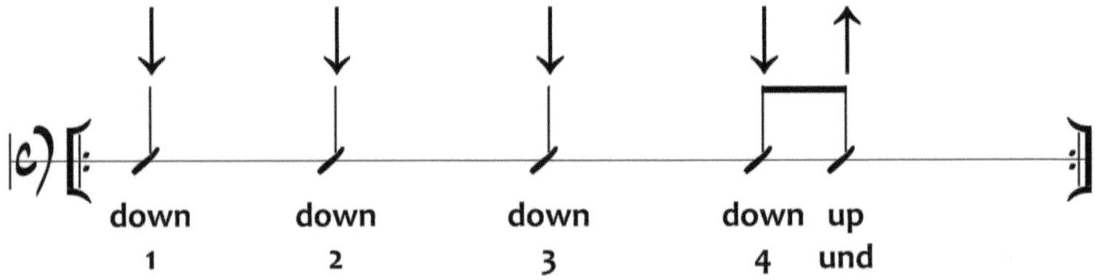


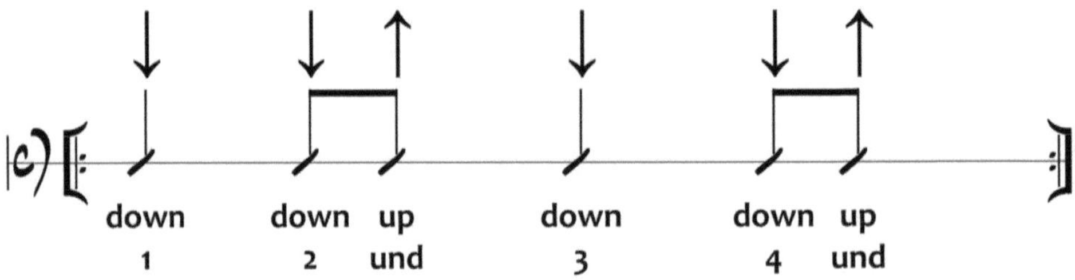


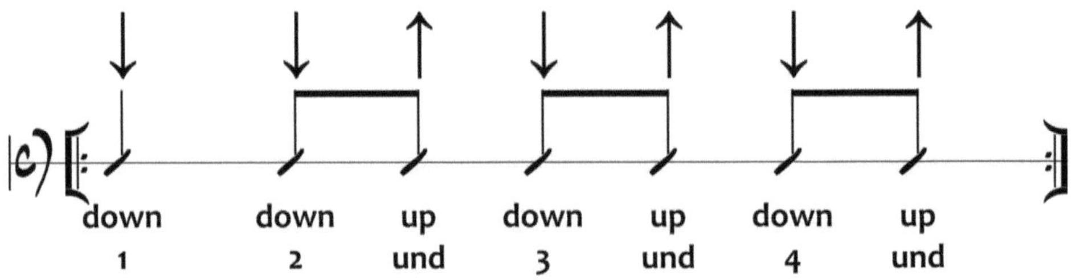


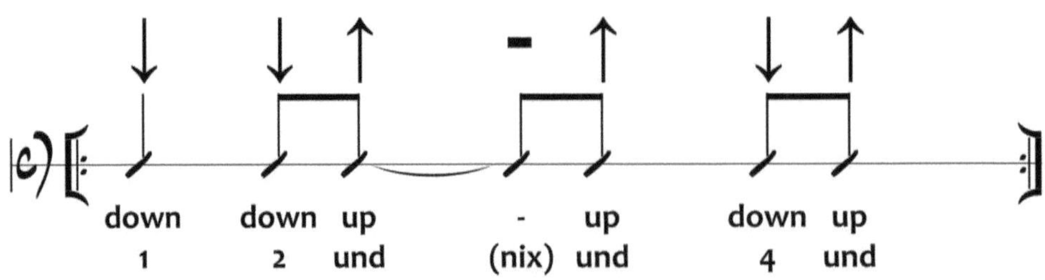

Du kannst stolz auf dich sein. Du hast jetzt alles drauf, um Hunderte von Liedern am Lagerfeuer, beim Ukulele-Stammtisch, in der Familie und sonst wo mit der Ukulele zu begleiten. Allerdings nur welche in C-Dur. Warum ist das so? Es sind doch ganz verschiedene Akkorde? Ich will es dir erklären.

Die Akkorde auf der vorletzten Seite bilden eine **„Akkordfamilie"**. Sie gehören also fest zusammen und kommen sehr oft gemeinsam in Liedern vor. Das hat mit der Theorie zu tun, die ich dir schon in Schritt 8 nähergebracht habe:

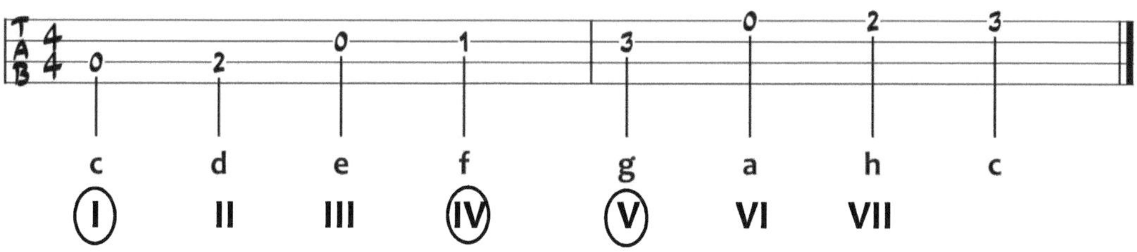


Du erinnerst dich, dass die Stufen I, IV und V einer Tonleiter immer auf magische Weise zusammengehören. Aber das ist eben nur die halbe Familie. Es ist nämlich so, dass jeder Dur-Akkord eine Art „depressiven Bruder" hat, der ihm nicht von der Seite weichen will, weil er sehr, sehr eng mit ihm verwandt ist, obwohl er viel trauriger klingt. Und dieser Bruder ist immer ein Moll-Akkord. Hier mal eine kleine Familienaufstellung für die Akkordfamilie C-Dur:

| Dur-Akkord | Parallele Moll-Tonart |
|---|---|
| C-Dur (Stufe I) | a-Moll (Stufe VI) |
| F-Dur (Stufe IV) | d-Moll (Stufe II) |
| G-Dur (Stufe V) | e-Moll (Stufe III) |

Präge dir diese Familienkonstellation ein. Wenn du die im Kopf hast, kannst du eine ganze Menge bekannter Songs begleiten. Du bist dann nicht mehr weit vom musikalischen Rang des „King of Lagerfeuer" entfernt.[21]

Das ist die gute Nachricht. Die schlechte Nachricht: Es gibt noch einige andere Akkordfamilien. Und die musst du natürlich auch noch lernen, wenn du der wahre „King of Lagerfeuer" werden willst.

Wie stellt man das am besten an?

---

[21] Übrigens: Die Griffe $C^7$ und $G^7$ habe ich in der Tabelle nicht eigens aufgeführt, ich behandle sie hier vorläufig einfach mal als Variation von C-Dur und G-Dur.

1. Du bist jetzt fit genug, um dich ganz selbständig auf die Suche im Internet zu machen. Dort findest du sehr viele Tutorials für Leute wie dich, die mit den Grundlagen vertraut sind und jetzt noch mehr Lieder spielen wollen. Für den Anfang wäre es wohl keine schlechte Idee, sich mal diese *playlist* auf meinem YouTube-Kanal „Ukulele am Limit“ anzuschauen: https://tinyurl.com/ukelimit-leicht

*playlist* „Ukulele leicht gemacht“

2. Aber für den Moment würde ich dir erstmal Folgendes empfehlen: Blättere zurück zu Schritt 6. Da haben wir angefangen, viele Lieder mit „seriösen“ Akkorden zu spielen. Spiele all die Lieder in diesem Buch noch einmal. Aber experimentiere mit ihnen. Probiere sie mit allen Schlagmustern aus. Höre genau zu und überlege dir, welches Schlagmuster am besten zu welchem Song passt. Finde deine Lieblingslieder und spiele sie langsam, schnell, laut, leise. Erfinde deine eigenen Schlagmuster. Sei kreativ! Die Ukulele ist das Instrument der Freiheit!

Aber vielleicht kommst du ja irgendwann zu einem Punkt, an dem dir das nicht mehr reicht. Dann brauchst du einen neuen Impuls. Und den gebe ich dir im nächsten Schritt: Anstatt alle Saiten mit dem Zeigefinger auf einmal anzuschlagen, werde ich jede Saite einzeln zupfen und dafür Daumen, Zeigefinger, Mittelfinger und Ringfinger benutzen. Herzlich willkommen im musikalischen Reich des *fingerstyle*!

**KLEINER UKULELE-FÜHRERSCHEIN**

AUSZEICHNUNG FÜR

______________________________

Der Eigentümer dieses Zertifikats kann Lieder in C-Dur auf seiner Ukulele solide begleiten.

«HERZLICHEN GLÜCKWUNSCH!»

*Andreas Bördlein* (UKULELE AM LIMIT)

# SCHRITT 14
# „*FINGERSTYLE UKULELE*" - ZUPFEN STATT SCHLAGEN[22]

**Das kannst du schon:**

- ✓ Tabulatur lesen (Schritt 2)
- ✓ acht Akkorde auswendig spielen
- ✓ geschmeidig zwischen den Akkorden wechseln
- ✓ singen und spielen gleichzeitig

Video 14

**In dieser Lektion lernst du …**

…, wie man einzelne Saiten mit einzelnen Fingern anschlägt.
… ein einfaches Zupfmuster.
… zwei Lieder, die man mit diesem Zupfmuster begleiten kann.

## Wie sieht der Bewegungsablauf aus?

Um mit dem *fingerstyle* Erfolg auf der Ukulele zu haben, sollte man sich von Anfang an eine saubere Technik angewöhnen. Deswegen erkläre ich dir hier sehr ausführlich, wie man den Fingeranschlag ausführt. Es ist aber wichtig, dass du dir das Video zu dieser Lektion genau anschaust.

### Übung 69: Die richtige Handhaltung

Für Einsteiger hat es sich bewährt, jede Saite einem Finger zuzuordnen. In der Tabulatur verwenden wir Buchstaben, um die Finger der rechten Hand zu bezeichnen.

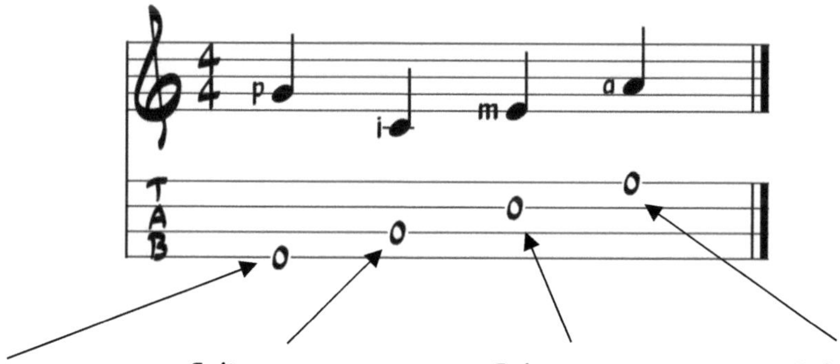


Saite 4:
Daumen: *p*
(spanisch *pulgar*)

Saite 3:
Zeigefinger: *i*
(span. *indice*)

Saite 2:
Mittelfinger: *m*
(span. *media*)

Saite 1:
Ringfinger: *a*
(span. *anular*)

[22] Ein Video zu Schritt 14 kannst du dir hier anschauen: http://www.tinyurl.com/ukelimit-buch1-lektion14

Wir wollen zunächst einmal nur die Finger auf ihre jeweiligen Saiten legen, ohne diese anzuschlagen.

<u>Schritt 1:</u>
Lasse die Finger ganz locker hängen und rutsche mit der Hand so lange Richtung Hals, bis der Daumen über dem Griffbrettansatz schwebt. Das ist beim *fingerstyle* der *sweet spot*.

<u>Schritt 2:</u>
Lege nun jeden Finger ganz leicht auf die ihm jeweils zugeordnete Saite:

Saite 4: Daumen (p)
Saite 3: Zeigefinger (i)
Saite 2: Mittelfinger (m)
Saite 1: Ringfinger (a)

Dabei ergibt sich folgendes Bild:

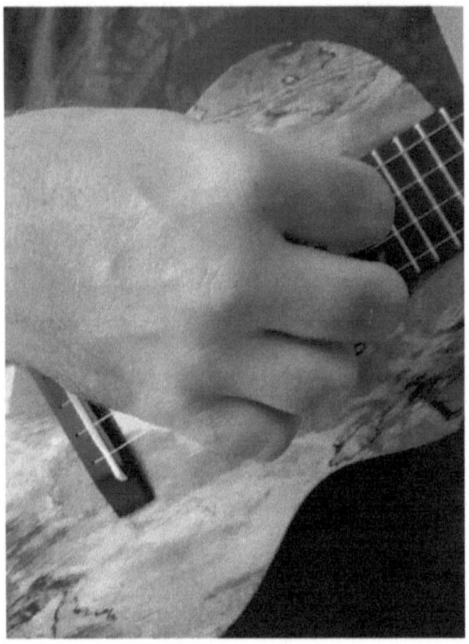

Abb. 30: Fingerhaltung von vorne

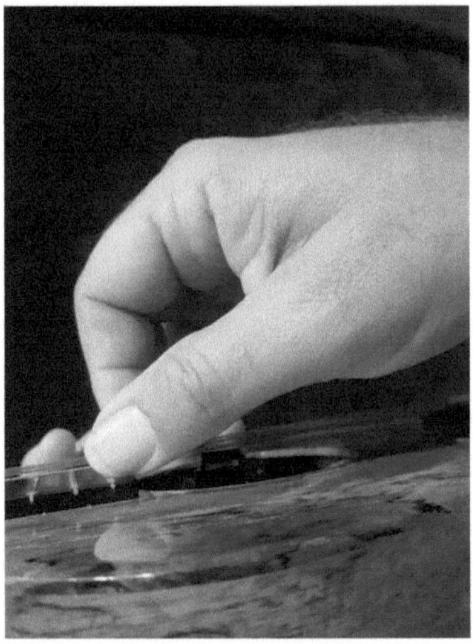

Abb. 31: Fingerhaltung aus deiner Sicht

Wenn du Abbildung 30 anschaust, siehst du, dass die rechte Hand ca. in einem Winkel von 45° auf die Saiten trifft. Und diesen Winkel soll die Hand beim *fingerstyle* immer beibehalten. Egal welcher Finger welche Saite wie anschlägt: Die rechte Hand verharrt ganz ruhig in ihrer 45°-Haltung. Lege also die Finger ganz locker auf die Saiten und präge dir die Handhaltung so genau wie möglich ein.

Und jetzt geht es los: Wir trainieren jeden Finger erst einmal isoliert von den anderen drei.

**Übung 70: Der Daumen:**

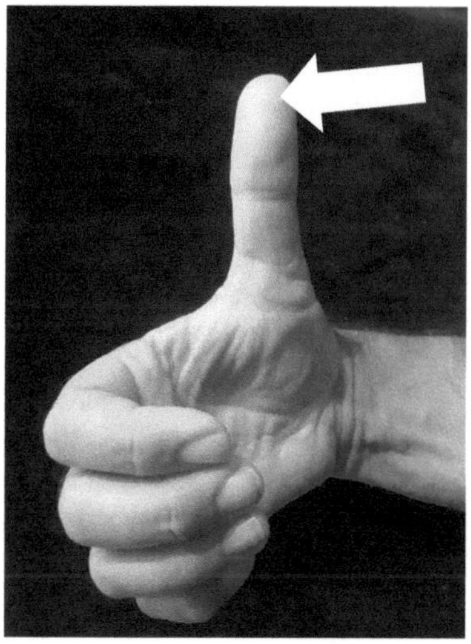

Abb. 32: Hier trifft der Daumen die Saite

Lasse Zeige-, Mittel- und Ringfinger auf ihren Saiten liegen, wie wir es in Übung 69 gelernt haben. Löse lediglich den Daumen von Saite 4. Der soll jetzt in einer kreisförmigen Bewegung die G-Saite anschlagen. Triff die Saite mit dem Teil der Fingerkuppe, auf die der weiße Pfeil in Abb. 32 zeigt.

Der Fingernagel spielt dabei erstmal keine Rolle. Der Daumen darf nicht im ersten Fingergelenk abknicken. Er bleibt ganz entspannt in seiner natürlichen, leicht gestreckten Haltung

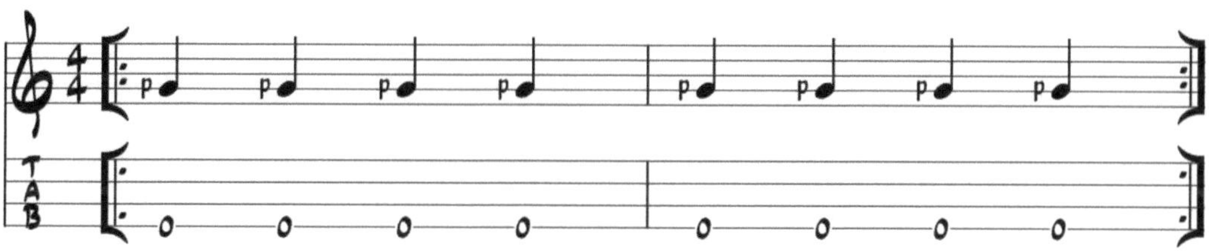


Anders als beim Melodiespiel (Schritt 2) kommt der Daumen nach dem Anschlag nicht mit der C-Saite in Berührung. Er führt eine geschmeidige Kreisbewegung in der Luft aus. Es wäre auch gut, wenn er die Saite jeweils anschlägt, ohne sich vorher auf ihr „ausgeruht“ zu haben. Versuche sie also „aus der Hüfte“ zu treffen. Wenn du den Daumen vor dem Anschlag immer erst auf die Saite legst, um sie nicht zu verfehlen, führt das dazu, dass du ihre Schwingung abstoppst. Dein Spiel wird dadurch abgehackt klingen. Übe das langsam und schaue dir dazu das Video an.

Während der ganzen Übung bleiben die anderen drei Finger auf ihren Saiten liegen. Sie dienen bei dieser Übung als eine Art „Anker“, der dir etwas Sicherheit und Zielgenauigkeit verleiht. Der Handrücken bewegt sich keinen Millimeter vom Fleck. Nur der Daumen bewegt sich, sonst nix. Wenn dir der Daumenanschlag mühelos und gleichmäßig gelingt, gehe über zur nächsten Übung:

## Übung 71: Der Zeigefinger

Lasse Daumen, Mittel- und Ringfinger auf ihren Saiten liegen. Nur der Zeigefinger darf sich frei bewegen. Schlage die C-Saite mit der Fingerkuppe des Zeigefingers an, lasse den Fingernagel aus dem Spiel. Auch hier gilt: Traue dich, die Saite aus der Luft zu treffen, lege sie nicht erst auf der Saite ab, um deine Treffsicherheit zu erhöhen. Die Bewegung sollte tendenziell aus dem Fingergrundgelenk erfolgen. Der Finger soll dabei entspannt bleiben und allenfalls ein wenig im Mittelgelenk abknicken (Abb. 33). Auf keinen Fall darfst du die Saite „anreißen“, indem du mit dem Finger unter die Saite gehst und mit abgeknicktem Fingerendgelenk an ihr zerrst (Abb. 34). All das gilt auch für den Mittel- und Ringfinger.

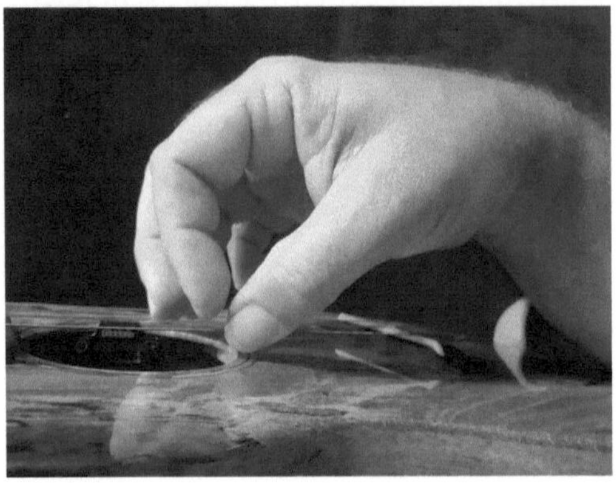

Abb. 33: Finger knickt nur leicht ab.

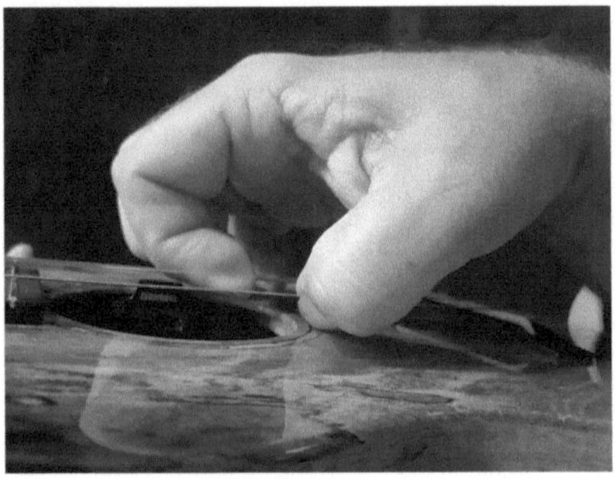

Abb. 34: Finger „krallt“ sich in die Saite.

Übrigens: In Abb. 33 und 34 habe ich den Daumen nur zur Seite geklappt, damit man den Zeigefinger besser sehen kann. Eigentlich soll er <u>vor</u> dem Zeigefinger auf der 4. Saite liegen. In Abb. 31 kannst du das sehr gut sehen.

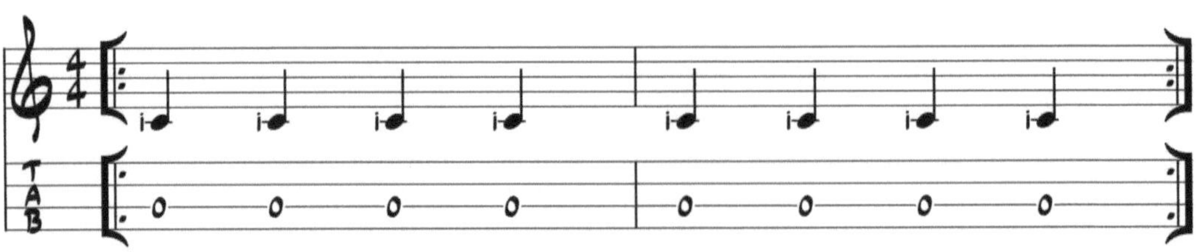

**Übung 72: Der Mittelfinger**

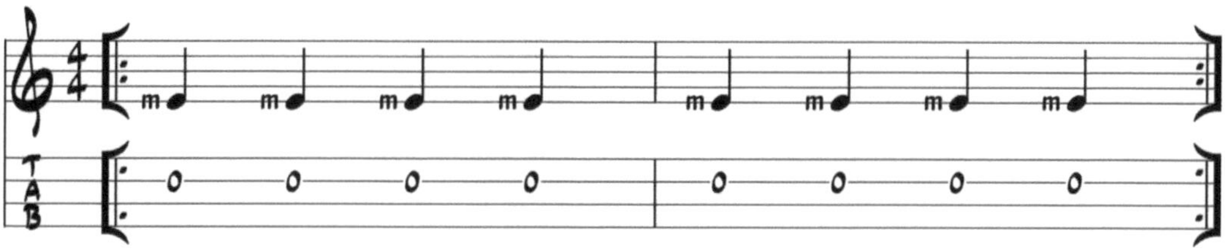


**Übung 73: Der Ringfinger**

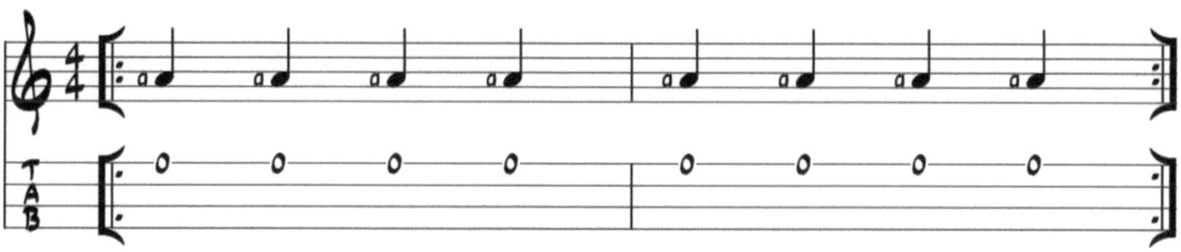


Lasse bei den Übungen 70-73 alle Finger auf den Saiten liegen, mit denen du gerade keine Saite anschlägst. Du bekommst dadurch Sicherheit und entwickelst ein Gespür dafür, dass die rechte Hand beim *fingerstyle* absolut unbeweglich sein muss. Nur die Finger machen den Job. Der Handrücken bleibt ganz still.

## ÜBE-TIPPS FÜR DEN SCHNELLEN FORTSCHRITT

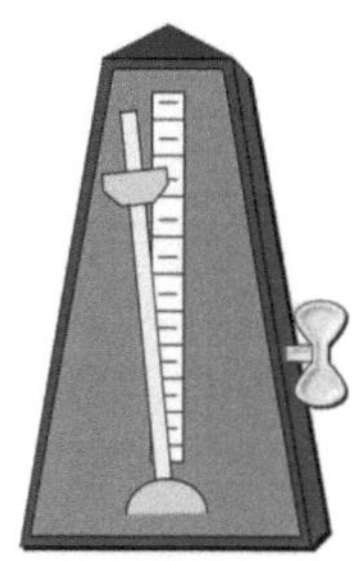

- Beginne alle bisherigen Übungen in dieser Lektion bei Tempo 40 bpm. Sobald du die Übung bei diesem Tempo gut und sicher spielen kannst, erhöhe das Tempo schrittweise um jeweils 5 bpm.
- Übe vor dem Spiegel. Beobachte genau, ob dein rechter Handrücken wirklich ganz unbewegt bleibt.
- Mache diese Übungen täglich und streue sie auch später, wenn du schon besser im *fingerstyle* bist, immer wieder in deine Übungsroutine ein. Die Übungen erinnern dich an gute, ruhige Fingeranschlag-Technik.
- Steigere das Tempo, bis du jede Übung bei 80 bpm spielen kannst. Gehe erst dann weiter zu Übung 74

### Übung 74: Die Mutter aller Zupfmuster – p i m a

Wenn du die bisherigen Übungen sicher beherrschst, kannst du dich an das grundlegendste aller Zupfmuster heranwagen:

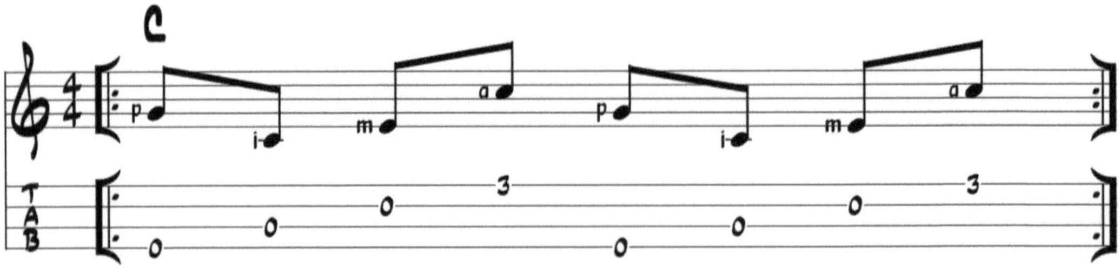


Löse dazu deine Verankerung an den Saiten. Alle vier Finger schweben knapp über den ihnen zugewiesenen Saiten. Schlage dann nacheinander Daumen, Zeigefinger, Mittelfinger und Ringfinger an. Achte dabei auf mehrere Aspekte:

- Bleibt der Handrücken trotz der fehlenden Verankerung wirklich ganz ruhig? Er muss immer denselben Abstand zur Decke der Ukulele haben und sich nicht bei jedem Anschlag auf und ab bewegen.
- Klingen die Saiten schön rund oder „rupfst“ du an ihnen?
- Klingen alle vier Saiten ungefähr gleich laut?

Diese Übung sollte zu deinem täglichen Übungspensum gehören. Du kannst sie gut als Aufwärmübung verwenden. Verwende dazu bitte ein Metronom und steigere das Tempo langsam.

Wenn du die Übung bei 100 bpm spielen kannst, wagen wir uns an gezupfte Akkordwechsel heran. Achtung: Es handelt sich hier um Achtelnoten. Du musst also pro Schlag zwei Töne spielen.

| UKULELE-SPLITTER | Zitate |
|---|---|

„Es ist schwer, in Gegenwart einer Ukulele traurig zu sein. Du schnappst sie dir einfach, und schon geht's dir bedeutend besser.“

*William H. Macy*

Übe die folgenden Übungen unbedingt mit Metronom. Beginne bei Tempo 40 bpm. Vorsicht: Wie in Übung 74 handelt es sich um Achtelnoten. Du musst also pro Schlag zwei Töne spielen. Schaue dir das Video an, falls du nach Fragen hierzu hast. Spiele jeden Ton unbedingt gleich lang, auch beim Griffwechsel. Dort dürfen keine Verzögerungen entstehen.

**Übung 75:**

Wenn du nochmal einige Tipps und Tricks zum Thema Akkordwechsel C-Dur, F-Dur, $G^7$ wiederholen willst, schlage in Schritt 6 und Schritt 7 nach.

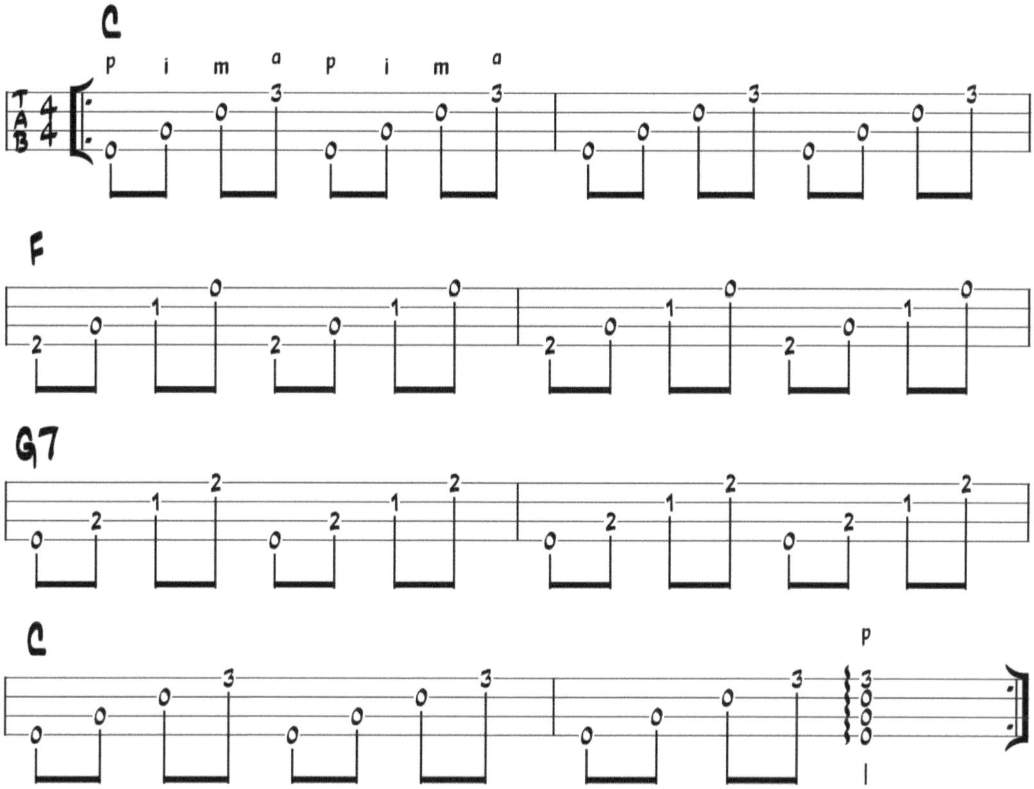


**Übung 76:**

Hinweise zum Wechsel zwischen C-Dur, F-Dur und a-Moll findest du in Schritt 12.

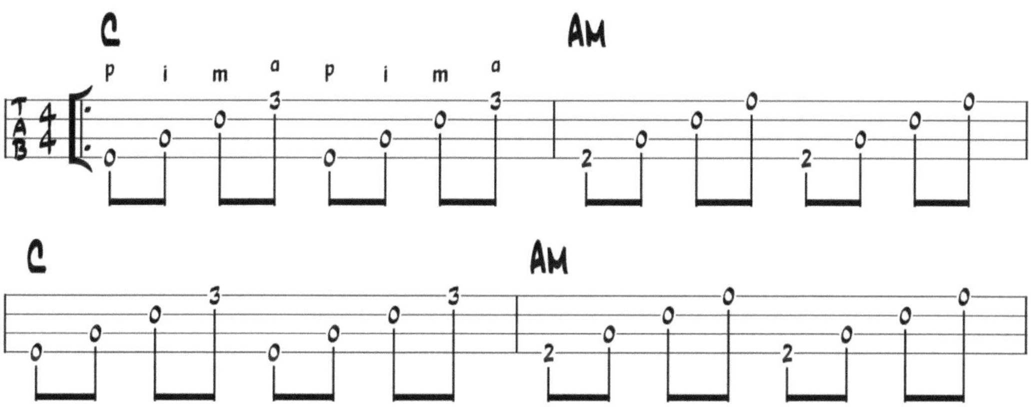

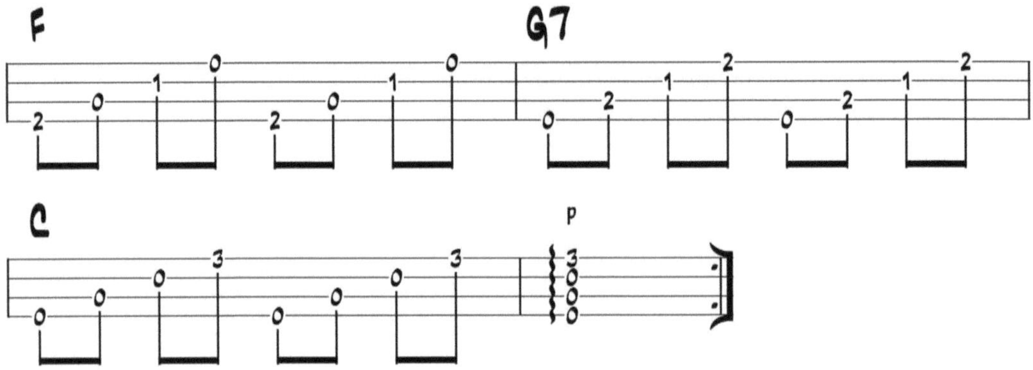


**Übung 77:**

Zum Thema d-Moll kannst du noch einmal kurz in Schritt 11 vorbeischauen.

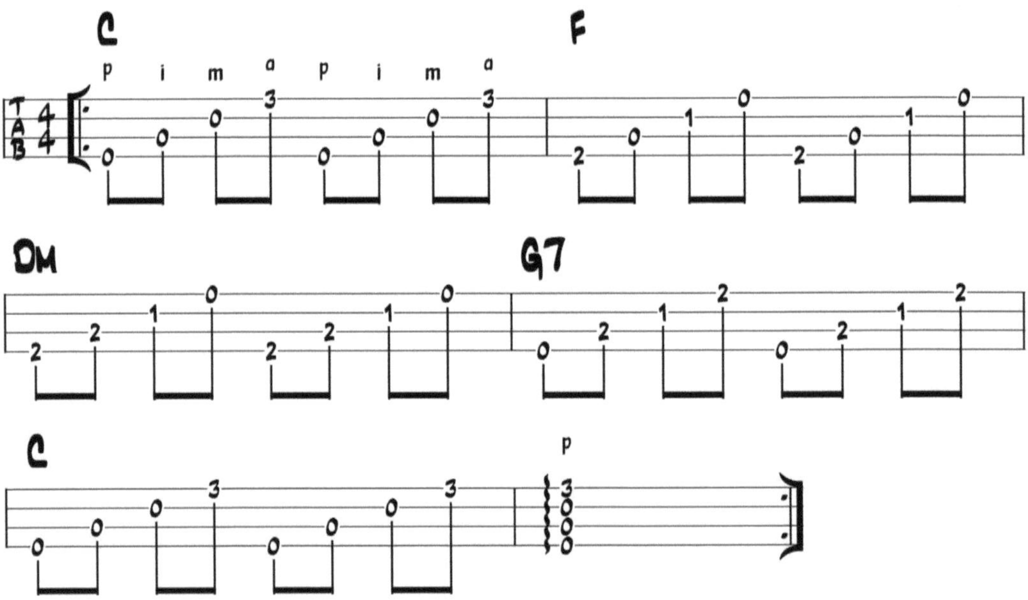


**Übung 78:**

Wenn du dich noch einmal kurz mit dem Griff e-Moll beschäftigen willst, findest du in Schritt 13 einige gute Tipps.

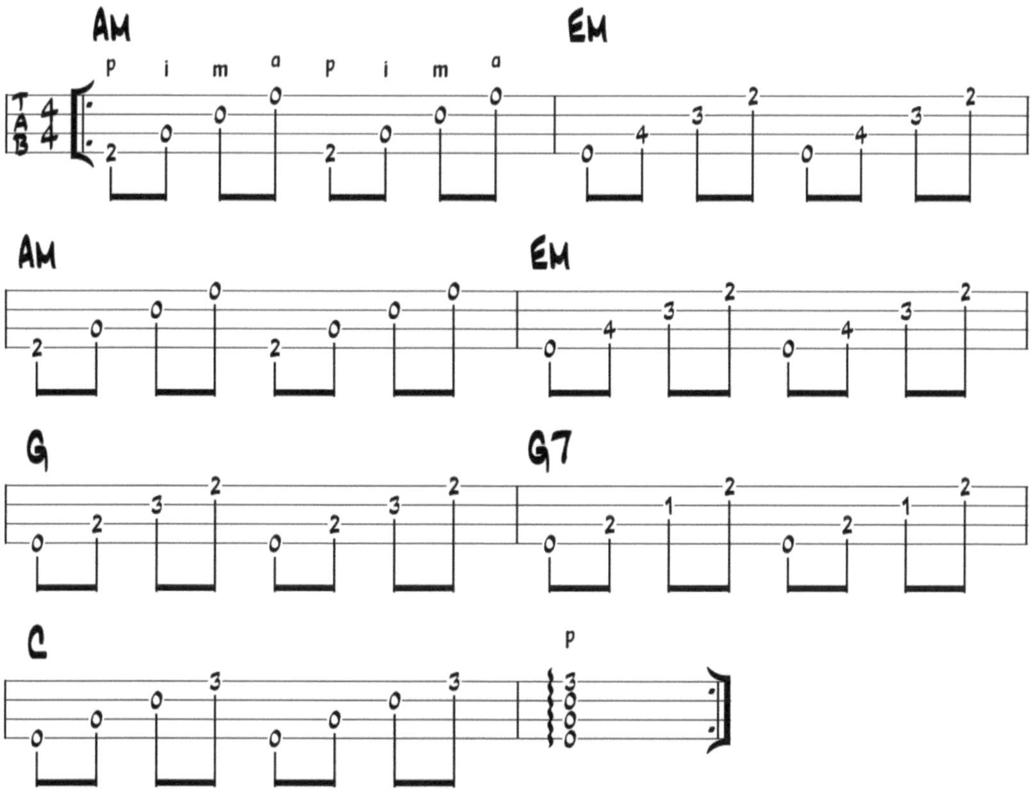


Wir werden unser neu gelerntes Zupfmuster nun auf zwei Songs anwenden, die wir schon kennen: „You Are My Sunshine“ (Schritt 11) und „Peace Like a River“ (Schritt 13). Dort findest du auch jeweils den vollständigen Text- Vielleicht willst du dir noch einmal kurz die Schlagmuster-Fassungen anschauen, um die Akkorde sicher in deine Finger zu bekommen? Dann kannst du dich auf den folgenden beiden Seiten ganz auf das Zupfen der Saiten konzentrieren. Viel Spaß!

## ÜBE-TIPPS FÜR DEN SCHNELLEN FORTSCHRITT

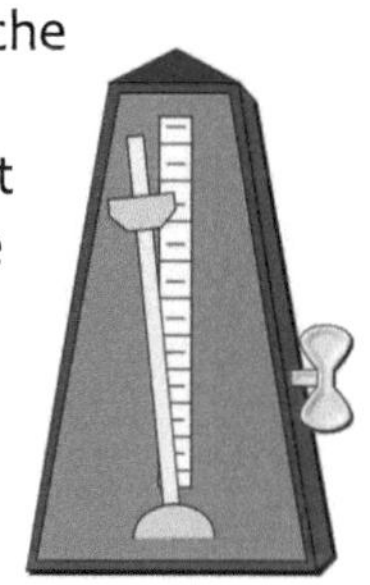

- Spiele erst einmal nur die gezupften Akkorde, ohne zu singen. Mache das langsam und achte auf flüssige Akkordwechsel.
- Starte bei 50bpm und versuche, dazu zu singen. Vielleicht beginnst du erst mit Sprechgesang, dann musst du dich nicht auf die Melodie konzentrieren. Schaue dir zum Thema „gleichzeitig spielen und singen“ noch einmal Schritt 10 an.
- Steigere das Tempo, bis du beide Songs bei 80 bpm spielen kannst.
- Denk bitte dran: Da es sich bei unseren Zupfmustern um Achtelnoten handelt, musst du auf jeden Schlag des Metronoms zwei Töne spielen!

# You are my Sunshine

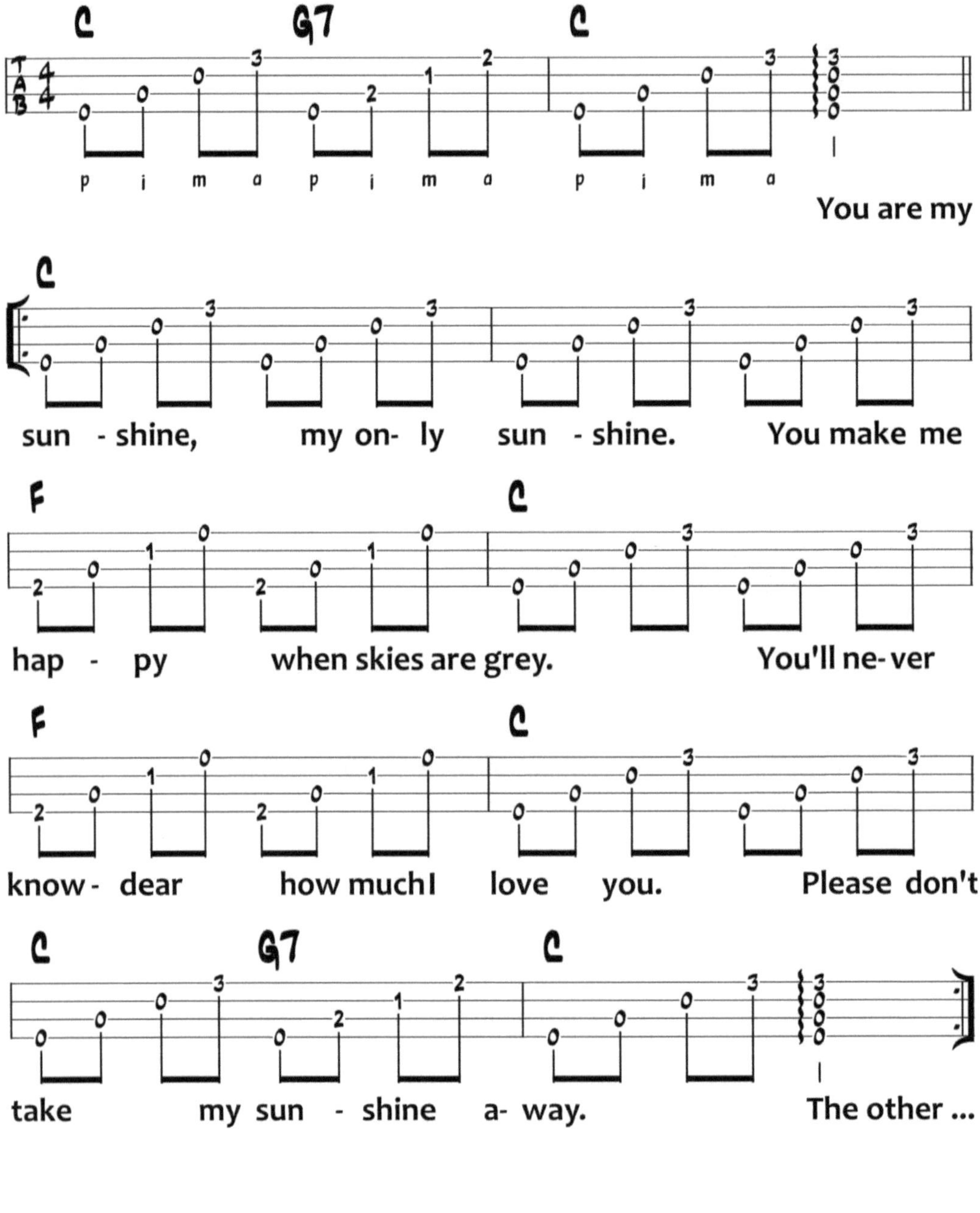

# Peace like a River

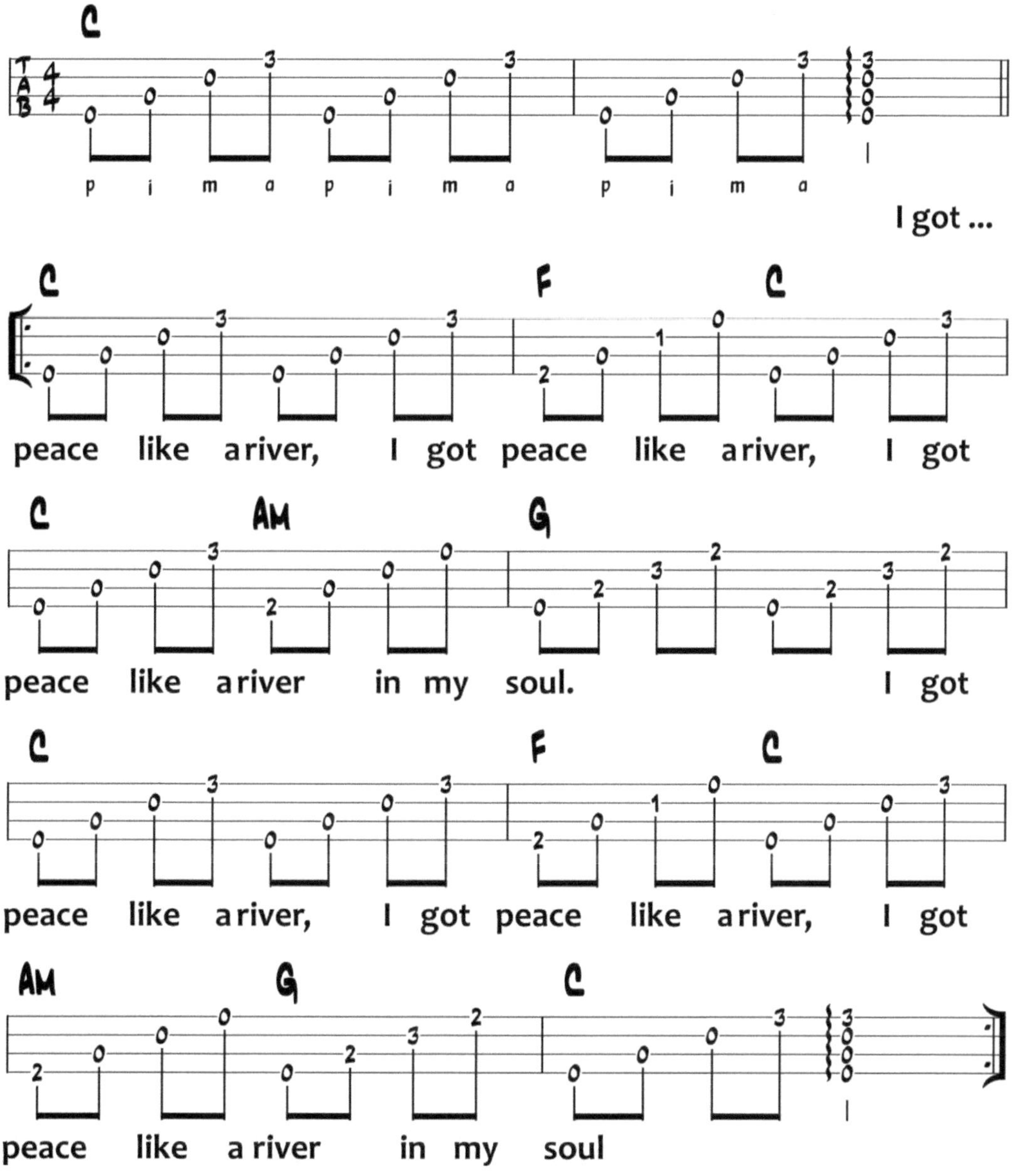

# SCHRITT 15
# „*FINGERSTYLE-UKULELE*" – ZUPFMUSTER 2[23]

**Das kannst du schon:**

- ✓ Tabulatur lesen (Schritt 2)
- ✓ dem richtigen Finger die richtige Saite zuordnen (Schritt 14)
- ✓ die Mutter aller Zupfmuster: p – i – m – a (Schritt 14)

Video 15

**In dieser Lektion lernst du …**

… ein neues Zupfmuster.
… Interessantes über den Unterschied zwischen 3/4- und 4/4-Takt.
… zwei Lieder im 3/4 -Takt, die man mit Zupfmuster 2 begleiten kann.

## Zupfmuster 2

Zupfmuster 2 ähnelt sehr stark dem p – i – m – a. Wir fügen dieser Aufwärtsbewegung (tonal gesehen) nur noch die Finger m und i dazu. Dadurch schließt sich der Kreis und wir landen wieder beim Daumen.

**Übung 79:**

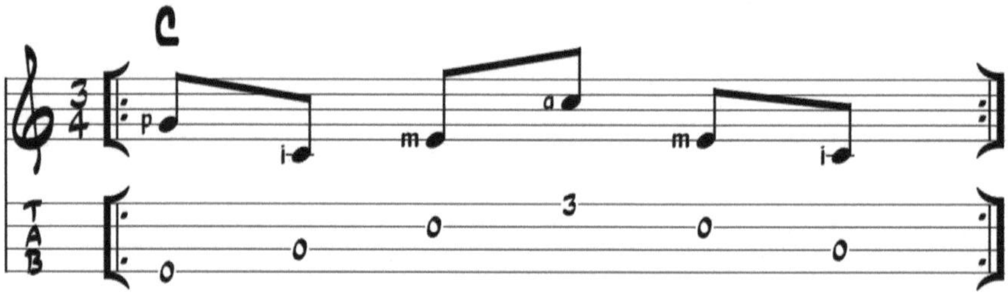


Mache alles so wie in Schritt 14:

- Lege die Hand locker auf die Saiten.
- Mache dir klar, welcher Finger für welche Saite zuständig ist.
- Löse die Verankerung, lasse die Finger über ihrer jeweiligen Saite schweben.
- Beginne das Zupfmuster zu spielen.
- Stelle dir diese Fragen: Sind alle Saiten gleich laut? Läuft der Rhythmus gleichmäßig? Bleibt der Handrücken still oder bewegt er sich auf und ab?

[23] Ein Video zu Schritt 15 kannst du dir hier anschauen: http://www.tinyurl.com/ukelimit-buch1-lektion15

## 3/4, 4/4 – wie war das gleich nochmal?

Wir wollen einmal Schlagmuster 1 und Schlagmuster 2 in rhythmischer Hinsicht miteinander vergleichen:

Zupfmuster 1:

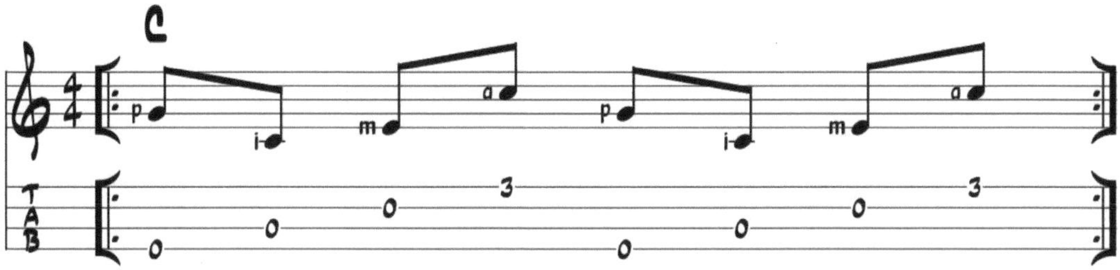

eins *und* zwei *und* drei *und* vier *und*

Zupfmuster 2:

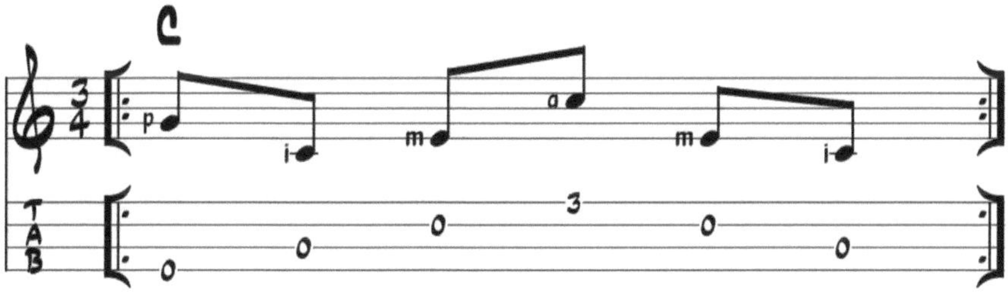

eins *und* zwei *und* drei *und*

Zupfmuster 1 ist im 4/4-Takt. Man erkennt das an den beiden Zahlen zu Beginn der Tabulatur. Jeder Takt beinhaltet also vier Viertelnoten. Man kann ganz regelmäßig „1 2 3 4 – 1 2 3 4“ zählen. Die Töne des Zupfmusters sind aber Achtelnoten. Man spielt also pro Zählzeit zwei Noten. Gewissermaßen „1 und 2 und 3 und 4 und 1 und 2 und 3 und 4 und …“. Logischerweise haben in diesem 4/4-Takt acht Achtelnoten Platz.

In Zupfmuster 2 sieht das anders aus. Es ist ein 3/4-Takt. Man zählt also „1 2 3 – 1 2 3“. Deswegen passen nur sechs Achtelnoten hinein, zwei pro Zählzeit. Wir zählen also „1 und 2 und 3 und 1 und 2 und 3 und …“.

Ich hoffe, jetzt siehst du etwas klarer? Schaue dir lieber nochmal das Video zu dieser Lektion an, wenn du unsicher bist!

Wir spielen jetzt einmal zwei Stücke im 3/4-Takt, zu denen Zupfmuster 2 prima passt. Gehe bei der Erarbeitung vor wie immer, indem du die Übe-Tipps in Schritt 14 beherzigst.

# GUTEN ABEND GUT' NACHT

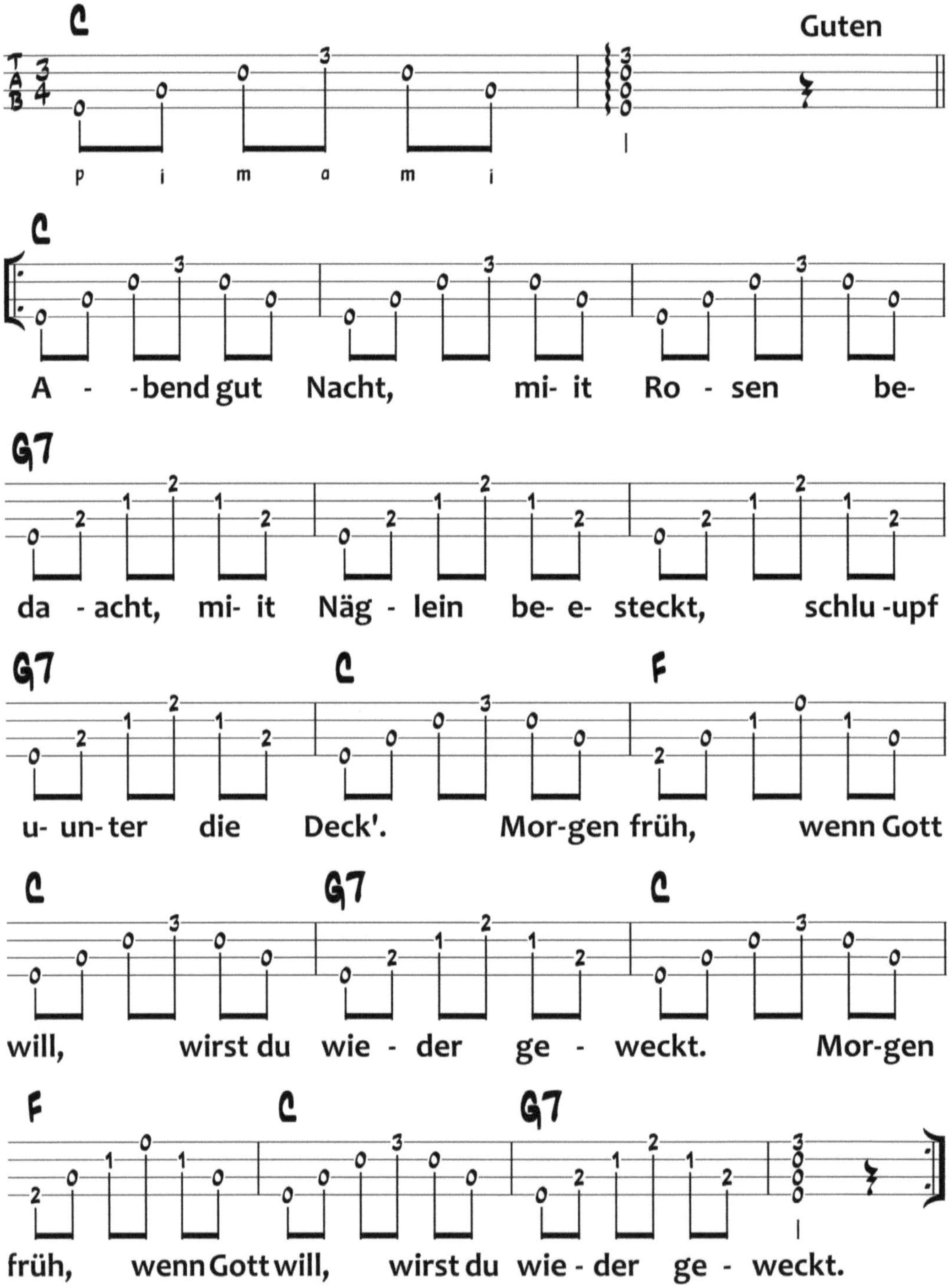


*Guten Abend, gut' Nacht, von Englein bewacht, die zeigen im Traum*
*dir Christkindleins Baum. Schlaf nun selig und süß, schau im Traum's Paradies.*

Das Lied „Stille Nacht“ kennst du schon in einer Schlagmuster-Version in Schritt 9. Dort findest du auch den vollständigen Text.

# Stille Nacht

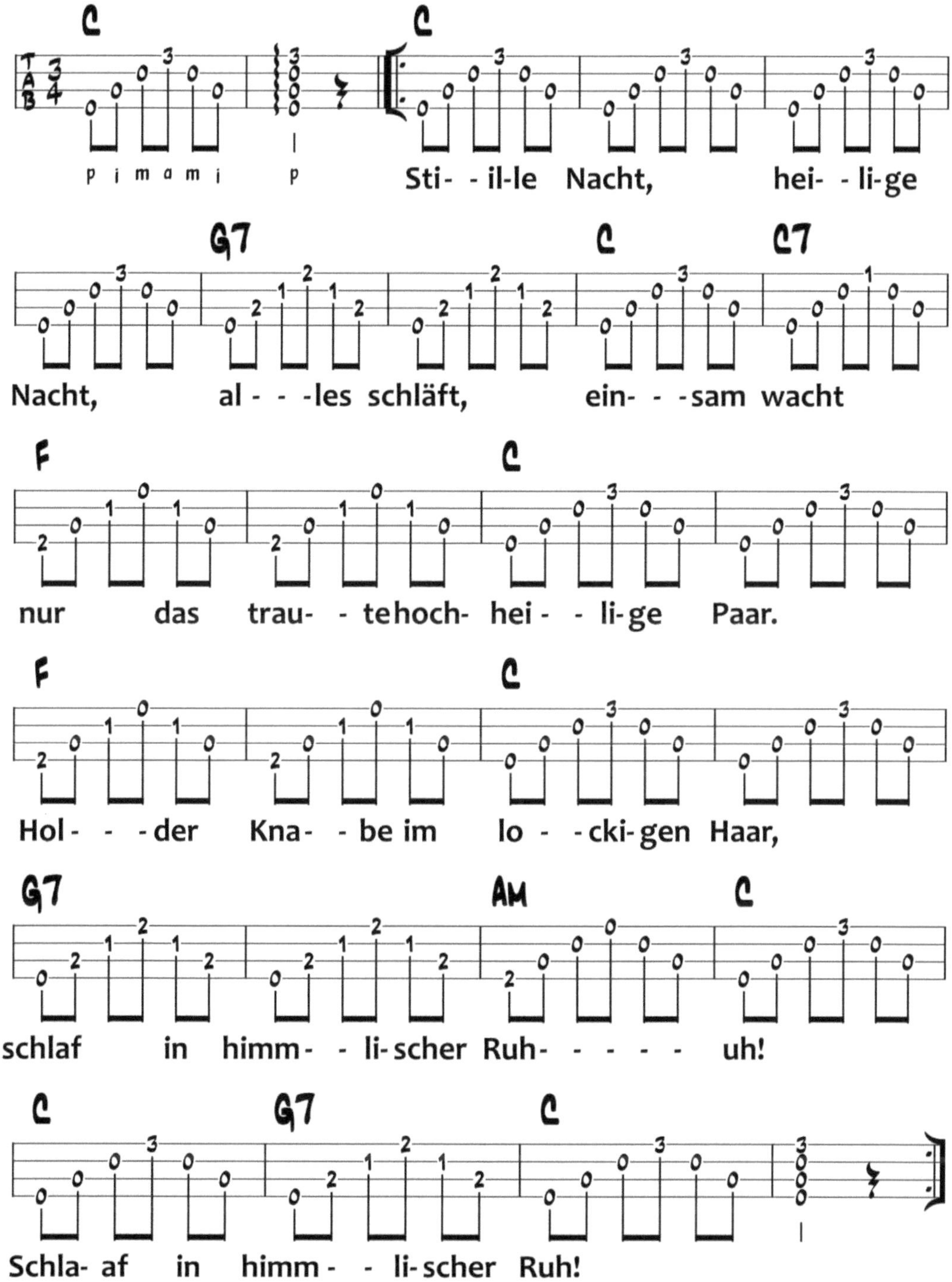

# SCHRITT 16
# „FINGERSTYLE-UKULELE“ – ZUPFMUSTER 3[24]

**Das kannst du schon:**

- ✓ Tabulatur lesen (Schritt 2)
- ✓ Zupfmuster 1 und 2
- ✓ gleichzeitig *fingerstyle* spielen und singen (Schritte 14+ 15)

Video 16

**In dieser Lektion lernst du …**

… ein neues Zupfmuster.
…, wie man zwei Saiten gleichzeitig anzupft.
… zwei Lieder, die man mit Zupfmuster 3 begleiten kann.

## Zupfmuster 3

In dieses Zupfmuster bauen wir eine kleine Neuerung ein: Mittel- und Ringfinger zupfen ihre jeweiligen Saiten gleichzeitig an. Dadurch entsteht eine ganz neue harmonische Färbung. Achte darauf, dass die beiden Saiten in etwa gleichlaut erklingen, man muss schon wirklich beide hören! Ansonsten gilt für das Üben das, was wir schon für Schlagmuster 1 und 2 gesagt haben.

**Übung 80:**

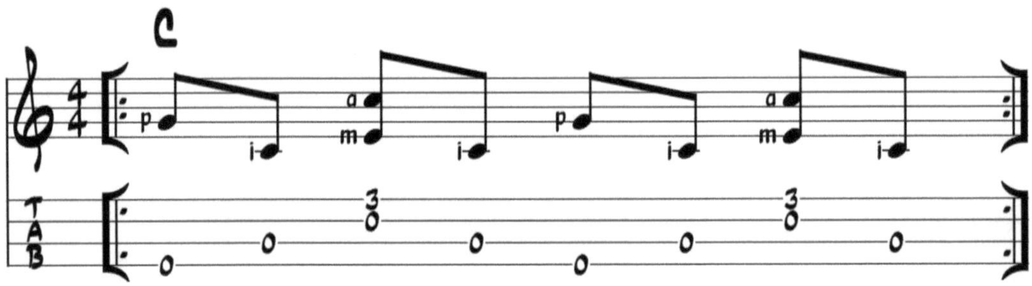


Falls du damit anfangs Probleme haben solltest, könntest du dir mit einem Trick helfen: Lass doch die Ukulele mal weg! Wenn du mit den Fingerkuppen über eine Tischplatte oder deinen Oberschenkel streichst, kannst du dich auf die Koordination der Finger konzentrieren. Welcher Finger kommt wann? Welche zusammen, welche einzeln? Wenn du es da schaffst, schaffst du es auch auf der Ukulele!

Wir wollen dieses Zupfmuster wieder mal auf zwei Songs anwenden, die wir schon mit Schlagmustern begleiten können: „Banks of the Ohio“ und „Whiskey in the Jar“ (beide in Schritt 12). Dort findest du jeweils den vollständigen Text. Viel Spaß damit!

---

24 Ein Video zu Schritt 16 kannst du dir hier anschauen: http://www.tinyurl.com/ukelimit-buch1-lektion16

# Banks of the Ohio

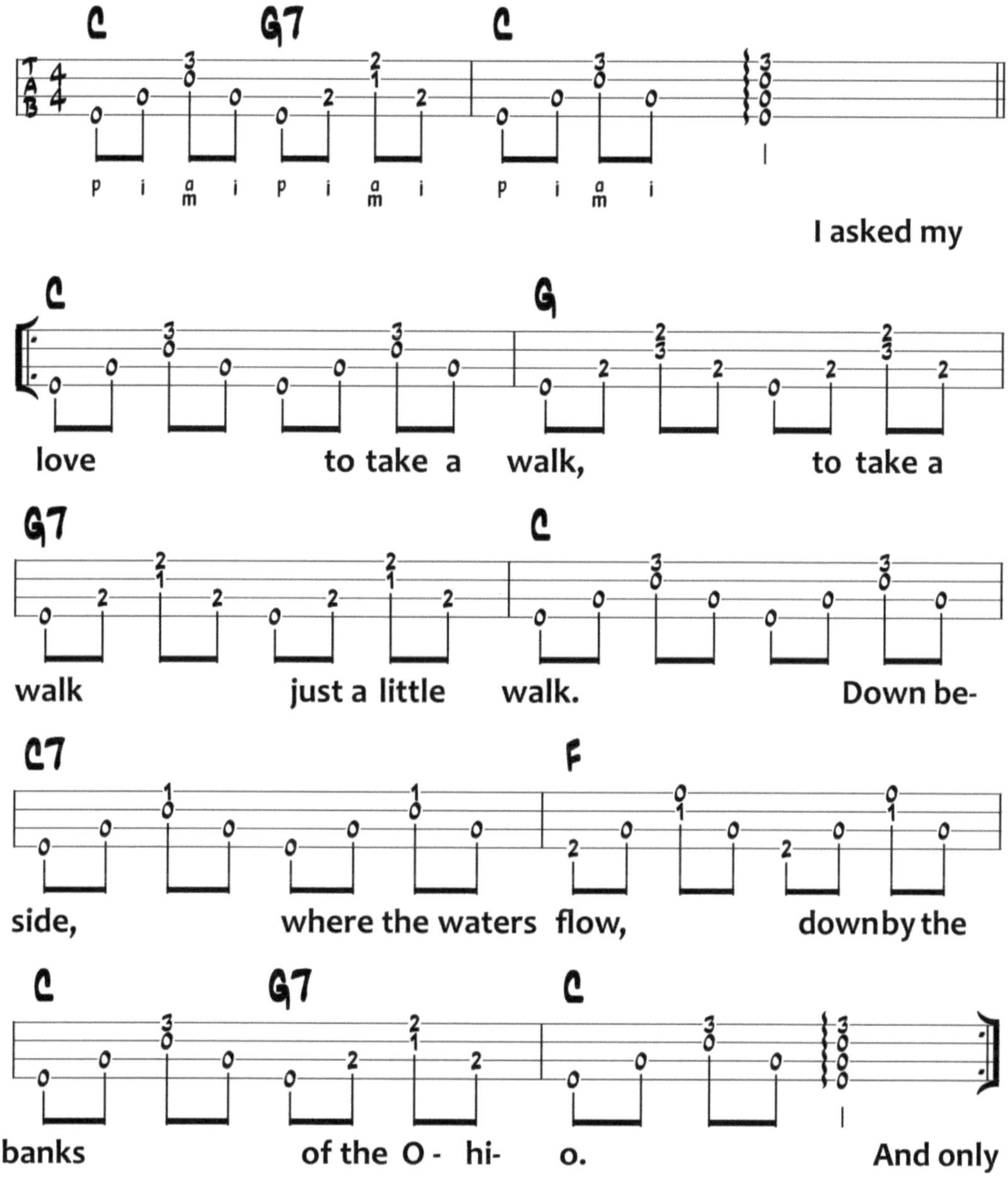

# WHISKEY IN THE JAR

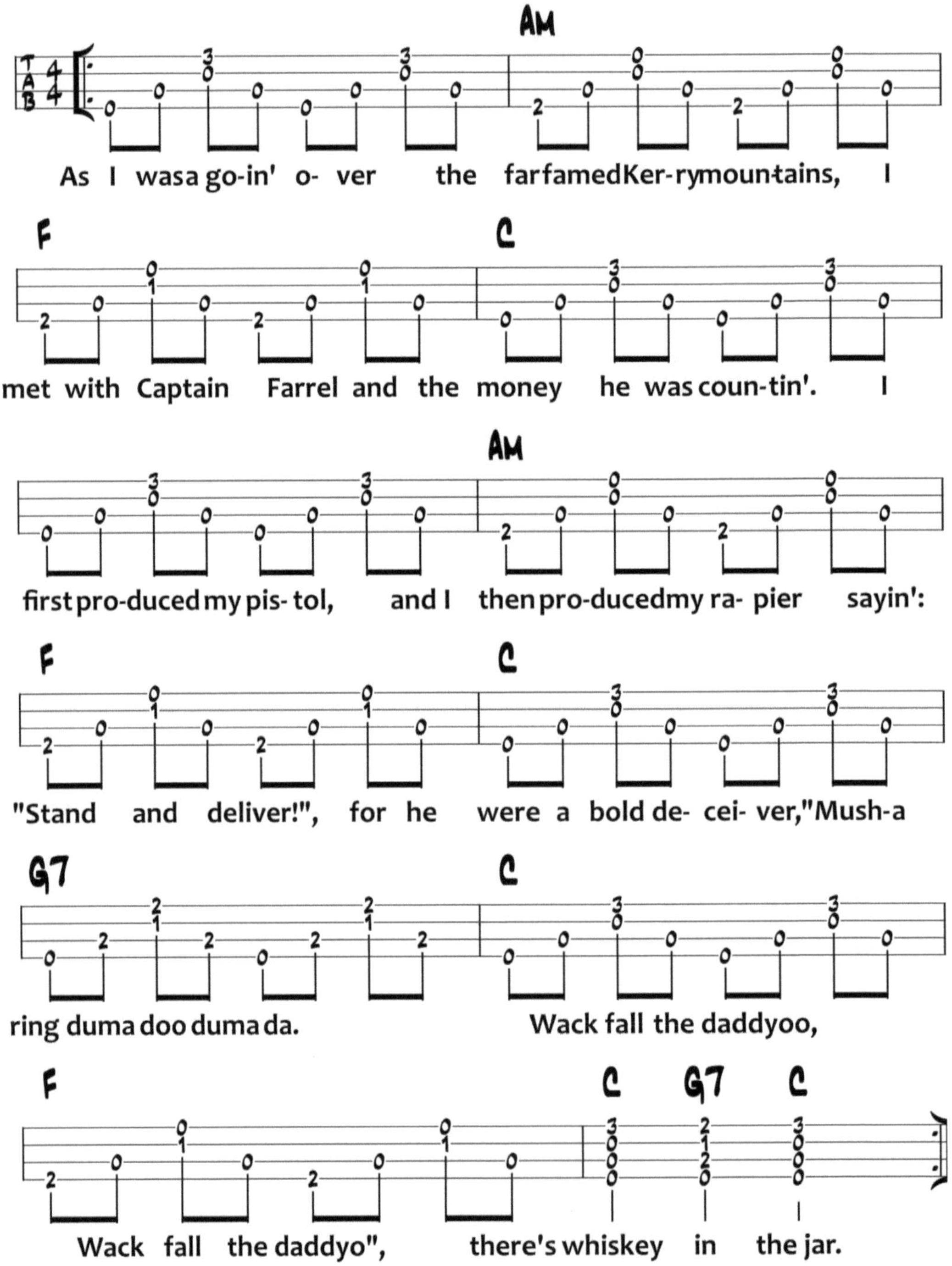

# SCHRITT 17
# „FINGERSTYLE-UKULELE“ – ZUPFMUSTER 4[25]

**Das kannst du schon:**

- ✓ Tabulatur lesen (Schritt 2)
- ✓ Zupfmuster 1-3
- ✓ gleichzeitig *fingerstyle* spielen und singen

Video 17

**In dieser Lektion lernst du ...**
... ein neues Zupfmuster mit einer neuen Fingerzuordnung.
..., wie man den Daumen zum Hüpfen bringt.
... zwei Lieder, die man mit Zupfmuster 4 begleiten kann.

## Zupfmuster 4

Bei diesem Zupfmuster lösen wir die gewohnte Zuordnung der Finger zu den Saiten auf. Stattdessen gilt folgende Grundordnung:

**Übung 81:**

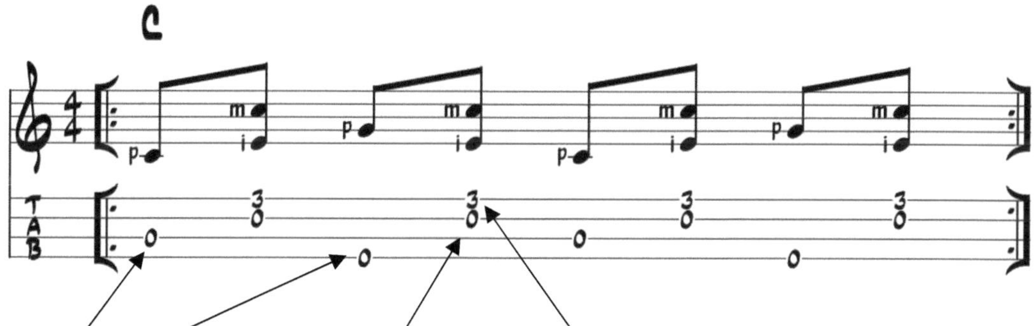


Saiten 3 und 4: vom Daumen im im Wechsel bedient

Saite 2: Zeigefinger

Saite 1: Mittelfinger

Der Ringfinger hat frei!

Der Daumen wechselt immerzu zwischen der C-Saite und der G-Saite hin und her. Dazwischen zupfen Zeige- und Mittelfinger die E-Saite und G-Saite an. Dadurch entsteht ein schwungvoller, Polka-artiger Groove, der sich v.a. für flotte Stücke eignet. Und dafür bedienen wir uns im unerschöpflichen Fundus der Seemannslieder. Wir spielen den „Drunken Sailor“ (vollständiger Text in Schritt 11) und anschließend als gesanglichen Abschluss dieses Buches den berühmten „Wellerman“! Viel Spaß dabei!

---

[25] Ein Video zu Schritt 17 kannst du dir hier anschauen: http://www.tinyurl.com/ukelimit-buch1-lektion17

# Drunken Sailor

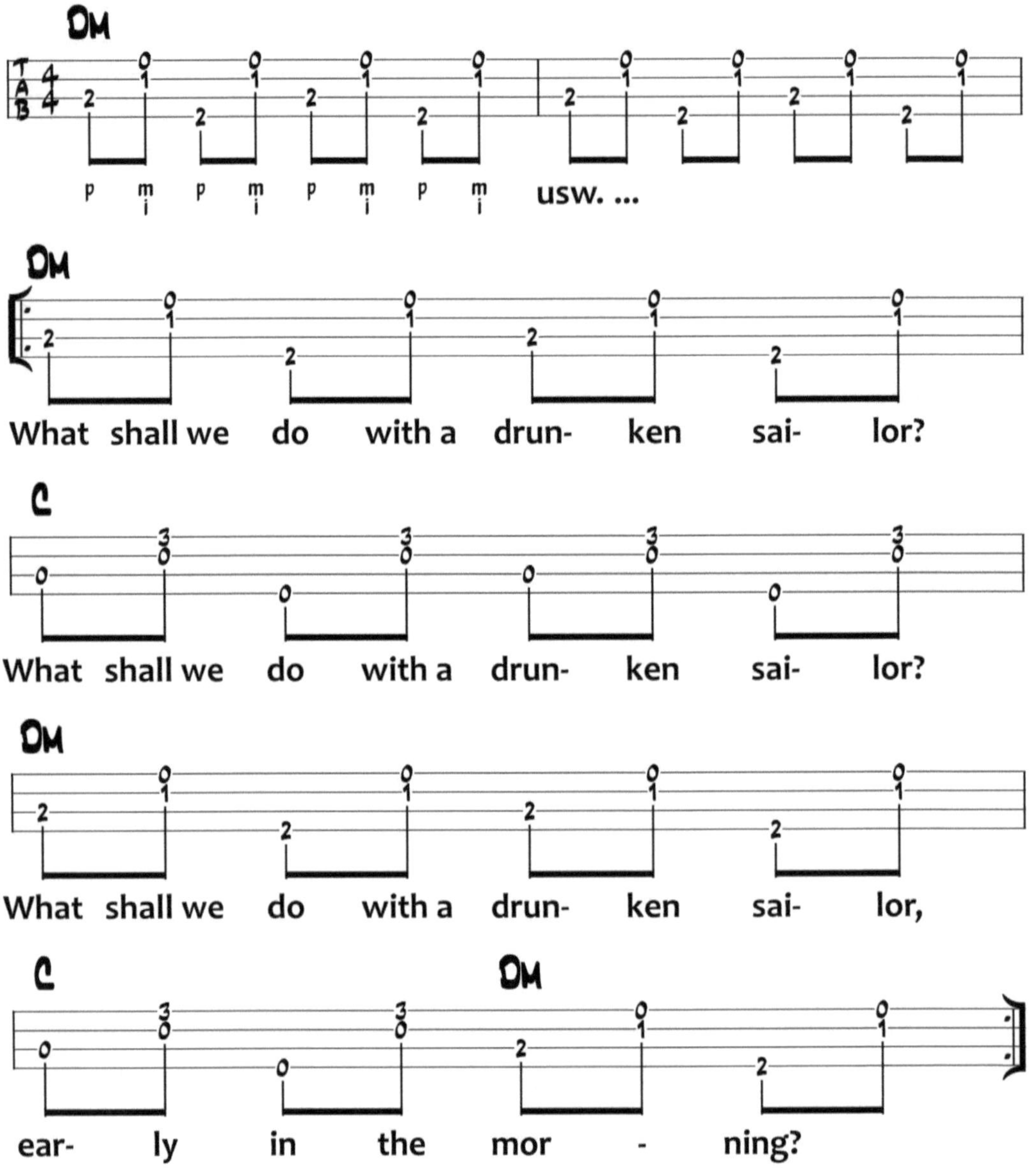


Hooray and up she rises …

# Ausfallschritt 2: Worauf muss man beim Kauf einer Ukulele achten?

Viele Leute, die ich kenne, bestellen sich im Internet eine Ukulele, die sie optisch anspricht. Hm. Natürlich ist bei einer Ukulele das Aussehen wichtig. Wenn man ein Instrument hat, das einem optisch gefällt, wird man es häufiger und lieber in die Hand nehmen und damit spielen. Aber auf lange Sicht spielen Klang, Verarbeitung und Bespielbarkeit wohl doch eine wichtigere Rolle.

Wenn du die Möglichkeit hast, in einem Musikgeschäft bei dir in der Nähe Ukulelen in die Hand zu nehmen und anzuspielen, dann tu das. Oft fasst man eine Ukulele an und spürt einfach, dass sie zu einem passt. Sie muss gut klingen, gut aussehen und einen vernünftigen, stabilen Eindruck machen. Von entscheidender Wichtigkeit ist jedoch auch die Bespielbarkeit. Kann man die Saiten leicht auf das Griffbrett drücken? Wenn du beim Spielen viel Kraft aufwenden musst, verlierst du schnell den Spaß. Wenn es blöd läuft, kannst du dir dabei sogar Verletzungen zuziehen.

**Ein häufiges Problem: die Saitenlage**

Bei den meisten Ukulelen, die in Läden herumhängen oder im Internet verschickt werden, ist der Abstand zwischen Saite und Griffbrett (Fachbegriff: „*Saitenlage*") viel zu hoch. Viele Hersteller tun das, um zu verhindern, dass die Saiten „schnarren", weil sie zu nahe an den Bundstäbchen liegen. Doch bei zu hoher Saitenlage tut man sich eben mit dem Greifen schwer. Solltest du das beim Testen einer Ukulele feststellen, frage den Händler, ob er die Ukulele richtig einstellen kann, indem er die Saitenlage niedriger macht. Wenn er sich dagegen sträubt oder gar nicht recht weiß, wovon du sprichst, suche dir einen anderen Laden. Wenn du keinen in der Nähe findest, musst du halt doch mal im Internet schauen.

**Wie finde ich im Internet eine gute Ukulele?**

Die goldene Regel lautet: Meide die großen, reißerisch aufgemachten Musikhäuser, die vom Schlagzeug über Konzertflügel bis hin zu DJ-Equipment alles verkaufen. Ich habe da sehr schlechte Erfahrungen gemacht. Suche lieber nach seriösen Shops, die sich mit Ukulelen auskennen. Schau dir genau an, was diese an Service bieten. Sie sollten dir die Ukulele nicht nur verkaufen, sondern auch so einstellen, dass man sie gut spielen kann. Am besten ist es, du nimmst per Mail oder Telefon direkt Kontakt auf und sprichst mit dem Händler. Sag ihm, was du dir vorstellst, und frage ihn, ob er die Ukulele für dich vernünftig einstellt. Wenn er meint, dass das selbstverständlich sei, dann bist du richtig. Es gibt einige sehr gute deutsche Ukulele-Läden, die ein sehr gutes Internet-Angebot aufweisen. Da muss man gar nicht so sehr in die Ferne schweifen.

## Der letzte Akkord in diesem Buch: $E^7$

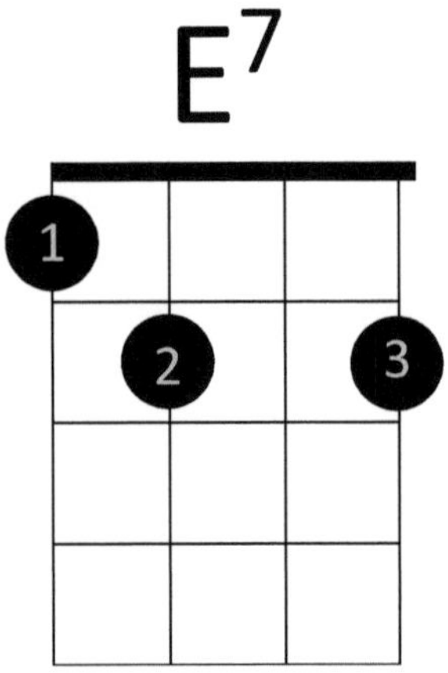


Dieser Griff gehört eigentlich nicht in die Akkordfamilie von C-Dur, ist aber dennoch ein sehr nützlicher (weil häufiger) Griff.

Zeigefinger auf Bund 1 der G-Saite
Mittelfinger auf Bund 2 der C-Saite
Ringfinger auf Bund 2 der A-Saite

Für die Griffwechsel hin oder weg von $E^7$ gibt es in unserem harmonischen Umfeld keine besonderen Tricks. Da hilft nur eins: Visualisieren! (Schritt 13)

**Wertvolle Tipps für den „Wellerman" auf der nächsten Seite:**

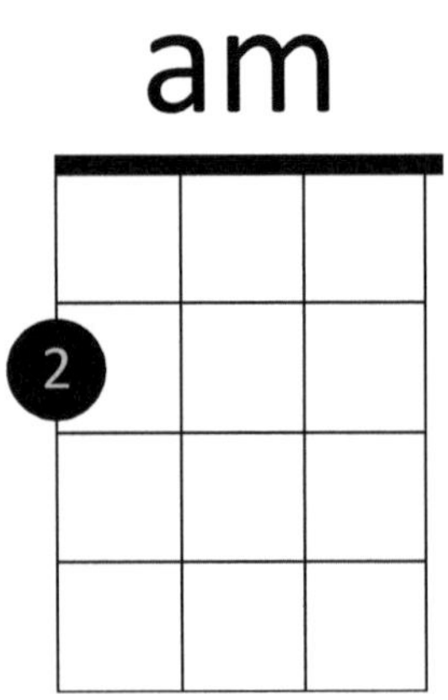


Tipp 1:
Der Wechsel von a-Moll nach d-Moll geht ganz leicht, wenn man den Mittelfinger einfach liegen lässt. Dann müssen nur noch Ring- und Zeigefinger dazu, und fertig ist d-Moll. Entsprechend locker ist der Wechsel von d-Moll zurück nach a-Moll. Einfach Zeige- und Ringfinger wegnehmen, Mittelfinger liegen lassen → fertig ist a-Moll!

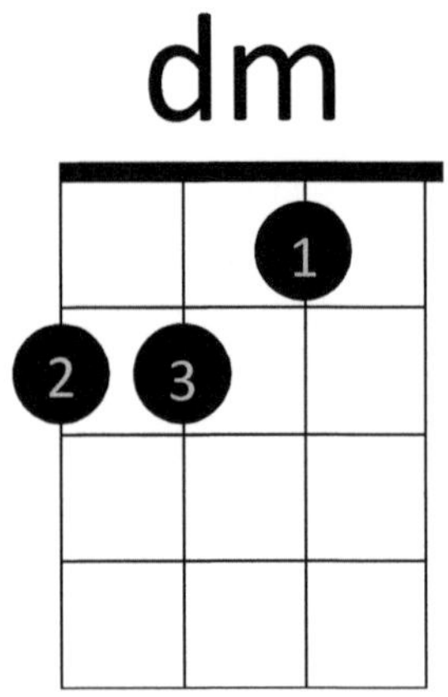


Tipp 2:
Man kann das Stück auch sehr gut mit Schlagmuster 3 (Schritt 11) spielen. Vielleicht willst du ja damit beginnen, bevor du dich an die filigrane Zupfbegleitung heranwagst?

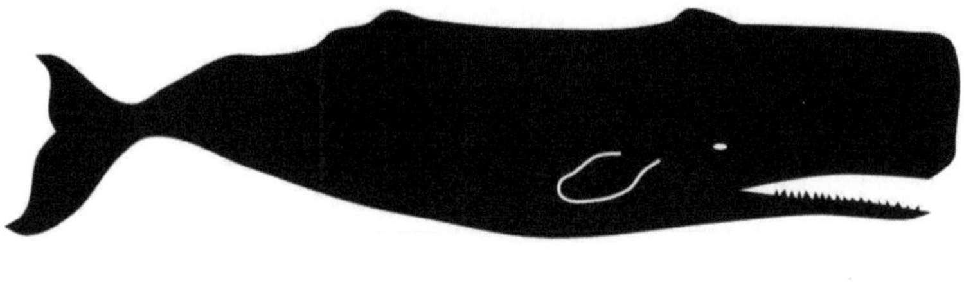

# Wellerman

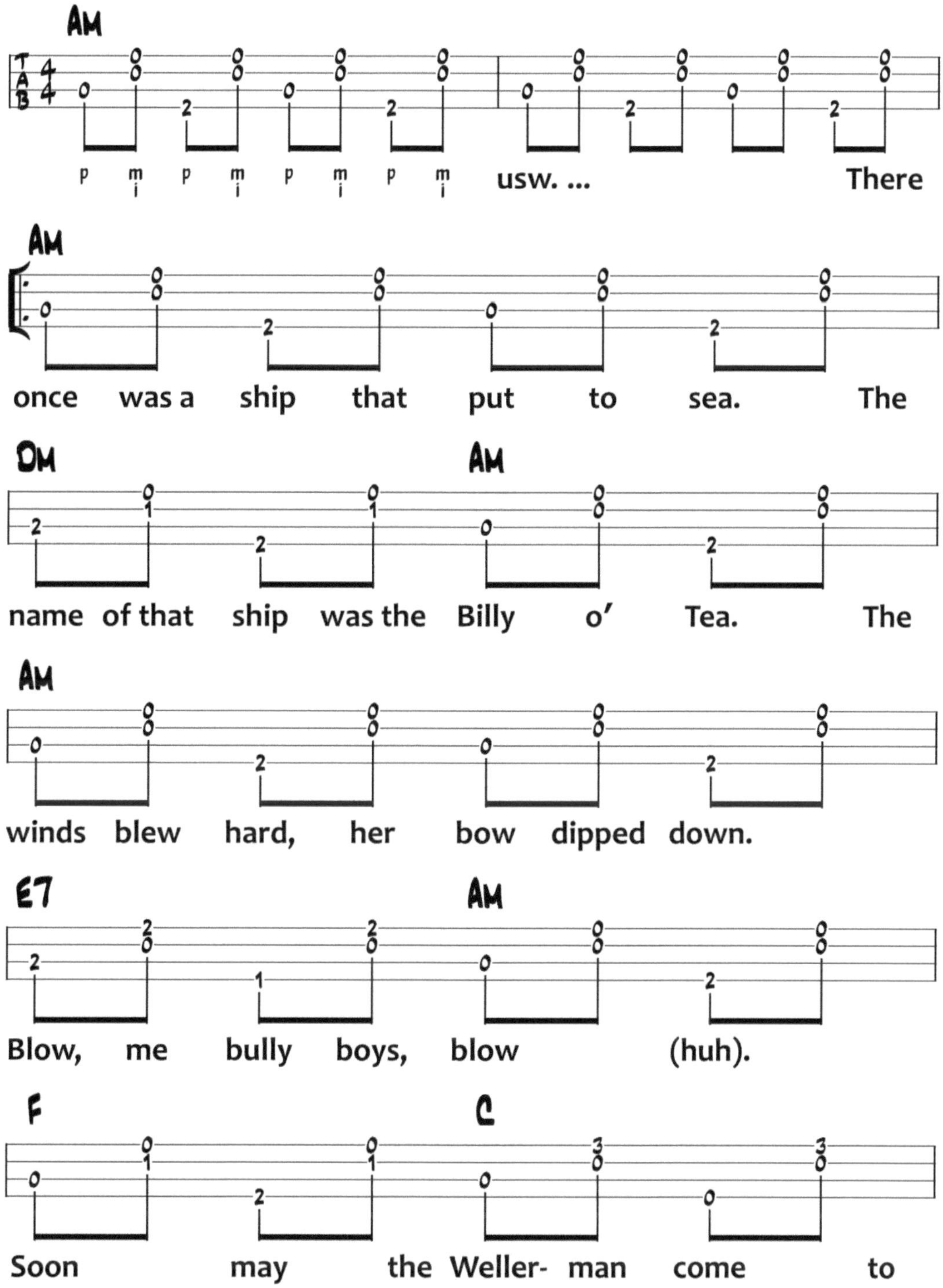

Am
p m i p m i p m i p m i usw. ... There
Am
once was a ship that put to sea. The
Dm Am
name of that ship was the Billy o' Tea. The
Am
winds blew hard, her bow dipped down.
E7 Am
Blow, me bully boys, blow (huh).
F C
Soon may the Weller- man come to

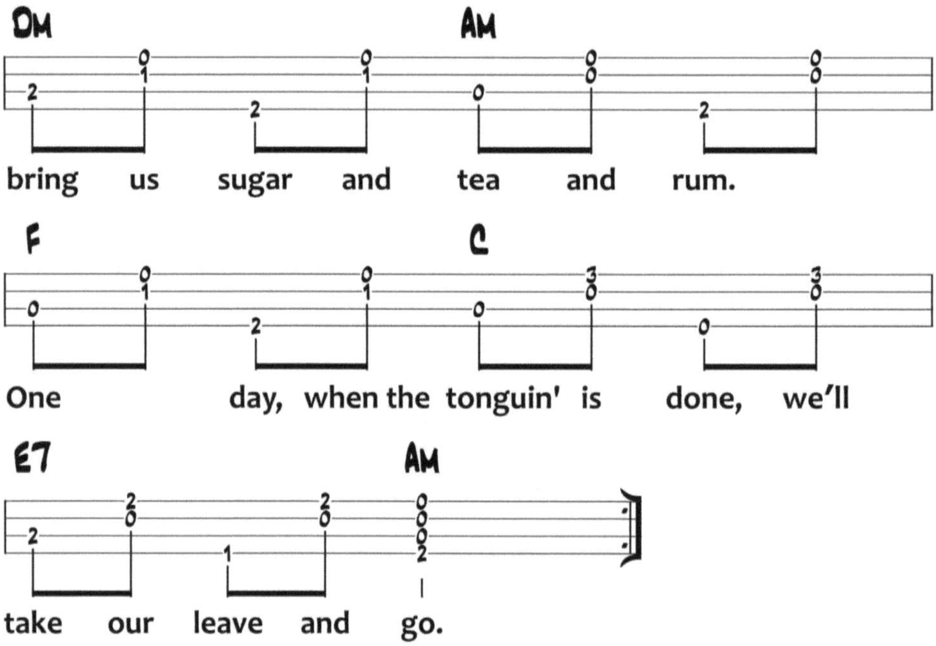


*She had not been two weeks from shore,*
*When down on her, a right whale bore.*
*The captain called all hands and swore*
*He'd take that whale in tow. (huh) Soon may the Wellerman come ...*

*Before the boat had hit the water,*
*The whale's tail came up and caught her.*
*All hands to the side, harpooned and fought her*
*When she dived down below. (huh) Soon may the Wellerman come ...*

*No line was cut, no whale was freed.*
*The captain's mind was not on greed.*
*But he belonged to the Wellerman's creed.*
*She took that ship in tow. (huh) Soon may the Wellerman come ...*

*For 40 days or even more (ooh)*
*The line went slack then tight once more.*
*All boats were lost, there were only four,*
*And still that whale did go. Soon may the Wellerman come ...*

*As far as I've heard, the fight's still on.*
*The line's not cut, and the whale's not gone.*
*The Wellerman makes his regular call*
*To encourage the captain, crew and all. Soon may the Wellerman come ...*

Wenn du Lust hast, kannst du dir jetzt mal überlegen, zu welchen anderen Liedern aus diesem Buch man vielleicht auch eine *fingerstyle*-Begleitung spielen könnte. Sei kreativ und probiere alles aus, was du schon gelernt hast. Du findest bestimmt einige Songs, die mit einem unserer Zupfmuster richtig gut klingen.

Aber dann haben wir wahrlich genug gesungen. Wir haben über 25 Stücke gelernt und einige von ihnen sogar in zwei verschiedenen Versionen geübt. Unsere Stimmbänder haben sich in der Tat eine Pause verdient. Zum Glück ist die Ukulele auch hervorragend dazu geeignet, als Solo-Instrument gespielt zu werden. Ganz ohne Gesang! Und wie das geht, wollen wir uns in der letzten Lektion dieses Buches einmal kurz anschauen.

# SCHRITT 18
# UKULELE SOLO - „CHORD MELODY“ SPIELEN[26]

**Das kannst du schon:**

- ✓ Tabulatur lesen (Schritt 2)
- ✓ einen soliden Daumenanschlag einzelner Saiten (Schritt 2)
- ✓ mit der linken Hand schön legato Melodien spielen (Schritt 4)

Video 18

**In dieser Lektion lernst du ...**

..., wie man auf einer Ukulele gleichzeitig Melodie und Begleitung spielt.
..., was „*chord melody*“ bedeutet.
..., dass die Ukulele ein tolles Solo-Instrument ist.

## Was heißt „*chord-melody*“-Spiel?

Dass man auf der Ukulele einfache Melodien aus Einzeltönen spielen kann, weißt du schon aus Schritt 4. Spiel doch mal diese kleine Tonfolge hier:

**Übung 82:**

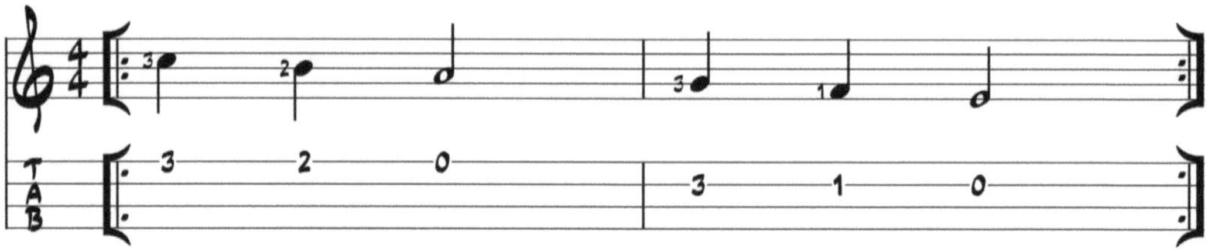


Zur Wiederholung:

- In der oberen Zeile siehst du die herkömmliche Notenschrift, in Zeile 2 siehst du Tabulatur.
- In jedem Takt siehst du zunächst zwei Viertelnoten, auf die jeweils eine halbe Note folgt.
- Die kleinen Zahlen vor den Noten in Zeile 1 sagen dir, welche Finger du zum Greifen verwenden sollst: 1 Zeigefinger, 2 Mittelfinger, 3 Ringfinger, 4 kleiner Finger

Das kann man so spielen. Ist halt nicht sehr aufregend. Wenn man diese paar Tönchen aber mit Begleitharmonien würzt, wird es schon interessanter:

---

[26] Ein Video zu Schritt 18 kannst du dir hier anschauen: http://www.tinyurl.com/ukelimit-buch1-lektion18

**Übung 83:**

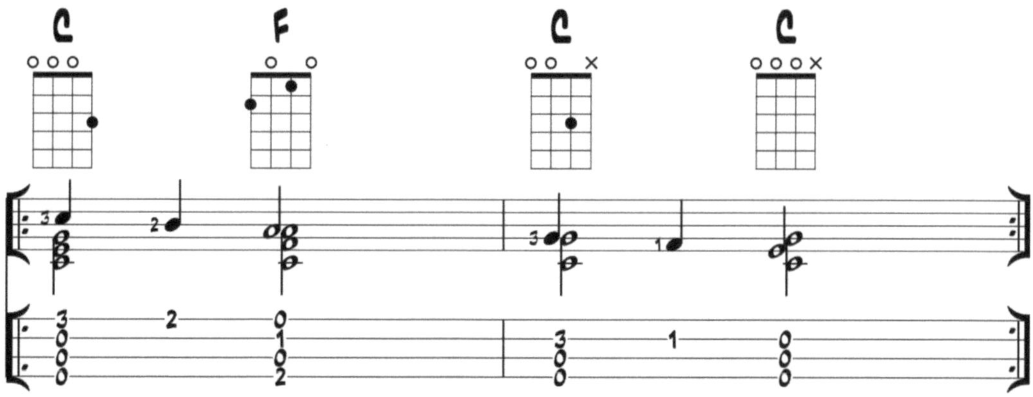

Du erkennst die sechs Töne aus Übung 82 wieder. Diese Noten erkennst du daran, dass in der oberen Zeile der Notenhals nach oben zeigt. Die Töne, deren Hals nach unten zeigt, stellen die harmonische Begleitung der Melodie dar. Unten in der Tabulatur erkennst du die Melodietöne daran, dass sie der jeweils oberste Ton sind. Die Töne darunter sind nur Begleitung. Und hier haben wir gleich das Grundprinzip des *chord-melody*-Spieles: Wenn mehrere Töne gleichzeitig gespielt werden, nimmt das Publikum den obersten davon als Melodie-Ton wahr, die anderen als Begleitung. Im zweiten Takt darfst du also die 1. Saite nicht spielen. Dein Daumen legt sich vielmehr nach dem Anschlag auf die 1. Saite drauf, so wie wir es beim Daumenanschlag einzelner Saiten ja gelernt haben. Dadurch wird die Saite gedämpft und es kann nichts schiefgehen.

Um dir die Orientierung zu erleichtern, habe ich zusätzlich zur Tabulatur über dem Notensystem noch Griffbilder hinzugefügt. Sozusagen doppelt gemoppelt. Die musst du ab jetzt aber ganz genau anschauen: Befindet sich über der Saite ein Kreis, bedeutet das, dass die leere (= nicht gegriffene) Saite klingt. Siehst du dort ein Kreuzchen, darf die Saite nicht gespielt werden. Im ersten Takt spielst du zwei ganz normale Griffe: C-Dur und F-Dur. Im zweiten Takt findest du zwei Abwandlungen des C-Dur-Griffes. Bei der ersten wird noch der Ringfinger aktiv, die A-Saite darf aber nicht gespielt werden. Bei der zweiten spielst du die Saiten 2-4 so wie bei einem normalen C-Dur-Akkord. Nur die 1. Saite muss halt stumm bleiben (Kreuzchen!). Deswegen brauchst du den kleinen Finger des normalen C-Dur-Griffes auch gar nicht hinlegen.

Warum ich „C-Dur“ drüber schreibe, obwohl es kein traditioneller C-Dur-Griff ist? Er ist eben eine mit dem C-Dur-Akkord sehr stark verwandte Abwandlung. Und wenn dich jemand bei deinem *chord-melody*-Solo begleiten möchte, kann er/sie an dieser Stelle C-Dur spielen und es wird gut klingen! Und jetzt leg los – merkst du, wie hübsch das klingt? Das ist *chord melody*!

Und jetzt stürzen wir uns Hals über Kopf in unser erstes Stück im neuen Stil:

**Übung 84: „Hänschen klein“ als *chord melody* Version**

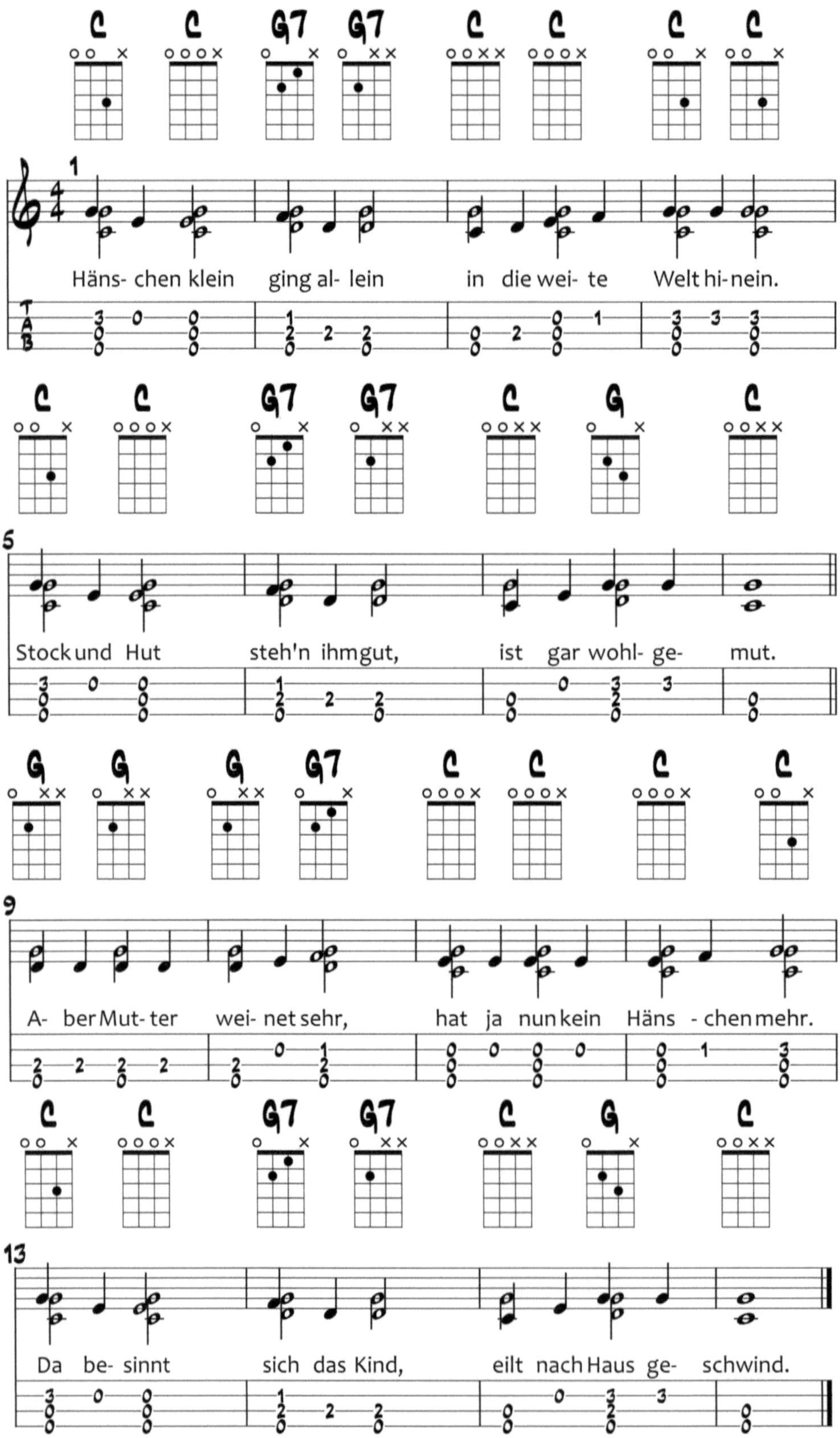
C C G7 G7 C C C C
Häns- chen klein ging al- lein in die wei- te Welt hi- nein.
C C G7 G7 C G C
Stock und Hut steh'n ihm gut, ist gar wohl- ge- mut.
G G G G7 C C C C
A- ber Mut- ter wei- net sehr, hat ja nun kein Häns - chen mehr.
C C G7 G7 C G C
Da be- sinnt sich das Kind, eilt nach Haus ge- schwind.

**Spielhinweise zu „Hänschen klein" (vorherige Seite):**

Denk bitte an die goldene *chord-melody*-Regel: Der höchste Ton ist der Melodie-Ton. In unserem Stück ist dieser Melodie-Ton kein einziges Mal auf der 1. Saite zu finden. Deswegen bleibt diese tabu und wird nur zur Ablage des Daumens benutzt. Hier noch einige Spielhinweise:

Takt 1: Lege den Ringfinger auf den 3. Bund der 2. Saite.

Takt 2: Lege Zeigefinger (1. Bund) und Mittelfinger (2. Bund) am Anfang des Taktes gleichzeitig hin und nimm sie auch erst wieder am Anfang von Takt 3 weg.

Takt 7: Verwende für den dritten Ton Mittelfinger (2. Bund) und Ringfinger (3. Bund).

Takt 10: Lass während des ganzen Taktes den Mittelfinger auf dem 2. Bund der 3. Saite liegen. Auf diese Weise klingen alle Töne schön durch!

**Spielhinweise zu „Mary had a Little Lamb" (nächste Seite):**

Denk auch hier bitte an die goldene *chord-melody*-Regel: Der höchste Ton ist der Melodie-Ton. In den Takten 1, 3, 5, 7 und 8 musst du also genau aufpassen, wo du die 1. Saite anschlagen darfst/musst und wo nicht

Takt 1: Du fängst mit einem ganz normalen F-Dur-Akkord an. Für den zweiten Ton lässt du Zeige- und Mittelfinger liegen (klingt schön *legato!*) und legst einfach den kleinen Finger für den Melodieton im 3. Bund der E-Saite dazu. Wenn es dir leichter fällt, darfst du auch den Ringfinger nehmen, wichtig ist nur, dass du die anderen beiden Finger liegen lassen kannst.
Beim dritten Ton greifst du wieder ganz normal F-Dur, nur dass du die A-Saite nicht spielen darfst. Da legt sich der Daumen nach dem Anschlag entspannt drauf.

Takt 4: Du fängst mit einem ganz normalen F-Dur-Akkord an und legst dann den kleinen Finger (oder Ringfinger) im 3. Bund der A-Saite dazu. Wichtig auch hier: Zeige- und Mittelfinger rühren sich nicht vom Fleck.

Takt 7: Hier nimmst du für den Ton im 3. Bund der E-Saite („fleece, „was" und „as") den Zeigefinger. Das ist wichtig, da du dann ganz bequem für den Ton im 5. Bund („white") den Ringfinger nehmen kannst.

Takt 8: Greift sich wie ganz normales F-Dur, nur die A-Saite darf nicht klingen.

## Übung 85: „Mary had a Little Lamb“ als *chord melody* Version

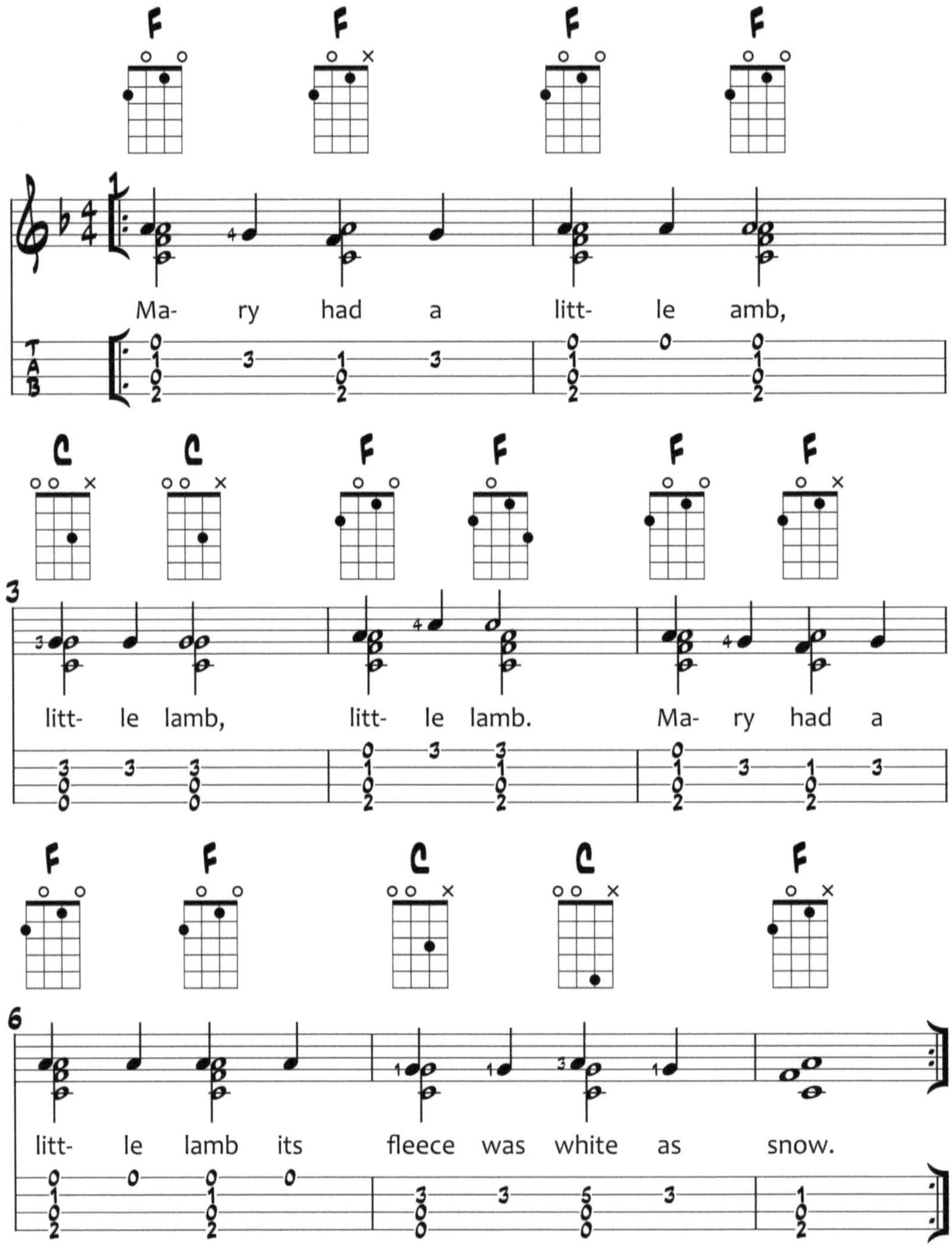

## Ein kleines Schlusswort:
## Wo stehst du jetzt? Wie geht es weiter?

**Wenn du das ganze Buch bis hierher durchgearbeitet hast, kannst du mit deiner Ukulele wirklich schon eine ganze Menge anstellen:**

- ✓ Du weißt, wie man sie richtig hält.
- ✓ Du weißt, wie man sie stimmt.
- ✓ Du kannst schön legato Melodien aus Einzeltönen spielen.
- ✓ Du kannst neun verschiedene Akkorde greifen.
- ✓ Du beherrschst fünf Schlagmuster und kannst mit deren Hilfe gleichzeitig singen und spielen.
- ✓ Du hast dir die Grundlagen des *fingerstyle*-Spiels erarbeitet und einige Zupfmuster gelernt, mit denen du Lieder begleiten kannst.
- ✓ Du hast das Prinzip *chord melody* verstanden und kannst auf einer einzigen Ukulele gleichzeitig Melodie und Begleitung spielen.
- ✓ Du kannst ganz, ganz viele Songs auf deiner Ukulele spielen und dazu singen.

Du kannst wirklich stolz auf dich sein! Aber deine Ukulele-Reise ist natürlich noch lange nicht zu Ende!

## Hier noch einige abschließende Tipps:

- ♫ Spiele, spiele, spiele, so oft du kannst. Am besten hast du deine Ukulele in der Wohnung immer griffbereit. Wenn du sie siehst, nimm sie in die Hand und spiele. Du und deine Ukulele – ihr müsst einfach unzertrennlich sein! Ich kenne Leute, die haben sich eine billige Ukulele fürs Auto gekauft, damit sie ein bisschen klimpern können, wenn sie an der Ampel warten müssen. Das ist der richtige Aloha-*spirit*!
- ♫ Übe sinnvoll und strukturiert. In „Ausfallschritt 1“ vor Schritt 13 stelle ich dir einen möglichen Aufbau für eine Übe-Einheit vor.
- ♫ Vielleicht verspürst du den Wunsch, dir eine weitere Ukulele zuzulegen. Vielleicht eine optisch schönere oder eine, die besser klingt. Vielleicht eine andere Größe. Wenn du das vorhast, lies dir bitte vorher „Ausfallschritt 2“ in Schritt 17 durch. Dort erkläre ich dir einige Dinge zum Thema Ukulelenkauf.
- ♫ Du willst auf deiner Ukulele spieltechnisch immer besser werden. Das ist doch klar. Und wie du das am besten anstellst, erkläre ich dir jetzt.

## Wie geht es weiter?

- **Linke Hand:** Du musst dein Repertoire an Akkorden noch ganz schön erweitern. Bis jetzt kannst du dich eigentlich fast nur im harmonischen Kontext von C-Dur bewegen. Aber du willst natürlich in allen Tonarten spielen können! Und wohl oder übel wirst du dich auch mal mit den gefürchteten *Barrégriffen* beschäftigen müssen. Schließlich wäre es auch schön, wenn wir unsere linke Hand einmal in Bereiche des Griffbretts verlagern würden, die im Moment auf deiner Ukulele schon ganz verstaubt sein müssten: Die Bünde oberhalb von Bund 4.
- **Rechte Hand:** Es gibt noch viele interessante Schlagmuster und Schlagtechniken, die dein Spiel viel raffinierter machen. Die gilt es zu entdecken. Auch das sogenannte *fingerpicking* wartet darauf, von dir erforscht zu werden.
- **Musikstile:** Bis jetzt haben wir Lieder/Songs gespielt. Aber es gibt ja auch noch Blues, Klassik, Jazz usw. Ein ganz weites Feld!

Mit den meisten dieser Themen werde ich mich sicherlich irgendwann in einem weiteren Buch aus der Reihe „Ukulele lernen – Schritt für Schritt" beschäftigen. Das wird aber noch eine Weile dauern. In der Zwischenzeit gibt es jede Menge anderer Literatur, in die du einmal hineinschnuppern kannst. Auch im Internet wirst du schnell fündig, wenn du die obigen Punkte googelst. YouTube ist hier eine unerschöpfliche Quelle! Wenn du Lust hast, kannst du ja bei „Ukulele am Limit" anfangen! 😉

Wie auch immer die Reise jetzt für dich weitergeht – es hat mir viel Spaß gemacht, dich in die Grundzüge des Ukulele-Spiels einzuführen. Ich hoffe, du bleibst am Ball und vertiefst deine Kenntnisse stetig. Aber das Wichtigste: Habe Spaß beim Spielen und verbreite mit deiner Ukulele gute Laune und Aloha-*spirit* – so oft und wo immer du kannst! Du wirst sehen, es ist wirklich ein magisches kleines Ding, deine Ukulele!

# IMPRESSUM

Andreas Bördlein wird vertreten durch:

**Verlagshaus Stopfer**
Daniel Stopfer
Gutleutstraße 57
60329 Frankfurt am Main

Lektorat und Korrektorat: Daniel Müller
Umschlaggestaltung: Denise Gahn
Satz und Layout: Andreas Bördlein
ISBN Print: 978-3-910258-15-0
ISBN eBook: 978-3-910258-14-3

www.verlagshaus-stopfer.de

Solltest du Fragen, Kritik oder Anregungen haben, freuen wir uns jederzeit über deine Nachricht! Schreibe hierzu einfach eine Mail an: info@verlagshaus-stopfer.de

# HAFTUNGSAUSSCHLUSS